Social Media

Herramientas y estrategias empresariales

Social Media

Herramientas y estrategias empresariales

Alberto Dotras

La ley prohíbe
fotocopiar este libro

Social Media. Herramientas y estrategias empresariales
© Alberto Dotras
© De la edición: Ra-Ma 2016
© De la edición: ABG Colecciones 2020

Editado por:
RA-MA Editorial
Madrid, España

Colección American Book Group - Informática y Computación - Volumen 31.
ISBN No. 978-168-165-736-3
Biblioteca del Congreso de los Estados Unidos de América: Número de control 2019935068
www.americanbookgroup.com/publishing.php

Maquetación: Antonio García Tomé
Diseño de portada: Antonio García Tomé
Arte: Freepik

ÍNDICE

AGRADECIMIENTOS

Este libro es el resultado de la aportación y la motivación de muchas personas que de una manera o de otra me han enriquecido personal y profesionalmente.

En primer lugar, quiero dar las gracias a IL3-Universitat de Barcelona, primeramente por haber tenido la fortuna de formar parte de la primera promoción de su Postgrado en Community Manager & Social Media dirigido por Marc Vidal, y después por haber apostado por mí como docente cuando no era más que un "don nadie" en este mundillo del *social media*.

Por supuesto, este libro no hubiera sido posible sin el ánimo y el cariño que me ha dado mi mujer Manoli, y sin la ilusión que me genera mi hijo Luca de poco más de dos años. Ella ha sido, y siempre será, mi crítica más fiable. Y mi hijo me ha permitido apreciar más que nunca la importancia que tiene la comunicación en las relaciones humanas y, sobre todo, el sentido de la vida.

Por último, una mención muy especial para Marita y Álvaro, mis padres. Estoy profundamente en deuda con ellos, por su amor y su ejemplo.

Gracias a todos.

ACERCA DEL AUTOR

 **Alberto Dotras**. Licenciado en Administración y Dirección de Empresas por Schiller International University (SIU), MBA por SIU, Postgrado en Social Media & Community Manager por IL3-Universitat de Barcelona.

Es docente y director de varios proyectos formativos de grado, postgrado y máster de marketing online y social media de IL3-Universitat de Barcelona y de diversas consultoras y escuelas de negocio.

Compagina su actividad docente como profesor con su tarea como consultor, función que desempeña asesorando a empresas y profesionales para que tengan una buena presencia online que les ayude a generar oportunidades de negocio.

INTRODUCCIÓN

La revolución digital ha cambiado el mundo en tan solo una década. El auge de Internet en general, y de las redes sociales en particular, supone un cambio radical en nuestra manera de comunicarnos, organizarnos e incluso trabajar. Todos usamos dispositivos móviles y estamos en las redes sociales.

También las empresas, del tamaño y sector que sea, están obligadas a tener presencia *online*. Y ya no es suficiente con estar en la Red con una página web. Ahora las empresas deben optimizar sus canales digitales (tener blog corporativo, ofrecer contenido informativo de interés, conversar en las redes sociales…) si quieren relacionarse con su público y tener éxito en los negocios. Por eso es necesario saber gestionar las redes sociales.

Pero ¿qué debo hacer para conectar, fidelizar y comunicarme con mis clientes? ¿Cómo creo mi propio plan de marketing en los *social media*? ¿Qué estrategia de contenidos y de conversación debo aplicar en Facebook? ¿Cómo gestiono mi reputación *online*? ¿Puedo mejorar mis ventas a través de las redes sociales?

Con la intención de dar respuesta a estas y otras preguntas hemos escrito este libro: *Social Media. Herramientas y Estrategias Empresariales*. Su objetivo es ayudar a empresas, pymes y profesionales independientes a dominar y sacar el máximo partido de los medios sociales.

El contenido se divide en dos bloques bien diferenciados:

▶ La primera parte se refiere a **Los pilares**. Nos referiremos aquí al sistema, al procedimiento teórico elemental que explica el uso corporativo en el universo de la Web social. Incluye los cimientos y las instrucciones necesarias para poder armar una estrategia de *social media*.

▶ La segunda parte es **La construcción**. Es el asentamiento de los pilares, la edificación práctica, el saber juntar las piezas que permitirán levantar cada una de las distintas obras de las redes sociales: el hogar del blog, la comunidad de Facebook o la torre de Twitter.

Por lo tanto, la primera parte proporciona el conocimiento teórico del *social media*, mientras que la segunda parte convierte todo ese conocimiento en la sabiduría necesaria para que el lector pueda llevarla a la práctica a su empresa, proyecto o marca personal.

El libro está escrito de forma que el lector pueda pasar de la teoría a la acción estratégica de forma intuitiva, lo que implica pensar en soluciones más que en ejecuciones.

Recomendamos comenzar la lectura por la primera parte y por orden, desde el primer capítulo (sobre todo si no eres un avezado en la materia), porque todos los principios de *social media* se establecen en esta primera parte. Una vez leída, se puede pasar a la segunda parte, la estrategia que habrás de seguir en la Web social en general y en cada plataforma social en particular.

Por otro lado, a lo largo del libro, bajo el epígrafe "Para saber más", hemos introducido ejemplos y conceptos destacables que merecen un apartado especial.

Nuestra intención es que el lector se entretenga con la lectura del libro y, lo más importante, saque el mayor partido para su uso personal o corporativo.

PARTE I.

LOS PILARES.
SOCIAL MEDIA MANAGEMENT

1

LA WEB SOCIAL

INTRODUCCIÓN

En este primer capítulo se introducirá al lector dentro del amplio concepto de *Web social*, así como en sus formas de expresión más conocidas: las redes sociales.

Haremos aquí un pequeño adelanto del enorme impacto que esta revolución social está teniendo en las organizaciones en particular y en la sociedad en general. Un breve repaso que hará especial hincapié en sentar las bases sobre la mejor manera de comunicarse *online* y desarrollar contenidos digitales.

Y todo ello será tratado desde un punto de vista práctico, separando el grano de la paja y proporcionando las claves de un correcto uso y explotación de los medios sociales, claves que deberán ser tenidas en cuenta en toda estrategia de comunicación *online* aplicable a organizaciones, empresas o marcas (corporativas o personales).

Así pues, comenzamos el libro sentando las bases de esta nueva era de la Web social, para fundamentar los contenidos que vendrán en los próximos capítulos.

1.1 DEL 1.0 AL 2.0, LA NUEVA ERA DE LA CONVERSACIÓN

1.1.1 La Web social: mucho más que un simple medio de comunicación

No son pocas las compañías que hoy presumen de anunciarse en televisión, radio, periódicos y ahora también en las redes sociales, como si estas últimas fuesen un canal más que añadir a su cartera de medios de comunicación.

Pues no, la Web social NO es un canal más. Como veremos a lo largo del libro, la Web social es un canal radicalmente diferente a los tradicionales, con la **bidireccionalidad** como elemento clave que condiciona por completo el uso que las marcas pretendan hacer de ella.

Al principio Internet no era así. La Red en sus inicios no era mucho más que un sustituto evolutivo de los canales de comunicación convencionales. La usábamos como quien lee un periódico: accedíamos a un *website* y mirábamos lo que la marca mostraba de sí misma en su escaparate web, pero no podíamos opinar ni interactuar.

Entonces muy pocos usuarios estaban capacitados para crear contenidos en la Red, porque para hacerlo había que saber programar. En cierto modo, el contenido de un sitio web solo podía ser producido por el editor: el *webmaster*.

Pero a principios de este siglo, tras estallar la *burbuja puntocom* (término que se refiere al movimiento especulativo de empresas que operaban en Internet, cuyas acciones sufrieron un espectacular crecimiento en los mercados bursátiles entre 1997 y 2001), surgen una serie de aplicaciones y herramientas alojadas en Internet que cambian por completo la fisonomía de la Red, al permitir que cualquier usuario pueda generar, publicar, difundir y compartir contenido. Nos estamos refiriendo, por supuesto, a los blogs, las redes sociales como Facebook y Twitter, los espacios virtuales para alojar vídeos caseros como YouTube, los sitios de opinión, etc.

Lugares todos ellos donde cualquiera, con independencia de sus conocimientos técnicos, puede crear contenidos y compartirlos con quien quiera, con el mundo entero si lo desea, sin intermediarios y sin tener que pagar dinero por ello. Algo que ningún otro medio había podido plantear nunca antes en la historia y que rompe con el paradigma existente de la comunicación, al descentralizar la jerarquía anterior y otorgar el poder a los usuarios.

Ahora cualquiera puede publicar en Internet sin pedir permiso a nadie.

El término acuñado para definir a esta segunda generación de Internet, que permite a cualquier usuario interactuar, colaborar en línea y compartir información, fue el de **Web 2.0**, en oposición al Internet de la primera generación, unidireccional y estático, conocido como Web 1.0.

La Web 2.0 se caracteriza por haber simplificado el uso de Internet, por democratizar el acceso a la información y por permitir a cualquiera publicar contenidos.

La etiqueta "2.0" se ha venido usando hasta hace poco para referirse al fenómeno social surgido a partir del desarrollo de diversas aplicaciones en Internet. Pero el término ha ido evolucionando, sobre todo con la eclosión de las redes sociales, y ahora se habla por igual de **"social media"**, **"medios sociales"**, **"Web social"**. Sea como fuere, todas estas etiquetas definen más o menos la misma idea: ecosistema web de comunicación *online*, rico en influencia e interacción, que permite a cualquiera consumir, crear y compartir contenidos de una manera completamente diferente a como se estaba haciendo.

La Web social es un espacio con un lenguaje propio y unas dinámicas de comunicación diferentes.

Así pues, la Web social no es más de lo mismo, no es un canal de comunicación más. El hecho de que las redes sociales sean medios no significa que deban manejarse igual que los tradicionales. A diferencia de la televisión y la radio, las medios sociales representan un modelo de comunicación horizontal y no jerárquico, donde los usuarios no aceptan ciertos vicios clásicos propios del 1.0, como, por ejemplo, el bombardeo continuo con mensajes unidireccionales intrusivos que únicamente hablan de la marca, pero que en nada invitan a participar, opinar y relacionarse.

Esa forma de proceder es lo más parecido a entrar en una fiesta llena de gente y gritar: "Fijaos cómo mola mi ropa, mirad qué guapo soy. Por cierto, vendo la mejor cerveza del mundo mundial: ¡comprádmela, comprádmela, comprádmela!". Por supuesto, eres libre de comportarte así si lo deseas, pero a buen seguro quedarás como un imbécil.

Pues lo mismo sucede en las redes sociales de Internet. Aquí no valen tus discursos grandilocuentes ni tus autopromociones disfrazadas de buen rollito. Si pretendes estar en las redes sociales con esta actitud, te auguramos un fracaso estrepitoso.

Por el contrario, lo que de verdad funciona en la Web social son las relaciones personales, la conversación. Así, cuando hablamos de comunicación corporativa en las redes sociales, hablamos de generar interés, hablamos de conversar con los usuarios, hablamos de escucharles, responderles e involucrarles, hablamos de respetar y no acosar; en definitiva, hablamos de entablar relaciones personales y estrechar vínculos con los usuarios.

No sucede así en los medios de comunicación tradicionales, donde las marcas siempre han mirado a su audiencia por encima del hombro y la han tratado como a una masa unitaria a la que los mensajes corporativos le llegan de manera despersonalizada.

Pero esas viejas maneras, por fortuna, se mueren con la Web social. Aquí no existe un único nodo emisor sino cientos de nodos que emiten y reciben. Se trata de comunicación en red, de relaciones entre nodos, de conversación bidireccional. Aquí, la teoría clásica de la comunicación corporativa, simplemente, se desmorona.

La Web social representa una verdadera revolución en la manera de comunicarse de las marcas: ahora se trata de conversaciones, no de mensajes unilaterales.

Por lo tanto, la estrategia de comunicación corporativa en medios sociales ha de estar más enfocada a construir relaciones que simplemente a la publicidad o a las ventas. Se trata, en definitiva, de mantener con el cliente una relación sostenible a largo plazo, de construir una comunidad en torno a nuestra marca.

El social media consiste en construir relaciones.

1.1.2 Adiós al discurso, hola a la conversación

"Los mercados son conversaciones". Esta frase es la máxima del libro de culto *El manifiesto cluetrain*. Publicado en el año 2000, sus rompedores postulados sobre el impacto que produciría Internet en los mercados y en las organizaciones no solo mantienen su vigencia sino que cada día se ven más confirmados. En realidad, la frase "los mercados son conversaciones" no es más que una llamada de atención para que las compañías bajen de sus torres de marfil y empiecen a conversar con los clientes, con las personas.

Una de las premisas básicas que todo departamento de comunicación corporativo debe tener en cuenta es que hoy la comunicación es conversación.

Sin embargo, todavía son muchas las empresas que siguen sin verlo así y que tienen recelos a la hora de aceptar esta nueva realidad social. Acostumbradas a ser dueñas del mensaje y a no conversar con sus clientes, encuentran serias dificultades para entender el nuevo escenario *social media*. Les cuesta un mundo asimilar las nuevas normas de juego que exigen otra forma de comunicación, que exigen conversar con el cliente, recoger sus demandas e incluso darle protagonismo. Las marcas tienen que aprender a **hablar menos y escuchar más**.

Si tenemos dos orejas y una boca es para escuchar el doble de lo que hablamos.

La cuestión es que las empresas han llegado tarde y mal a este movimiento. Y aunque cada vez son más las que se están decantando por utilizar las redes sociales, conscientes de su extraordinario poder como instrumento para hacer *branding* y captar clientes, lo cierto es que la inmensa mayoría simplemente "están" en las redes sociales, pero no "son" realmente sociales.

Y es que aún son muchas las marcas que utilizan las redes sociales con las mismas técnicas de marketing del sigo pasado: se limitan a impactar, no dejan que el consumidor hable. Las conversaciones que se producen con las marcas en las redes sociales, cuando se dan, son más coyunturales que reales. Sobra el *postureo*, y solo una minoría utiliza las redes sociales para realmente comunicar su compromiso.

Más que social media, muchas empresas practican "social a medias".

Entonces, ¿qué empresas están teniendo éxito en las redes sociales? Pues justamente aquellas que quieren ser sociales y no solo parecerlo, las que saben conversar, que no predicar; las que usan sus perfiles sociales para escuchar, atender y entretener a sus seguidores; las que generan en ellos experiencias, emociones y reacciones; las que les incitan a contestar, participar y modelar la marca; las que, en definitiva, han sabido crear una comunidad sincera, honesta y humana.

Las empresas que triunfan en las redes sociales son aquellas que han sabido comprender su esencia: su componente social.

PARA SABER MÁS
Oreo: caso de éxito en las redes sociales

Son muchas las marcas que lo están haciendo bien en la Web social. Destaca, por ejemplo, la marca de galletas Oreo, con decenas de millones de seguidores entregados en las redes.

Llaman la atención las acciones personalizadas que lleva a cabo para sus fans, sobre todo en su **página de Facebook**[1]. Además de mantener una interacción permanente con su público, Oreo sabe generar constantemente contenido divertido y creativo.

1.1.3 "¡Son las personas, estúpido!"

"¡Es la economía, estúpido!" es el lema que sirvió al demócrata Bill Clinton para ganar al republicano George H. W. Bush (padre) en la campaña presidencial de los Estados Unidos de 1992. Bush partía como claro favorito para ocupar el despacho oval de la Casa Blanca, pero la célebre cita –utilizada y reformulada de manera extraoficial por James Carville, asesor de Clinton– logró enfocar el debate en torno a cuestiones esenciales de la vida cotidiana de los americanos y sus necesidades más inmediatas: la economía, que entonces atravesaba una etapa de recesión. La frase, paradigma de marketing político, ha sido parafraseada en miles de ocasiones para remarcar lo que realmente importa dentro de cualquier contexto, y que traemos aquí a colación del *social media* para gritar: **"¡Son las personas, estúpido!"**.

Mucha gente, cuando habla de la Web social, habla de tecnología. Nosotros preferimos hablar de personas. Y es que la revolución 2.0 no trata de tecnología, sino de personas y relaciones sociales. Lo que la tecnología 2.0 ha conseguido es convertir la comunicación e interacción entre las personas en el uso principal de Internet, es decir, ha hecho poderosas a las personas. El usuario, la persona de a pie, el cliente, el consumidor es ahora el centro del proceso, el protagonista de la película. Esto es lo que toda organización o empresa debe tener claro, tanto si tiene presencia activa en las redes sociales como si no.

---

1   *https://www.facebook.com/oreo*

PARA SABER MÁS
La persona del año eres TÚ

En diciembre de 2006 una publicación de enorme prestigio, *Time Magazine,* consiguió atraer el interés de todo el mundo con una portada en la que nos nombraba a todos nosotros, a ti y a mí (*you*), como la persona del año. Con esta portada se estaba reconociendo que el mundo había cambiado y que es la persona que participa en la Red quien domina la nueva era de la información.

"You control the Information Age.
Welcome to your world",
dice el titular de la portada.

Ahora, el arma para la comunicación también la tiene la persona, que ha alcanzado la madurez suficiente y ha encontrado en la tecnología 2.0 la vía para convertirse en parte central del proceso.

En la Internet social el individuo ya no se limita a recibir impactos sino que quiere mostrar su opinión y relacionarse con las organizaciones. El antiguo internauta estático de la web 1.0 ha devenido ahora en *webactor* dinámico.

Nace así, de golpe y porrazo, la figura del **prosumidor**, consumidor y a la vez productor de contenidos. Un nuevo consumidor usuario de Internet que ha dejado de ser un sujeto pasivo que solo consume lo que le ofrecen, que ahora es proactivo y participa incluso en la creación de contenidos.

Antes el consumidor era solo receptor, pero ahora el prosumidor es receptor y emisor a la vez; consigue estar al otro lado de la barrera y no solo se informa, también informa.

PARA SABER MÁS
UGC (user-generated content)

Las siglas UGC (*user-generated content*) hacen referencia, como su propio nombre indica, a los contenidos generados por los usuarios y compartidos a través de la Red. Este contenido se enmarca en el contexto del Internet 2.0 y se genera a través de una red participativa y abierta donde cada persona puede generar, publicar, difundir y compartir con los demás cualquier tipo de información en cualquier tipo de formato.

Gracias a Internet, el usuario es un generador de contenidos y un medio de comunicación activo que recomienda y opina sobre lo que le gusta, y más aún sobre lo que no le gusta. Puede quejarse en público a la vista de todos, y lo hace sin filtros, sin barreras, sin sesgos, sin tener que rendir cuentas a terceros… lo que otorga credibilidad a su opinión. Piensa si no en tu propia experiencia como consumidor: a la hora de elegir un producto o servicio (como, por ejemplo, una casa rural para el fin de semana), seguramente te decantarás por aquel que tenga mejores recomendaciones de otros usuarios ubicados en el mismo nivel que tú.

"Las personas tienden a buscar información no sesgada, no la típica publicidad, por medios tecnológicos de forma social y abierta".

Charlene Li y Josh Bernoff, *El mundo Groundswell* (2009)

Lo más creíble hoy ya no es lo que la empresa diga de sí misma, sino lo que los usuarios digan de ella. Los usuarios, las personas, se están convirtiendo en los mejores comunicadores de las bondades (y perversidades) de los productos y servicios de las compañías.

La Web 2.0 y las tecnologías disruptivas están dando mucho poder a las personas. El usuario tiene acceso libre a toda la información sobre marcas, productos y servicios, puede comparar precios, leer recomendaciones de otros usuarios, criticar un servicio si lo considera necesario… En esta *nueva era de la conversación* son los usuarios, y no las compañías como ocurría antes, quienes determinan dónde está el valor de un producto, quienes marcan la pauta.

Ya nada será lo mismo. Las jerarquías se han dinamitado. Los canales han evolucionado y el modo en que las personas se relacionan con las marcas ha cambiado por completo. La lógica 1.0, donde uno habla (la marca) y muchos escuchan (la audiencia), ha muerto. **Ahora manda el usuario**, que exige bidireccionalidad y transparencia en la comunicación con las marcas.

PARA SABER MÁS
Las transparencia de McDonald's

La Web social, la cultura 2.0, exige a las marcas ser honestas y transparentes. Para ejemplo el de McDonald's Canadá, que ha lanzado un portal web llamado **"Our Food. Your Questions"**[2] destinado a informar sobre su comida, el origen de sus productos y el control de calidad que pasan los productos que sirven en sus restaurantes. En este portal se responde a todas las preguntas que los usuarios planteen a la marca en torno a la comida de McDonald's y a sus establecimientos.

Estamos ante todo un cisma en el campo de las relaciones, un cisma que está transformando radicalmente la comunicación corporativa, a la que no le va a quedar otra solución que redefinirse. Cada vez más exigentes, los canales de comunicación corporativos deben estar accesibles cuando los usuarios lo demanden.

El mensaje para las empresas es claro: menos teclas y más personas. La revolución *social media* no es una cuestión técnica, el cambio aquí no reside en la tecnología que se aplique en la empresa, sino en la mentalidad y actitud de quienes la dirigen. La clave está, por lo tanto, en saber aceptar esta redefinición del ecosistema de relación y sacarle el máximo rendimiento.

---

2   *http://yourquestions.mcdonalds.ca/*

En resumidas cuentas, la Web social ha cambiado las reglas de juego: ha simplificado el uso de Internet, democratizado el acceso a la información, permitido la publicación de contenidos a cualquiera, favorecido la interacción con los demás y, en definitiva, ha colocado a la persona en el centro del proceso.

PARA SABER MÁS

La desintermediación

La Web social acaba también con la intermediación. Los consumidores pueden ahora contactar con los proveedores sin necesidad de intermediarios, manteniendo una relación de diálogo y cercanía. Gracias a esta desintermediación, las marcas pueden conocer de primera mano y en tiempo real qué es lo que realmente quiere el cliente… y ofrecérselo.

Esta desintermediación empieza a tener un alto impacto en la sociedad. Así, emerge ahora un nuevo modelo económico "desintermediado" basado en el intercambio entre iguales: la economía compartida. Gracias a plataformas o iniciativas nacidas en Internet, los particulares pueden compartir ciertos gastos y bienes. **Uber**[3] (conecta pasajeros con conductores), **Airbnb**[4] (ayuda a encontrar y compartir alojamiento), **Blablacar**[5] (permite compartir coche), y otros servicios online reflejan esta tendencia hacia el intercambio entre iguales.

La economía compartida le está dando poder a la gente.

El fenómeno de la *sharing economy* es imparable, hasta tal punto que no son pocas las voces que se atreven a vaticinar que va cambiar, definitivamente, la sociedad capitalista tal y como la conocemos.

1.1.4 ¿Qué es, entonces, una red social?

Una **red social** (*social network* en inglés) es una estructura social compuesta de personas u organizaciones que están conectadas por uno o varios tipos de relaciones, tales como amistad, parentesco, intereses comunes, etc.

El término "red social" es, por lo tanto, un concepto de toda la vida y no ha nacido con Internet. Siempre han existido las redes sociales: los amigos que se reúnen en el bar, el corrillo que se forma en torno a la máquina de café de la oficina, esa pandilla de aficionados al *mountainbike* que quedan para ir al campo todos los fines de semana, o el grupo de chicas que siempre van juntas de compras.

---

3   *https://www.uber.com/*

4   *http://airbnb.com/*

5   *http://www.blablacar.com/*

En su definición más clásica, el término "red social" hace referencia a las relaciones que se crean entre personas, organizaciones o empresas.

Así pues, **las redes sociales son personas**; y lo que la red social en Internet hace es, ni más ni menos, extender esa red social presencial de toda la vida y de la que siempre hemos formado parte, pero alojándola en una plataforma tecnológica que facilita la interacción, la participación y el intercambio de información (texto, fotos, vídeos…).

Las redes sociales han existido siempre, solo que ahora se vertebran a través de herramientas de comunicación online que facilitan la participación, la interacción y la colaboración en Internet.

A través de las redes sociales digitales, Internet se parece cada vez más a la vida real, con personas que tienen relaciones entre ellas. No es de extrañar, pues, el éxito de los sitios web de redes sociales como Facebook, pues nos acercan a nuestra forma natural de actuar como seres humanos: somos animales sociales a los que les gusta compartir sus ideas, estar en contacto con los demás, conversar, relacionarse, cotillear… Estamos programados para interactuar.

Tenemos un ADN social.

No estamos, pues, hablando tanto de tecnología como de personas. Lo que define a una red social son las personas y las conexiones entre ellas. Sin personas no existen las redes sociales.

Con todo, debemos ir un paso más allá y aclarar que las redes sociales digitales han traído un poder de difusión y alcance extraordinario, puesto que incrementan de forma exponencial las posibilidades de comunicación y de establecer relaciones. Las redes sociales *online* son el boca a boca amplificado de hoy.

PARA SABER MÁS
Redes sociales y social media: ¿Cuál es la diferencia?

A menudo se confunden los términos "*social media*" y "redes sociales", cuando en realidad tienen significados distintos.

Por **social media** ("medios sociales" en castellano) nos referimos al conjunto de plataformas web, aplicaciones y herramientas *online* que fomentan la conversación, interacción, colaboración y distribución de contenidos entre usuarios. Son medios sociales los sitios web de las redes sociales (como Facebook, Twitter, Instagram, Pinterest, LinkedIn, YouTube…), los blogs, los foros, las aplicaciones de mensajería instantánea, los marcadores sociales, los espacios online de recomendación social, etc.

Por su parte, las **redes sociales** (*social networks en inglés*) en Internet son conjuntos de personas que, a través de plataformas de *social media*, se conectan y reúnen para conversar, compartir intereses comunes, intercambiar contenido y construir lazos a través de comunidades.

Quiere esto decir que aunque Facebook, Twitter y demás plataformas sociales han adoptado en castellano el término "red social", en realidad no serían redes sociales propiamente dichas, sino más bien medios de comunicación social que facilitan la creación de redes sociales.

Lo dijo el mismísimo creador de Facebook, Mark Zuckerberg, en un encuentro con un editor de medios. Según él, Facebook no es una red social. Nada de lo que en realidad llamamos redes sociales en el entorno digital son redes sociales. Son herramientas destinadas a que los usuarios organicen y coordinen redes de personas con nodos (personales o conceptuales) en común. Pero no pasan de eso.

PARA SABER MÁS
Redes sociales y comunidades virtuales:
¿cuál es la diferencia?

Acabamos de ver que las **redes sociales** son el lugar de encuentro, el entorno donde se reúne la gente. Están centradas en los intereses del individuo (persona o empresa), que va creando su propia red radial. En una red social se pueden encontrar diferentes personas y diferentes temas e intereses. Es decir, en una red social no se comparte necesariamente una temática común, sino que más bien fluye información variada por tendencias, gustos diversos, noticias de actualidad, eventos…

Por el contrario, a diferencia de las redes sociales, las **comunidades virtuales** se enfocan en un tema de interés común entre sus miembros. Así, podemos definir una comunidad virtual como un grupo de personas que comparten un mismo fin y que se conectan para conseguirlo. Un ejemplo pueden ser usuarios apasionados del deporte de triatlón, que ingresan en una comunidad de Internet sobre triatlón para poder compartir su pasión por este deporte y recibir información sobre el mismo. Una comunidad *online* puede ser, por lo tanto, una página o grupo en Facebook, un canal en YouTube o un grupo en LinkedIn.

La comunidad tiene la particularidad de que todos sus miembros
forman parte de ella por un interés común.

Huelga decir que la creación de una comunidad de Internet es la clave del éxito o del fracaso de la presencia en las redes sociales de una marca, empresa u organización. El objetivo es crear una cultura de pertenencia en torno a la marca.

Necesitas una comunidad, no una red.

Lo bueno es que ahora, gracias a los medios sociales, cualquier empresa, por pequeña que sea, tiene la puerta abierta para construir una comunidad de usuarios a un coste muy bajo y de manera efectiva, delimitando targets de acción y públicos concretos que abarcar. Una sinergia que antes de la Web social era muy difícil de conseguir, pues entonces solo las grandes organizaciones tenían la capacidad de aglutinar una comunidad que estaba dispersa y era desconocida.

IDEAS CLAVE

▸ Ahora cualquiera puede publicar en Internet sin pedir permiso a nadie.

▸ La Web social representa una verdadera revolución en la manera de comunicarnos y relacionarnos.

▸ En la Web social lo que funciona son las conversaciones, no los mensajes unilaterales.

▸ El consumidor demanda bidireccionalidad personalizada en la comunicación con la marca.

▸ La persona es ahora el centro del proceso, la protagonista principal.

▸ Emerge con fuerza la figura del prosumidor, consumidor y a la vez productor de contenidos.

▸ Las personas prefieren las prescripciones de otras personas a las de las marcas.

▸ La cuestión no es "estar" en la Web social, sino "ser" social.

▸ La Web social ha cambiado las reglas de juego: ha simplificado el uso de Internet, democratizado el acceso a la información, permitido la publicación de contenidos a cualquiera, favorecido la interacción con los demás y, en definitiva, colocado a la persona en el centro del proceso.

▶ Las redes sociales son personas que se reúnen para conversar y mantener relaciones sociales.

▶ Las redes sociales online son el boca a boca amplificado de hoy.

▶ El *social media* es el conjunto de portales web, aplicaciones y herramientas *online* que fomentan la conversación, interacción, colaboración y distribución de contenidos entre usuarios.

▶ La creación de una comunidad de Internet es la clave del éxito o del fracaso de la presencia en las redes sociales de una marca, empresa u organización.

1.2 PRINCIPALES PLATAFORMAS SOCIALES

1.2.1 Tipología de las redes sociales

Podemos clasificar las redes sociales atendiendo al público objetivo al que se dirigen o al tipo de contenido que albergan. En este contexto, las redes sociales se pueden dividir en dos categorías principales: horizontales y verticales.

▶ Los medios sociales **horizontales** son los más generalistas, los que agrupan a personas con múltiples intereses. En esta categoría destacan Facebook y Twitter.

▶ Las redes sociales **verticales**, por el contrario, agrupan a personas con intereses similares; una de las más populares es la red profesional LinkedIn.

Lo cierto es que la tipología de la Web social puede ser todo lo amplia que queramos en función de con qué criterio la cataloguemos. Para muestra unos cuantos ejemplos de los muchos tipos de redes o herramientas sociales que podemos encontrarnos en la web:

▶ **De vídeos**: sitios web donde los usuarios pueden subir, compartir y comentar vídeos (YouTube).

▼ **De fotos**: redes digitales que permiten almacenar, ordenar y compartir imágenes y fotografías (Pinterest o Instagram).

▼ **De geolocalización**: servicios basados en la geolocalización web que muestran el posicionamiento (ubicación geográfica) de un dispositivo, lugar o persona (Foursquare es la más conocida).

▼ **De marcadores sociales**: sitios web que permiten al usuario archivar y compartir enlaces o páginas web que considere interesantes (Delicious).

▼ **De directorios de preguntas**: redes sociales o directorios de preguntas y respuestas indexadas por un motor de búsqueda (Quora o Yahoo Answers).

▼ **De noticias** (agregadores): espacios virtuales que permiten ver en un único sitio toda la información que interesa al usuario, al tiempo que puede relacionarse con otros miembros (Menéame).

▼ **De documentos**: sitios Web 2.0 donde se pueden publicar y compartir presentaciones de textos profesionales o académicos (SlideShare).

▼ **De música**: portales web para escuchar, clasificar y compartir música con otros miembros (Spotify).

▼ **De opiniones**: portales que permiten a los usuarios ver las opiniones y valoraciones imparciales de otros usuarios sobre lugares concretos (TripAdvisor).

▼ **De movimientos sociales**: redes que, con la participación de los usuarios, se movilizan en torno a inquietudes sociales (Change.org).

▼ **De contactos para ligar**: redes de contacto para buscar y encontrar pareja y amistad a través de Internet (Meetic).

PARA SABER MÁS

Otras herramientas sociales 2.0 dignas de mención

Los servicios de mensajería instantánea, como WhatsApp, son aplicaciones móviles muy populares que comparten muchas de las características propias de las redes sociales (puedes tener perfil, conversar, compartir archivos y hacer grupos), pero que carecen de *timeline* (no puedes ver el estado de tus contactos). En definitiva, se trata más bien de servicios de chat móvil multimedia (además de texto puedes enviar fotos, vídeos y grabaciones de voz) que de verdaderas redes sociales.

Las **wikis**, sitios cuyas páginas pueden ser editadas por múltiples usuarios a través del navegador web. Así, los usuarios pueden crear, modificar o borrar un mismo texto que comparten. La aplicación wiki por excelencia es la Wikipedia.

1.2.2 El blog

Fue en 1994 cuando el periodista Justin Hall creó el que muchos consideran como el primer blog. Desde entonces, la blogosfera (sistema virtual en el que se establecen comunidades de blogs) ha ido evolucionando hasta llegar a convertirse en el punto de partida de la revolución 2.0.

El blog ha supuesto la primera manera de publicar de manera fácil para cualquier persona que tenga conexión a Internet, eliminando cualquier barrera de acceso a la comunicación y, en consecuencia, democratizando el espacio de Internet. Un blog es algo muy fácil de hacer; en apenas unos minutos está listo para comenzar a publicar artículos, conocidos como *posts* o entradas.

Cualquiera puede abrir un blog y publicar en él contenidos accesibles a todo el mundo.

Hoy los blogs ya no son la moda, pero constituyen un formato y un estilo de comunicación que mantiene su vigencia.

Pero ¿qué es un blog exactamente? Según la descripción de la Wikipedia, un blog, también conocido como bitácora digital o *weblog*, es "un sitio web en el que uno o varios autores publican cronológicamente textos o artículos, de los cuales aparece primero el más reciente, y donde el autor conserva siempre la libertad de dejar publicado lo que crea pertinente".

Un blog es un espacio virtual, generalmente de carácter personal, con una estructura cronológica que se actualiza con frecuencia y que se suele dedicar a tratar un tema concreto.

En cierto modo, un blog es como un diario personal en Internet que permite expresar y comunicar ideas y opiniones individuales. Un espacio de narración en el que el autor expone su información.

Sus posibilidades son infinitas: desde informar o entretener, pasando por recopilar datos o crear comunidad, hasta, por qué no decirlo, ganar dinero. Un soporte sumamente versátil que permite poner en marcha cualquier iniciativa individual y que puede ser de gran utilidad para una marca, ya sea personal o corporativa.

"La revolución de los blogs ha dado a millones de personas la posibilidad de tener una plataforma para compartir sus puntos de vista. La magia es que las barreras de entrada son 'cero'; escribe algo bueno y la gente lo leerá".

Seth Godin, bloguero y escritor

PARA SABER MÁS
El blog no es una red social

El blog no es exactamente una red social, pues quien escribe, expone y decide el tema que se va a tratar es el mismo dueño del blog. Aquí la comunicación es de "uno para muchos": habla el bloguero; aunque, eso sí, suele permitir que los lectores expresen sus opiniones en el blog.

1.2.3 Facebook

1.2.3.1 ¿QUÉ ES FACEBOOK?

Es la red social más extensa del planeta, con más de 1.500 millones de usuarios registrados en la actualidad (dos de cada tres internautas de todo el mundo están ya en Facebook), y que todavía sigue creciendo, aunque, como es lógico, a un ritmo más lento.

Facebook es la plataforma web de interacción social por excelencia.

1.2.3.2 ¿PARA QUÉ SIRVE FACEBOOK?

Facebook es un lugar de encuentro social propicio para compartir e interactuar con contenido generado por otros usuarios de la Red, marcas incluidas. Todo usuario registrado puede opinar, contar sus experiencias, mostrar a los demás lo que tiene que ofrecer…

Para las empresas, Facebook es la red social que logra más cercanía y la que mejor conecta con sus seguidores.

Facebook es perfecto para enganchar a tu público objetivo y crear comunidad.

1.2.3.3 ¿CÓMO FUNCIONA FACEBOOK?

Facebook ofrece tres tipos de cuentas diferentes: los perfiles personales, los grupos y las páginas.

▶ Perfiles personales

Tu perfil de Facebook es la colección de publicaciones –contenidos (fotos, vídeos, enlaces…), historias y experiencias– que componen tu vida en esta red social.

En principio, para poder interactuar con un usuario antes debes ser aceptado como "amigo", si bien puedes seguir el perfil de alguien de quien no seas amigo (por ejemplo, un periodista, un famoso, un político).

Los perfiles personales están reservados únicamente a particulares, su uso está prohibido a marcas y compañías, es decir, no deben utilizarse con fines comerciales.

▼ Grupos

Los grupos son un espacio pensado para que los usuarios intercambien opiniones acerca de intereses comunes (por ejemplo, compañeros de equipo o de trabajo).

Cualquier usuario puede crear un grupo.

Los grupos pueden ser *públicos* (cualquiera puede ver el grupo, los miembros y sus publicaciones), *cerrados* (cualquier puede ver el grupo, pero solo los miembros pueden ver las publicaciones) y *secretos* (solo los miembros pueden ver el grupo y las publicaciones).

▼ Páginas

Es la opción que tienen las empresas, marcas y organizaciones de tener presencia en Facebook, compartir su historia y poder conectarse con el público.

Las páginas de Facebook son visibles para todo el mundo, y cualquiera puede hacerse fan de una página de empresa simplemente pulsando sobre el famoso **Me gusta** (es decir, no requiere ser aceptado por la empresa).

Aportar contenido de valor en tu página de Facebook es clave para que el algoritmo de Facebook (*edge rank*) muestre las publicaciones a tus fans, porque no todo lo que publiques en ella alcanza al total de tus fans, y la única forma de conseguir alcance orgánico es crear contenido atractivo que genere interacción, que sea compartido y comentado (a mayor interacción, mayores alcance y resultados).

PARA SABER MÁS

Publicidad con Facebook Ads

Una de las grandes ventajas que aporta Facebook es que facilita una gran cantidad de información sobre gustos, aficiones, intereses, ubicación geográfica, edad… de los usuarios; de tal manera que las empresas pueden hacer una segmentación bastante precisa a la hora de identificar a los usuarios que más les interesen para sus campañas.

Facebook merece un capítulo exclusivamente para él. Por esta razón, en la segunda parte del libro trataremos en profundidad sus innumerables posibilidades como herramienta de marketing empresarial, al igual que haremos con otras redes sociales importantes. Mientras tanto, si quieres saber más sobre esta plataforma social y estar siempre al día acerca de sus continuos cambios de políticas y configuraciones, te recomendamos acudir al **servicio de ayuda de Facebook**[6].

1.2.4 Twitter

1.2.4.1 ¿QUÉ ES TWITTER?

Servicio gratuito de *microblogging* que permite a sus usuarios publicar mensajes instantáneos de no más de 140 caracteres, llamados *tweets* (o *tuits*), que pueden incluir texto plano, enlaces, fotos y vídeos.

Twitter, que cuenta actualmente con más de 300 millones de usuarios activos, es la red social más impulsiva, directa e inmediata del planeta.

El verdadero valor de Twitter es que es lo más parecido a un sistema de noticias, un sistema de información en tiempo real.

Twitter es una red social sencilla de usar donde prima la actualidad del momento.

1.2.4.2 ¿PARA QUÉ SIRVE TWITTER?

Twitter es un medio de comunicación instantáneo que permite conectar con usuarios afines a nuestra profesión, gustos o aficiones, y acceder a las publicaciones que realizan.

Muy útil para la *escucha activa*, es decir, para seguir muy de cerca las conversaciones y temas que nos interesan, encontrar líderes de opinión de nuestro sector (*influencers*), interactuar con los usuarios que nos importan, y, en definitiva, posicionarnos estratégicamente en nuestra profesión.

La compañía de los 140 caracteres también es para las marcas un poderoso canal de comunicación. Por su movilidad (el 80 % de los usuarios lo usa en el móvil), inmediatez y facilidad de respuesta, Twitter es un excelente canal de atención al cliente.

---

6   *https://www.facebook.com/help/*

Además, Twitter es la red social más efectiva para el debate en Internet; especialmente propicia para comentar en tiempo real lo que está sucediendo en la televisión, la radio, los eventos en directo, etc.

Ve a Twitter si buscas interacción e inmediatez.

1.2.4.3 ¿CÓMO FUNCIONA TWITTER?

Twitter es un espacio público abierto donde los mensajes de los usuarios se pueden consultar libremente. Por eso, en esta red social puedes seguir (*follow*) a otros usuarios sin ser seguido por ellos (*following*), y, del mismo modo, pueden seguirte usuarios sin tener tú que seguirles a ellos (*followers*).

En nuestro *timeline* de Twitter podemos ver ordenadas por orden cronológico las publicaciones de los usuarios a los que seguimos, las nuestras propias, así como alguna publicación promocionada (publicidad). Desde febrero de 2016, podemos, si lo deseamos, ver en nuestro timeline primero los tuits más relevantes en lugar de por orden cronológico. Una opción que podemos cambiar desde la sección de configuración de la plataforma.

Para obtener seguidores en Twitter, y así ganar reputación social, es conveniente ofrecer información útil, saber tuitear, enlazar, contestar, mencionar y *retuitear* (tuitear un tuit de otro usuario mencionándolo). Haz a los demás lo que quieres que te hagan a ti; si tú sigues, te seguirán; si retuiteas, te retuitearán. Por el contrario, la autopromoción (hablar solo de uno mismo) está mal vista en esta red social (y en todas en general).

En Twitter importa ser interesante, no interesado.

En los tuits se suele utilizar el *hashtag* o almohadilla, que consiste en poner una palabra sobre el tema específico que trata el tuit en cuestión precedida del símbolo #. Por ejemplo, si vamos a publicar en Twitter un comentario sobre un partido de tenis que estamos viendo por televisión de Rafa Nadal en el torneo de Wimbledon, perfectamente podemos utilizar los *hashtags* **#Nadal** o **#Wimbledon**.

Conviene mencionar el concepto de *trending topic* (TT), que se refiere a las tendencias o temas del momento más populares en esta red social; el usuario puede escoger su ámbito geográfico (mundial o localizado) o incluso personalizarlo en función de a quién sigue.

Recientemente, la compañía de los 140 caracteres adquirió Periscope, una aplicación móvil que permite emitir eventos en vivo a través de Twitter.

Para saber más sobre el gran pajarito, puedes ir al **centro de ayuda de Twitter**[7].

---

7   *https://support.twitter.com/*

1.2.5 Google+

1.2.5.1 ¿QUÉ ES GOOGLE+?

Es la apuesta por el mercado social de Google. Actualmente cuenta con más de 500 millones de usuarios registrados.

Google+ (pronunciado "Google Plus" y a veces abreviado como G+) es algo más que una red social al uso, es un servicio multiplataforma que integra y complementa un sinfín de herramientas de Google ya existentes. Así, una vez te identificas en G+, no solo puedes interactuar en red con todos tus contactos, sino que también puedes consultar tus datos en los demás servicios de Google (Gmail, Drive, Blogger, Maps, YouTube…), sin tener que salir en ningún momento del ecosistema en el que ya estás.

1.2.5.2 ¿PARA QUÉ SIRVE GOOGLE+?

G+ te permite conectar con todos tus contactos en la web de una forma muy parecida a como lo haces en el mundo real: por *círculos* de relaciones. De este modo, es muy fácil controlar qué contenido compartes con quién.

Google integra G+ de forma destacada en su buscador, así que es perfecto para aumentar el posicionamiento en buscadores (SEO) y para dar mayor visibilidad a tu perfil o marca.

Al ser una red social perteneciente a Google, G+ favorece el posicionamiento SEO en este buscador.

Uno de los servicios más destacados de G+ son los *Hangouts*, una forma de enriquecer las conversaciones a través de videollamadas, chat o llamadas de voz.

Como no podía ser de otra manera, G+ ofrece también páginas para empresas y marcas.

1.2.5.3 ¿CÓMO FUNCIONA GOOGLE+?

En realidad, G+, más que conectar personas, conecta intereses, dado que define los temas que interesan al usuario y a partir de ellos genera microcomunidades a su alrededor.

▼ Círculos

Son las microcomunidades que un usuario crea alrededor de un tema de interés; de forma que cuando se comparte algo en relación a ese tema, solo llegará a los miembros de ese círculo. Se pueden crear tantos círculos como se desee y nombrarlos como a uno le parezca más apropiado. Por ejemplo, puedes crear un círculo exclusivo solo para tu familia y mejores amigos, otro destinado a tus conocidos, otro para los compañeros de trabajo, para tus clientes, para tus proveedores, etc.

Una vez tienes "encirculados" tus contactos, puedes personalizar el contenido y las conversaciones.

▼ Hangouts

Son videollamadas que permiten conversaciones cara a cara en grupos de hasta diez personas y de forma gratuita. Permite también enviar mensajes y hacer llamadas telefónicas.

▼ Comunidades

Puedes encontrar a otros usuarios de G+ que compartan tu pasión por determinadas aficiones o intereses. Puedes crear una "comunidad" tú mismo.

▼ Colecciones

Herramienta de clasificación de contenido. Permite agrupar publicaciones (tuyas y de otros) por tema.

PARA SABER MÁS
Google+: la eterna promesa

Aunque Google lleva desde el año 2011 apostando fuerte para potenciar su red social, lo cierto es que, hoy, G+ está muy lejos de competir con Facebook. G+ es una plataforma llena de funcionalidades interesantes; sin embargo, sigue siendo un espacio secundario para usuarios y marcas. La mayoría de las cuentas abiertas en esta red social apenas tienen actividad.

Sinceramente, no conviene poner muchas esperanzas en G+, entre otras cosas porque no sería la primera vez que la gran G cierra un proyecto al comprobar que no responde a sus expectativas.

Pero, lejos de cerrarla, en la actualidad Google está reformulando su red social, y su último diseño de interfaz (otoño 2015) parece enfocado hacia los contenidos de calidad y la especialización.

La **ayuda de Google+**[8] es el espacio propicio para conocer mejor cómo funciona esta red social.

1.2.6 LinkedIn

1.2.6.1 ¿QUÉ ES LINKEDIN?

LinkedIn es la red social profesional orientada a los negocios con mayor popularidad a nivel mundial, con más de 400 millones de usuarios registrados.

Se trata de una plataforma donde los usuarios exponen su experiencia laboral y conocimientos profesionales, al tiempo que permite crear redes de contactos profesionales entre usuarios y compañías.

LinkedIn es la agenda de contactos online para tu profesión o negocio.

1.2.6.2 ¿PARA QUÉ SIRVE LINKEDIN?

Algunos usuarios solo utilizan LinkedIn como repositorio digital de su tradicional currículum vitae. No obstante, para sacarle todo el partido a esta plataforma social, lo suyo es generar contactos de interés y participar en las conversaciones dentro de los muchos grupos especializados que existen. De este modo trasladamos información valiosa sobre nosotros a los demás y, en consecuencia, cuidamos nuestra marca personal y nuestra reputación *online*.

Por lo tanto, las principales utilidades de LinkedIn son:

▼ Crear una red de contactos profesional.

▼ Generar oportunidades de negocio.

---

8   *https://support.google.com/plus/?hl=es#topic=3049661*

▶ Como herramienta de recursos humanos, para poder encontrar candidatos en cualquier lugar del mundo.

▶ Ganar posicionamiento en buscadores y visibilidad en la Red, dado que LinkedIn tiene mucha autoridad en Google.

LinkedIn es una excelente herramienta de reputación personal, prospección comercial y captación de talento.

1.2.6.3 ¿CÓMO FUNCIONA LINKEDIN?

Puedes presentarte a ti mismo, crear tu red de contactos profesional, compartir actualizaciones, interactuar, participar en los grupos especializados de tu sector...

LinkedIn ofrece la posibilidad de tener cuentas *premium*, es decir, cuentas de pago que te permiten acceder a funcionalidades no accesibles al común de los usuarios, que son los miembros de la cuenta básica y gratuita.

Para resolver tus dudas sobre cómo funciona esta red social profesional te recomendamos acudir al **centro de ayuda de LinkedIn**[9].

1.2.7 YouTube

1.2.7.1 ¿QUÉ ES YOUTUBE?

Es una plataforma de vídeo en línea fundada en 2005 y adquirida un poco más tarde por la compañía Google, en la cual los usuarios pueden subir, compartir y comentar vídeos.

YouTube es el principal causante de la eclosión del vídeo en Internet. Actualmente es el tercer sitio web más visitado del mundo, con más de 1.000 millones de usuarios únicos que "aterrizan" en esta plataforma cada mes.

Pero ¿podemos considerar YouTube como red social? Pues sí, YouTube es un canal que puede asumir el rol de red social, habida cuenta de que permite tener perfil de usuario, crear contenido propio y publicarlo, compartir los vídeos en otras redes sociales, comentar los vídeos de otros usuarios, valorarlos...

YouTube es la red social de vídeos por antonomasia.

---

9   *https://ayuda.linkedin.com/app/home*

1.2.7.2 ¿PARA QUÉ SIRVE YOUTUBE?

Muy fácil de usar, YouTube permite compartir en la Red cualquier clip grabado con cualquier dispositivo, desde un teléfono móvil a una cámara profesional.

YouTube se ha hecho muy popular gracias a la posibilidad de alojar vídeos personales de manera sencilla.

También permite alojar y visionar una amplia variedad de vídeos musicales, clips de películas y programas de televisión.

YouTube es, además, una excelente herramienta para el posicionamiento en buscadores y el marketing *online*.

Recientemente, ha adquirido relevancia mundial el fenómeno de los *youtubers*, nuevos iconos con canal propio en YouTube que consiguen millones de reproducciones todos los días y ganan con ello un dineral gracias a la publicidad que generan sus vídeos. Lo cierto es que la plataforma de vídeo de Google es hoy una de las opciones de entretenimiento preferidas por los adolescentes, en buena parte gracias al *boom* del consumo de vídeo en móviles.

PARA SABER MÁS
Isasaweis: de su canal de YouTube a la televisión

Isasaweis es el apodo de una chica que ha creado **su propio canal de YouTube**[10], pensado para compartir trucos de belleza y maquillaje. Su éxito en la Red ha sido tal que, un año después de haber subido su primer vídeo a YouTube, fue contratada por el canal privado de televisión español Antena 3 para grabar su propio programa de televisión: *El mundo de Isasaweis*. Desde entonces ha pasado por muchos platós: Telemadrid, La Sexta, *España Directo*... Hoy Isasaweis mantiene activo su canal de YouTube, cuya temática ha ampliado a trucos de cocina y maternidad.

1.2.7.3 ¿CÓMO FUNCIONA YOUTUBE?

Tan solo hay que registrarse como usuario y crear un canal en YouTube. Los usuarios registrados pueden subir y compartir vídeos.

---

10   *http://www.youtube.com/user/isasaweis*

YouTube permite localizar cualquier vídeo por medio de las etiquetas de metadatos, títulos y descripciones que los usuarios asignan a sus vídeos.

Para servir su contenido, YouTube usa un reproductor en línea basado tanto en Adobe Flash como en el estándar HTML5.

Los enlaces a vídeos de YouTube pueden ser insertados en otros medios sociales y sitios electrónicos personales, ya sea usando API (del inglés *application programming interface*) o incrustando cierto código HTML (siglas de *hypertext markup language*).

Desde 2012 YouTube permite editar vídeos desde el propio navegador, de tal manera que ya no es necesario descargar el vídeo, editarlo y volver a subirlo.

Aquí tienes el **centro de ayuda de YouTube**[11].

1.2.8 Instagram

1.2.8.1 ¿QUÉ ES INSTAGRAM?

Lanzada en octubre de 2010, en la actualidad con más de 400 millones de usuarios registrados, Instagram es la red social de intercambio de imágenes del mundo móvil.

Rápida y muy fácil de usar, con un funcionamiento similar al de Twitter pero en la que, en lugar de mensajes de 140 caracteres, se pueden subir y compartir fotografías y vídeos cortos desde el *smartphone* en el mismo momento en que se toman.

Instagram es la red social más utilizada por los jóvenes, que le han otorgado a la realización de imágenes una dimensión artística, lúdica y social, a través de la elección de filtros, la compartición de localizaciones, la posibilidad de comentar las fotos y vídeos, y el etiquetado con *hashtags* de dichas imágenes.

Facebook compró la aplicación por mil millones de dólares en abril del 2012, hecho que ha ayudado a Instagram a crecer de manera exponencial.

La hermana pequeña de Facebook está centrada en la creación
de un timeline personal de fotos y microvídeos para compartir
con los contactos.

---

11   *https://support.google.com/youtube/?hl=es#topic=4355266*

1.2.8.2 ¿PARA QUÉ SIRVE INSTAGRAM?

Se trata de una de las redes sociales con mayor proyección, un terreno aún por explorar que, en principio, sirve simplemente para "captar el momento" y compartirlo en la Red.

El éxito de Instagram es contar cosas con imágenes.

En Instagram los usuarios tratan de poner siempre su mejor cara. Este hecho, que puede parecer banal, proporciona a esta red social un tremendo potencial de *engagement* (la métrica que mide el nivel de compromiso que existe entre una marca y sus usuarios o consumidores). Así, las marcas (y los famosos) utilizan Instagram para entrar por los ojos del público. Además, al tratarse de una plataforma visual, el alcance de sus imágenes es universal (no tiene la limitación del idioma).

Instagram es la red social con mayor porcentaje de interacción de usuarios con las marcas. Su ratio de engagement supera incluso al de Facebook.

1.2.8.3 ¿CÓMO FUNCIONA INSTAGRAM?

Para unirte a la red social de Instagram, lo primero que debes hacer es descargarte la aplicación a tu dispositivo móvil.

A partir de entonces puedes buscar contactos para tu red de Instagram, ya sean contactos almacenados en tu agenda telefónica, contactos de tus cuentas de Facebook y Twitter, o, simplemente, perfiles sugeridos por la propia aplicación de Instagram.

Al igual que Twitter, Instagram es asimétrica en cuanto a los contactos de seguidores y seguidos: es decir, un usuario puede, por ejemplo, seguir a 100 contactos, pero ser seguido él mismo por 200 cuentas.

Como ya sabes, con Instagram puedes tratar y difundir imágenes con *smartphones*. Ahora bien, su difusión está bastante ligada a la conexión a otras redes sociales generalistas, como Facebook y Twitter.

Aquí tienes el **servicio de ayuda de Instagram**[12].

---

12   *https://help.instagram.com/*

1.2.9 Pinterest

1.2.9.1 ¿QUÉ ES PINTEREST?

Red social visual, con 100 millones de usuarios activos, que permite crear, administrar y compartir imágenes (fotografías, infografías y demás contenido audiovisual), por medio de tableros temáticos y colecciones.

Pinterest es la red social que mayor interés genera entre el público femenino (alrededor del 70 % de los usuarios son mujeres) y la que más rápido crecimiento está teniendo en los últimos años.

1.2.9.2 ¿PARA QUÉ SIRVE PINTEREST?

Se utiliza para reunir y organizar imágenes que te gustan o interesan. Así, puedes compartir imágenes y crear colecciones con ellas, de tal manera que te permite descubrir ideas creativas para tus proyectos y guardarlas.

Pinterest es una fuente de inspiración que permite combinar tus aficiones, pasiones e intereses en una interfaz visual.

Para las marcas, Pinterest es un gran reclamo publicitario que ayuda a incrementar el tráfico hacia el *website* (ninguna otra red social consigue enviar tanto tráfico a la web).

Por su alto contenido visual, es una red social especialmente atractiva para los negocios dedicados al diseño o imagen, como, por ejemplo, la decoración, la moda, la belleza, el textil, el comercio, el turismo o la comida. Pinterest es un canal perfecto para que este tipo de negocios muestren sus productos. Todos los expertos en comercio electrónico coinciden en afirmar que es la red social más propicia para el *e-commerce* y la venta *online*.

Pinterest es el escaparate perfecto para dar a conocer tus productos o servicios por medio de catálogos segmentados por temas.

1.2.9.3 ¿CÓMO FUNCIONA PINTEREST?

Los usuarios de Pinterest pueden subir, guardar, ordenar y compartir imágenes, conocidas como *pins* (o pines), a través de colecciones llamadas *pinboards* o tableros.

Los pines pueden ser fácilmente encontrados y clasificados por otros usuarios, quienes pueden guardarlos y clasificarlos en sus propios tableros temáticos (según su criterio), utilizando el botón **Pinear**.

Las publicaciones también se pueden encontrar fuera de la plataforma de Pinterest e, igualmente, se pueden pinear o descargar.

Aquí tienes el **centro de asistencia de Pinterest**[13].

1.2.10 Otras plataformas sociales

Hasta ahora nos hemos referido a las redes sociales más utilizadas en el mundo occidental. Ciertamente, no están todas las plataformas sociales que son, y podríamos no acabar nunca si nos ponemos a describir todas las que hay.

El caso es que algunas redes sociales se han quedado por el camino, pese a que en su día llegaron a disfrutar de las mieles del éxito y se las prometían muy felices.

Buen ejemplo es **MySpace**, la primera gran red social (vio la luz en el año 2003), cuyo protagonista era la música, y que hace años que se ha desplomado de manera paralela al imparable auge de Facebook.

Pero para descalabro reciente el de **Tuenti**, red social española pensada para los jóvenes que tuvo sus años de gloria entre el 2009 y 2012, cuando llegó incluso a competir en España con la mismísima Facebook, pero que, una vez adquirida al 100 % por Telefónica en 2013, vive un progresivo y continuo ocaso.

Otro fracaso, este quizá más inesperado, es el de **Foursquare**, la red social de geolocalización que permite localizar un dispositivo fijo o móvil en una ubicación geográfica. Orientada principalmente a *smartphones*, Foursquare comenzó con mucha fuerza en términos de adopción y popularidad, derrotando incluso al todopoderoso Facebook, que pretendió desplazarla sin éxito con el lanzamiento en 2010 de su propio servicio de geolocalización (Facebook Places). El éxito de Foursquare vino de la mano del juego que lleva asociado (lo que se conoce como *gamificación*), donde el usuario va ganando puntos y "medallas" a medida que hace más veces *checkin* o avisos del lugar en el que se encuentra. Pese a todo, el modelo económico de Foursquare nunca llegó a funcionar, y con el paso del tiempo la plataforma fue

---

13   *https://help.pinterest.com/es*

perdiendo fuelle, incapaz de cumplir con las expectativas creadas. Recientemente, en 2014, en un intento por renovarse o morir, la compañía dividió sus características en dos aplicaciones de geolocalización independientes, Foursquare y Swarm, jugada de remodelación y escisión que no le está saliendo nada bien, puesto que la sangría de pérdida de usuarios es ahora incluso más virulenta que antes.

Acabamos de reflejar algunos casos llamativos de redes sociales fracasadas, pero también hay otras plataformas sociales que emergen con fuerza últimamente y que merece la pena mencionar. Son las siguientes:

▶ **Snapchat**[14]

Es el nuevo fenómeno social que triunfa entre los más jóvenes, la generación Z. Con más de 100 millones de usuarios activos diarios, Snapchat no es exactamente una red social sino una aplicación móvil de mensajería instantánea, del estilo de WhatsApp, con la salvedad de que se usa básicamente para enviar imágenes (fotos y vídeos) que se "autodestruirán" entre uno y diez segundos después de haberlas visto los destinatarios. Su éxito entre los adolescentes reside en que es una *app* social muy visual para compartir momentos gamberros o divertidos, en la que los padres no están presentes. Snapchat plantea soluciones de privacidad, pues, por ejemplo, las imágenes se comparten con individuos o grupos pequeños personalizados en lugar de con redes mayores de usuarios, y, además, son borradas del servidor a los pocos segundos. Snapchat no para de crecer y su número de reproducciones de vídeo empieza a ser escandaloso: ¡más de 4.000 millones!

> *Snapchat se consagra como la red social favorita entre los más jóvenes, al permitir el envío de contenido multimedia, que luego se destruye de forma automática.*

▶ **Vine**[15]

Es una aplicación móvil, comprada por Twitter, que permite crear y publicar microvídeos, de una duración máxima de seis segundos, en forma de *loop* (reproducción en bucle al estilo de los archivos gifs animados). Estos vídeos cortos pueden compartirse no solo a través de la misma red social de Vine, sino también a través de otras redes sociales generalistas como Twitter o Facebook.

---

14   *https://www.snapchat.com/*

15   *https://vine.co/*

▶ **Tumblr**[16]

Es una de las redes sociales que más está creciendo en los últimos tiempos, con más de 200 millones de cuentas registradas en la actualidad. Nació en 2007 como una plataforma de blogs, y, por su alto contenido visual, atrae especialmente a los jóvenes (la mitad de los usuarios son menores de 25 años). Comprada por Yahoo en 2013, Tumblr destaca por ser un escaparate perfecto para compartir contenidos creativos, desenfadados y de tendencia (de diseño y cultura pop). En realidad, Tumblr es una plataforma de *microblogging* que aúna la sencillez y el carácter abierto de las redes sociales (los usuarios pueden seguir a otros usuarios registrados y crear comunidad social) con las posibilidades de expresión de los blogs tradicionales (es propicia para la narrativa).

PARA SABER MÁS
Ello, el anti-Facebook

Mención aparte merece el reciente lanzamiento de la red social **Ello**[17]. Un espacio que se autodenomina anti-Facebook. Su tarjeta de presentación es la de una red social sin publicidad, que no vende a sus usuarios como mercancía para ganar dinero.

Es una plataforma social en principio apropiada para ámbitos como el diseño, la fotografía o la producción audiovisual, ya que permite subir archivos de peso a mayor resolución. No obstante, como suele suceder con las redes sociales, no es el creador de la plataforma el que marca la dirección de la misma, sino que el ámbito y el papel que acabará representando lo definirán los propios usuarios con el uso que le den.

Habrá que esperar para ver cómo evoluciona Ello y en qué se convierte, y, sobre todo, si llegará a ser algo, si sobrevivirá. Y es que Ello no tiene a la vista un modelo de negocio claro, y tras el *boom* inicial, ahora parece que su actividad está decreciendo bastante y que está lejos de conseguir la suficiente "masa crítica" (la cantidad mínima de usuarios activos necesarios para que una plataforma sea viable).

A modo de reflexión sobre este primer apartado dedicado a las principales plataformas sociales, habrás constatado el elevado número de redes que hay. De hecho, cada día nacen nuevas redes sociales con nuevas posibilidades. La gama, además de ser muy amplia, siempre está en continuo desarrollo. En el momento de escribir estas líneas, algunos de los nuevos contendientes en probar fortuna son

---

16 *https://www.tumblr.com/*
17 *https://ello.co/*

Alife[18] (red social para conmemorar a los seres queridos ya fallecidos), **TPO**[19] (red para donar dinero a causas nobles), **Medium**[20] (mezcla de blog y redes sociales que fomenta el debate), y **beBee**[21] (red social segmentada por afinidades para unir personas por intereses comunes).

Toda esta proliferación de redes sociales es para las marcas y profesionales un arma de doble filo, porque cantidad no significa necesariamente calidad, y no por estar presente en diez o más redes sociales diferentes estarás haciendo un mejor trabajo, entre otras cosas porque es muy posible que no puedas gestionarlas todas igual de bien que solo tres o cuatro.

Por desgracia, no son pocas las empresas que están en demasiadas redes sociales con el único pretexto de que "hay que estar". Esto es un error. Antes de comenzar a tener presencia en una red social hay que valorar bien qué te aporta y qué implicación te va a exigir. Cada red tiene su público y su propio discurso. Así que para escoger bien en qué red "meterse", es esencial tener claro el **target** al que te diriges y, por supuesto, pensar si la red social elegida te ayudará a cumplir tus **objetivos**. Con ese planteamiento establecido es cuando debes elegir si te compensa estar en esa red o mejor focalizarte en otras. Así pues, es muy importante que la empresa sepa elegir las mejores plataformas a la hora de plantear su estrategia en las redes sociales. Esto lo veremos a fondo en la segunda parte del libro.

IDEAS CLAVE

▶ Las redes sociales se pueden dividir en dos categorías principales: horizontales y verticales.

▶ Un blog es un espacio virtual, generalmente de carácter personal, con una estructura cronológica que se actualiza con frecuencia y que se suele dedicar a tratar un tema concreto.

▶ Facebook es la plataforma web de interacción social por excelencia. Ofrece tres tipos de cuentas: los perfiles personales, los grupos (para usuarios en torno a un interés común) y las páginas (para empresas, marcas y organizaciones).

---

18 *http://alife.social/es/*

19 *https://tpo.com/*

20 *https://medium.com/*

21 *https://www.bebee.com/*

▼ Twitter es una red social donde prima la actualidad del momento. Especialmente útil para la escucha activa, seguir los temas que interesan, encontrar líderes de opinión y atender a los clientes en tiempo (casi) real.

▼ Google+ es la red social de Google. Es la que más favorece el posicionamiento en buscadores (SEO).

▼ LinkedIn es la red social profesional orientada a los negocios. Una excelente herramienta de reputación personal, prospección comercial y captación de talento.

▼ YouTube es la red social de vídeos por antonomasia, que se ha hecho extremadamente popular gracias a la posibilidad de alojar vídeos personales de manera sencilla.

▼ Instagram es la red social de intercambio de imágenes (fotos y microvídeos) del mundo móvil, con un tremendo potencial para el *engagement* (el nivel de compromiso que existe entre una marca y su público).

▼ Pinterest es una fuente de inspiración que permite combinar tus aficiones, pasiones e intereses en una interfaz visual. El escaparate *online* perfecto para un negocio a la hora dar a conocer sus productos o servicios por medio de catálogos segmentados por temáticas.

▼ Por el camino, ciertas redes sociales languidecen (MySpace, Tuenti o Foursquare), pero otras emergen (Snapchat, Vine o Tumblr).

▼ A la hora de plantear nuestra presencia en las redes sociales, debemos estudiar y elegir bien en qué plataformas nos interesa estar, pues no todas valdrán para llegar a nuestro público y cumplir nuestros objetivos.

1.3 LA EMPRESA EN LA RED

1.3.1 ¿Por qué las empresas deben estar en las redes sociales?

A continuación enumeramos unas cuentas buenas razones por las que una marca, empresa o negocio, con independencia de su tamaño o sector de actividad, debe estar en las redes sociales.

▼ **Estar donde está tu público**

La inmensa mayoría de tus clientes y potenciales clientes está en Internet y, cada vez más, en las redes sociales. Por eso, te guste o no, hay que estar en Facebook, Twitter, YouTube… porque es estar donde ya está tu público y, además, donde mejor puedes fidelizarlo y enamorarlo, ofreciendo información corporativa de manera directa, rápida y personalizada. Estar en las redes sociales es perfecto para interactuar con tu *target* y, de paso, humanizar tu marca. Y no estar será (si no lo es ya) como no tener teléfono.

▼ **Reducir costes**

Con el *social media management* la empresa reduce costes y mejora resultados en diferentes áreas y campos:

- **En marketing**: los costes de publicidad en medios sociales son bajos y efectivos (permite dirigirse al *target* que interesa) en comparación con los de los medios tradicionales como prensa, radio y TV.

- **En atención al cliente**: de una manera ágil y económica, las redes sociales permiten ofrecer un servicio de atención al cliente directo, personalizado y casi instantáneo.

- **En estudios de mercado**: sin coste alguno puedes explorar el mercado y descubrir los hábitos de consumo y preferencias del cliente.

- **En implementación**: con poco dinero y en pocas semanas, puedes elaborar toda tu estrategia de *social media*.

▼ **Ganar visibilidad**

¿Quieres incrementar tu presencia, notoriedad y credibilidad en Internet? ¿Quieres facilitar que el cliente te encuentre? Pues entonces tienes que estar en las redes sociales. Además, es muy probable que tu competencia ya esté en la Web social, y no es buena idea dejar que se adelante todavía más. Lo bueno es que las redes sociales te permiten competir con las grandes empresas (casi) al mismo nivel, ampliando así tus oportunidades de negocio (*brand awareness*, mejora del tráfico web, aumento de ventas…).

▼ **Conocer de primera mano los gustos de los clientes**

El *social listening* nos permite conocer las demandas y preferencias de los clientes, puesto que es en las redes sociales donde los clientes han encontrado una forma amigable de dar a conocer sus gustos. De esta manera, podemos mejorar nuestros productos y servicios para adaptarlos a las necesidades del cliente. Estar en las redes sociales es establecer canales de atención al cliente en tiempo real, es construir espacios propios de conversación con tu público objetivo y estar mejor conectado con él.

▼ **Medir, medir y medir**

Una de las grandes ventajas de la presencia *online* es que prácticamente todas las acciones en Internet y en las redes sociales son medibles, controlables y cuantificables. Cualquier cosa se puede calibrar, como, por ejemplo, las visitas a nuestros sitios, las conversaciones, nuestra reputación *online*, las ventas o ratios de conversión… Todo tiene su métrica.

▼ **Construir una comunidad que gire en torno a nuestra marca**

La creación de una comunidad alrededor de nuestra marca es, y debe ser, el objetivo prioritario de toda estrategia de *social media*. Se debe crear una cultura de pertenencia a la marca. Y la mejor manera de fidelizar a la comunidad es situarse en el entorno *social media*, es decir, convertirse en una marca realmente social, que no se limita simplemente a estar en las redes sociales, sino que se preocupa por sacar el máximo partido a la comunicación social, estableciendo vínculos de relación con la comunidad.

PARA SABER MÁS

El pequeño comercio también puede y debe estar en las redes sociales

....

Son muchas las voces que dicen que no todas las empresas deben estar en las redes sociales. Argumentan que tener presencia en las redes sociales está sobrevalorado, y que si eres, por ejemplo, la peluquería de la esquina, no deberías perder el tiempo con una página en Facebook, menos aún si no tienes nada interesante que decir.

Pues bien, nosotros rebatimos su argumento diciendo que los pequeños negocios locales sí se pueden beneficiar mucho de tener presencia en las redes sociales. Por ejemplo, en el caso de las mencionadas peluquerías, cada vez son más las personas que se decantan por seleccionar aquellas que tienen página en Facebook o cuenta en Instagram, donde pueden ver los cortes y peinados reales que hacen a sus clientes (el famoso "antes y después"), comprobar las opiniones y valoraciones de otros clientes sobre el establecimiento y servicio ofertado, o, simplemente, consultar información sobre la dirección del local (con mapa de la ubicación para que los usuarios sepan llegar) número de teléfono, *e-mail* de contacto, horarios de apertura, o reservar *online*.

Lo cierto es que el consumidor móvil y social valora cada vez más la información local. Por eso, a todo negocio local que tenga una dirección física le interesa estar en las redes sociales, tanto para aumentar su visibilidad en Internet como para generar confianza entre los clientes potenciales.

Hoy, para cualquier empresa, por pequeña que sea, no estar en el entorno social parece una decisión no ya arriesgada sino más bien suicida. Es más, el *social media* es posiblemente el único medio que permite al pequeño negocio poder llegar a su público con pocos recursos (la televisión, radio o prensa suelen quedar fuera de sus posibilidades). En las redes sociales el ingenio (ofrecer contenido original y útil) gana al dinero.

1.3.2 ¿Cómo deben conversar las organizaciones en los medios sociales?

Afortunadamente, cada vez son más las empresas que empiezan a entender cómo los usuarios utilizamos los medios de comunicación social, cómo socializamos en Facebook, cómo nos informamos en Twitter o cómo compartimos fotos personales en Instagram. Es ahora, y con cierto retraso, cuando muchas empresas, grandes y pequeñas, por fin empiezan a aprovechar el potencial del *social media* y comienzan a utilizarlo como es debido: **conversando**.

Pero ¿está nuestra empresa preparada para conversar en la Web social?

En este sentido, lo primero que debemos hacer es elaborar un **protocolo de comunicación** que establezca la línea editorial de nuestra marca y defina cómo vamos a interactuar y relacionarnos con nuestro público: la identidad y los valores que nos diferencian de la competencia, la voz y el mensaje principal, las palabras clave que queremos resaltar, el estilo de conversación, el tono, etc.

Conviene tener en cuenta, no obstante, que nos enfrentamos a un entorno complejo compuesto por redes y plataformas diferentes entre sí, cada una con su propio lenguaje y su particular manera de comunicar (Facebook es más emocional, Twitter más informativo, LinkedIn más profesional…), lo que dificulta el establecimiento de reglas universales. Aun así, existen ciertas pautas generales que sirven para todos los medios sociales. Vamos a verlas.

De entrada, escuchar y responder son dos elementos clave de la comunicación corporativa en la Web social. Ahora estamos en un modelo bidireccional, donde la gente pregunta directamente a las empresas en público, a la vista de todos y con testigos. Así que escuchar y responder a las dudas y cuestiones planteadas por los usuarios, tanto los comentarios positivos como los negativos, es una obligación en las redes sociales. La interacción es la razón de ser de las redes sociales, y esto es algo que toda organización ha de tener muy claro si va a estar presente en la Web social.

*Los dos elementos clave de la comunicación corporativa en la nueva era de la Web social: **escuchar y responder**.*

PARA SABER MÁS
Escuchar y responder

Existen empresas que realmente conversan en la Red con sus clientes; aquí puedes ver dos buenas prácticas:
- **Banco Sabadell**[22], con atención 24/7, las 24 horas de los siete días de la semana.
- **Gallina Blanca**[23] que, por medio de recetas, conversa de tú a tú con su comunidad.

Por otro lado, el tono de comunicación corporativo tiene que sonar humano y cercano. Los usuarios de las redes sociales quieren conversar con personas, no con empresas frías y distantes a las que no pueden responder. Así pues, en las redes sociales las empresas deben mostrarse con la identidad de una persona, que se note que detrás de la marca hay un ser humano.

*Las empresas tienen que **humanizar la comunicación**.*

Esto implica que las conversaciones en la Web social han de ser relajadas e informales. Se trata de pequeñas charlas casuales entre personas. Hasta ahora las empresas estaban habituadas a tener un estilo de comunicación corporativo pomposo e institucional, pero en las redes sociales están obligadas a cambiar esta forma de comunicarse con el cliente. En los medios sociales, el lenguaje corporativo tiene que ser natural y coloquial, no impostado. Por supuesto, esto no quita que se deban evitar a toda costa los errores de ortografía. Asegúrate de haber hecho un uso adecuado del lenguaje antes de publicar el mensaje en la Red.

Asimismo, conviene emplear información directa y sencilla de digerir, dado que el internauta es impaciente (se mueve en un mundo de tiempos acelerados y sobreabundancia de información) y prefiere mensajes cortos. Es, pues, importante tener capacidad de síntesis comunicativa. Buen ejemplo es Twitter, donde no se pueden superar los 140 caracteres por tuit.

Un factor importante, si no decisivo, es saber generar reacciones en los usuarios. En las redes sociales se deben proyectar mensajes cautivadores y cercanos, que inciten a los usuarios a participar, opinar y relacionarse con la marca, y con otros hablando sobre la marca. Hay que publicar contenidos que incentiven el diálogo entre las personas y las marcas, que produzcan emociones, que transformen las conversaciones en experiencias. Por ejemplo, si te dedicas a la venta de bikinis, en

---

22   *https://twitter.com/bancosabadell*
23   *http://www.gallinablanca.es/*

lugar de lanzar el mensaje promocional de "¡Compra este bonito bikini de nuestra nueva colección!", mejor pregunta: "¿En qué playa te gustaría lucir este precioso bikini de nuestra nueva colección? ¡Cuéntanoslo!".

La comunicación corporativa en la Web social debe dar lugar a que los usuarios contesten y difundan lo comentado o publicado.

También influye, y mucho, cómo presentemos los contenidos, si bien aquí cada medio social tiene su propio lenguaje visual. Por ejemplo, en el blog conviene utilizar las negritas y enlazar a otros contenidos para destacar ciertos conceptos o expresiones. Mientras que en Facebook el mensaje ha de ser corto y acompañado, a poder ser, de un vídeo, una imagen, un gráfico o infografía. Por su parte, en Twitter lo aconsejable es utilizar *hashtags* y enlaces.

Con todo, hay que ser constante y regular con las publicaciones en cada canal social donde se tenga presencia, pero, eso sí, evitando la **saturación de mensajes**. El flujo de contenidos publicados en cada red social ha de ser coherente y utilizado con mesura, para no cansar a los seguidores. Así pues, afina al máximo tus publicaciones, no seas repetitivo ni transmitas el mismo mensaje en todos tus canales. En definitiva, has de proyectar una imagen adecuada de tu marca –escuchar, dialogar y compartir sin exceso–, y no parecer un vendedor oportunista que satura a todos una y otra vez con el mismo mensaje promocional.

En las redes sociales no hagas spam ni te obsesiones por vender.

Por último, pero no menos importante, **no seas aburrido**. Las conversaciones aburridas presentan alto riesgo de dejar de existir, así que preocúpate por construir una comunidad entretenida y viva, que te permita enganchar a tu público, sin dejar de lado, claro está, los propósitos de negocio de la empresa.

En esta sección acabamos de mostrar una serie de pautas que deben servir de ayuda para moverse con soltura en los medios sociales. Ahora bien, cómo conversar o no conversar en la Web social es algo que se aprende más con la experiencia que con la teoría, al margen de que, además, cada red social, cada empresa y cada sector es un mundo. Por lo tanto, lo visto aquí es solo una muestra básica de conversación en medios sociales, que ha de servir a algunas empresas para clarificar ideas y a otras para conocer nuevas realidades. Una base sobre la que se irá construyendo un repositorio mayor a lo largo del libro, y cuyo fin no es otro que saber establecer un vínculo de relación con el público objetivo de la marca, lo que ha de situar a la empresa en el buen camino para vender sus productos o servicios.

1.3.3 La importancia del contenido

Hemos aprendido la importancia que supone para una marca u organización participar en la conversación con los clientes, actuales y potenciales. Pero el éxito de una estrategia de comunicación en medios sociales incluye también la generación de **contenidos propios**. Sabemos que las redes sociales son los nuevos canales de comunicación por los que debe circular el contenido que ha de llegar a su destino: la audiencia.

> *El contenido es el combustible que alimenta el motor en las plataformas de social media.*

Cuando una marca crea su propio contenido *social media*, no solo está definiendo una línea editorial, también está estableciendo los cimientos de las futuras conversaciones en torno a la marca y, lo que es más importante, está construyendo una parte elemental de su reputación en la Red. Con razón se repite tantas veces eso de que **el contenido es el rey.**

> *Nuestros contenidos de social media ayudan a construir nuestra reputación online, y en su conjunto representan un avatar de nuestra marca, representan a nuestra institución.*

La gestión de los medios sociales requiere un trabajo continuo de creación de contenido de interés para la comunidad. Aquí entran en juego cuestiones que estudiaremos más adelante, como el **marketing de contenidos**, que, dicho sea de paso, ha de ser más sobre contenidos que sobre marketing, y que, en consecuencia, poco o nada tiene que ver con los tradicionales comunicados unidireccionales que las empresas han venido colgando en sus webs. Y es que difícilmente seremos capaces de construir una comunidad virtual en torno a nuestra marca si únicamente nos limitamos a hablar de las maravillas de nuestros productos.

Por supuesto que debemos crear contenidos que reflejen nuestra marca, que demuestren la filosofía y carácter de nuestra empresa, que resalten aquellos aspectos que nos hacen únicos. Pero, al mismo tiempo, tengamos siempre presente que lo que el cliente demanda en la Web social son contenidos que, por su calidad y enfoque, le resulten interesantes y útiles. Quiere contenidos que le permitan conversar con nosotros, respondernos, rebatirnos o contrastar la información. Quiere que nos desvivamos por informarle, atenderle y entretenerle, y que no solo le vendamos nuestro producto o servicio.

En las redes sociales siempre debe predominar el contenido
orgánico, es decir, el que no es promocional.

Debemos conocer muy bien los gustos de nuestro público objetivo, así como el sector en el que nos movemos para ser capaces de asociar el contenido más acertado. Al fin y al cabo, el contenido es el rey solo si está en contexto, es decir, si consigue conectar con el *target* adecuado en el momento y lugar apropiados.

Al final, una buena estrategia de contenidos en *social media* es aquella que, a través de distintos medios sociales (blog, página de Facebook, cuenta en Instagram, canal de YouTube…) y utilizando diversos formatos (textual, gráfico, audiovisual, enlaces…), sabe llegar a su público objetivo, transmitirle emociones y, por supuesto, generar conversaciones en torno a la marca.

Y esto nos lleva al tan manido concepto de **engagement**, que podríamos definir como la capacidad que tiene la empresa de generar un vínculo emocional con sus seguidores en las redes sociales, animando a estos a interactuar en la comunidad, haciendo **Me gusta**, iniciando una conversación o compartiendo contenido.

PARA SABER MÁS
Ahora puedes darte a conocer con poco dinero

El social *media marketing* representa un papel esencial dentro de las estrategias de las empresas, en especial de las pymes, pues permite "viralizar" un mensaje sin apenas inversión. Gracias a las redes sociales, las pequeñas y medianas empresas pueden promocionarse a nivel global creando contenidos que les permiten acercarse a su público, y competir así con las grandes compañías y sus astronómicos presupuestos en marketing y publicidad.

1.3.4 La empresa abierta

Antes de la Web social, las empresas eran mucho más herméticas y reservadas en sus actitudes con respecto a compartir el conocimiento e interconectarse en red. Entonces la sabiduría convencional afirmaba que las compañías competían mejor cuidando a toda costa sus recursos más preciados.

Pero los tiempos están cambiando mucho, tanto que ahora se está demostrando que las empresas que se abren al exterior obtienen mejor resultados que las que solo confían en sus recursos y capacidades internas.

Las empresas que hoy apuestan por la apertura al intercambio de información, ideas y tecnologías están logrando tasas de innovación más altas y mayor crecimiento

Así es como nace el concepto de **innovación abierta**, que parte de la idea de que las empresas pueden y deben aprovechar los recursos externos (propiedad intelectual, ideas, productos, personas…) para mejorar sus productos y servicios.

PARA SABER MÁS
Open innovation: caso Goldcorp

El primer gran ejemplo de innovación abierta en el mundo de la empresa es el de la minera canadiense Goldcorp, que en 1999 decidió compartir por Internet los datos geológicos de sus explotaciones auríferas con la esperanza de que, a cambio de recompensas económicas, geólogos e investigadores de todo el mundo contribuyeran a determinar la dirección en la que debían seguir sus prospecciones.

Los resultados del proyecto de innovación abierta fueron espectaculares para la compañía, que consiguió multiplicar de modo inimaginable su volumen de producción y su valor bursátil.

Goldcorp es el ejemplo de cómo la más tradicional de las industrias se puede beneficiar del conocimiento abierto.

Cabe mencionar aquí el concepto de **crowdsourcing**, que, a grandes rasgos, consiste en externalizar tareas, que tradicionalmente realizaban los empleados o contratistas especializados, a un grupo numeroso de personas o una comunidad, a través de una convocatoria abierta.

Con la Web social como soporte y escenario, el *crowdsourcing* es utilizado por cada vez más empresas y organizaciones para proponer problemas a los usuarios y recompensar a quienes los solucionen. De este modo, recurriendo a la inteligencia colectiva de la Red, la empresa resuelve su problema, obtiene un beneficio, y, a la vez, construye comunidad, reputación y marca.

Pero el *crowdsourcing* no es la única técnica existente para externalizar la resolución de problemas corporativos a un grupo numeroso de usuarios. Lo *crowd* es hoy una tendencia clara gracias a la irrupción de las redes sociales, que pone de relieve una nueva manera de crear valor basada en la colaboración colectiva. Buen ejemplo es el **crowdfunding**, que consiste en pedir dinero a la comunidad, a través de Internet, con el fin de llevar a cabo un proyecto concreto para el cual se reciben muchas pequeñas donaciones. Se trata de una vía de financiación colectiva a través del micromecenazgo, que cada vez gana más adeptos entre creadores, artistas, editoriales y emprendedores.

*El crowdfunding se propone sacar un proyecto adelante con la
ayuda y el dinero de muchos.*

Imagina que tienes un proyecto o idea de negocios en mente (por ejemplo, publicar un libro, organizar un festival de música o montar una *startup*), pero no tienes dinero para sacarlo adelante. En lugar de pedir dinero a un banco o entidad de crédito, decides recurrir al *crowdfunding* como modelo para financiar tu proyecto empresarial. Es decir, vas a pedir a la comunidad en general, y a los posibles simpatizantes de tu causa en particular, que contribuyan a financiar tu proyecto con su bolsillo.

Por lo tanto, has de conseguir tu objetivo con el dinero que te presten personas de todo el mundo (microdonaciones). Para poder seducir a numeroso público tienes que presentar tu proyecto con la mejor luz posible, con gancho. Tienes que ser creativo y práctico a la vez.

PARA SABER MÁS

Consejos para planificar y diseñar tu campaña de crowdfunding

....

- Describe tu proyecto en profundidad: objetivos, para qué necesitas el dinero, cuánto necesitas, en qué lo vas a emplear, etc.

- Detalla cómo piensas vender tu idea para que resulte útil e interesante para la comunidad.

- Especifica el sistema de recompensas que recibirán los usuarios a cambio de sus microdonaciones. Las recompensas han de variar en función de las aportaciones de los mecenas, pero, en cualquier caso, han de ser creativas y atractivas. Ten en cuenta que al mecenas debes involucrarlo, hacerle partícipe del proceso de creación, y no simplemente recoger su dinero.

- Indica la **plataforma de crowdfunding**[24] que has elegido para presentar tu proyecto y por qué motivo la has escogido.

- Explica cómo vas a promocionar tu proyecto por las redes sociales para darle mayor visibilidad y lograr el apoyo económico de una comunidad.

....

----

24 *http://www.crowdacy.com/crowdfunding-espana/*

1.3.5 Social recruiting

Del mismo modo que en su día los anuncios de empleo en los periódicos fueron sustituidos paulatinamente por los portales de empleo de Internet (como Infojobs o Infoempleo), ahora estos portales empiezan a ser sustituidos por redes de reclutamiento que, a través de la monitorización y del análisis de las redes sociales y de los espacios de publicación en Internet, permiten detectar y reclutar el talento profesional. Es lo que se conoce como **social recruiting**.

Hoy los responsables de contratación y directores de recursos humanos utilizan la Red para rastrear e investigar a los candidatos para un puesto de trabajo. "Googlean" el nombre de los candidatos para descubrir más información sobre los mismos, y recurren a las redes sociales (principalmente **LinkedIn**[25] y Twitter) y otras plataformas profesionales (**Xing**[26], **Viadeo**[27], **GetHired**[28], **Bravenew**[29], **Glassdoor**[30]…) para reclutar el talento más adecuado a las características que requiere el cargo.

PARA SABER MÁS
Tu yo digital

Cada día cobra mayor importancia la imagen que das de ti a través de Internet y de las redes sociales. Y es que en pleno siglo XXI no eres nadie si no demuestras de lo que eres capaz en el mundo *online*, si no pueden encontrarte a través de Google.

Tener perfiles optimizados en las redes sociales es hoy tan importante como lo era antes tener un currículum con contenido interesante. Se trata de algo tan simple como cuidar tu yo digital, de mantener una presencia *online* profesional, completa y actualizada, que ayude a causar una buena impresión a cualquier persona con la que entres en contacto a través de las redes sociales. Aplicaciones web como **About.me**[31] te permiten tener una tarjeta de presentación digital y transmitir una imagen profesional.

---

25   *https://www.linkedin.com/*

26   *https://www.xing.com/*

27   *http://es.viadeo.com/es/*

28   *https://gethired.com/*

29   *http://bravenew.com/*

30   *http://www.glassdoor.com/*

31   *https://about.me/*

Si pretendes dar un paso más allá y ser un referente en tu sector, entonces nada mejor que tener tu propio **blog**. El blog potencia la personalidad digital de la persona. Algo que también puedes conseguir en las redes sociales, pero que se realiza de una manera más completa y con mayor respaldo si tienes un blog. Y es que el blog te permite ofrecer reflexiones más elaboradas que las redes sociales (con el blog tienes espacio suficiente para demostrar tus conocimientos en la materia) y, además, crear opinión. Sin duda, un extraordinario vehículo para ganar influencia dentro de tu sector y generar una mejor imagen de tu **marca personal**.

El *social recruiting* se trata, en cierto modo, de una estrategia de "francotirador", porque las empresas pueden, desde su posición como reclutadoras, observar los movimientos de los posibles candidatos sin que ellos sean conscientes de su interés.

Pero, sin duda, una de las mejores virtudes de la Red para captar profesionales es que permite buscar candidatos en cualquier lugar del mundo sin necesidad de intermediarios, reduciendo sustancialmente los costes en comparación con la metodología tradicional (no es necesario publicar ninguna oferta, ni gastarse dinero en darle visibilidad a la misma).

Los medios sociales permiten a cualquier empresa, por pequeña que sea, competir por el talento

PARA SABER MÁS
La red social del talento de Zappos

Un caso que merece una mención aparte es el de la compañía Zappos, líder mundial de venta *online* de zapatos, caracterizada por su cultura innovadora destinada a conseguir la felicidad de empleados y clientes. Zappos, en lugar de dedicarse a buscar candidatos o hacer públicas sus ofertas de empleo, lo que hace es invitar a cualquiera que desee trabajar en su empresa a que se presente a sí mismo uniéndose a su propia red social: **Inside Zappos**[32].

---

32 *https://jobs.zappos.com/*

IDEAS CLAVE

- Son muchas las razones por las que una empresa debe estar en las redes sociales: estar donde ya está tu público, ganar visibilidad, reducir costes, conocer mejor lo que demanda el cliente, poder medir todas las acciones, construir una comunidad...
- En la nueva era de la Web social, la comunicación corporativa es conversación.
- Para conversar en la Web social, lo primero que debe hacer una empresa es elaborar un protocolo de comunicación que establezca la línea editorial y defina cómo va a interactuar y relacionarse en la Red.
- Escuchar y responder son dos elementos clave de la comunicación corporativa en medios sociales.
- En las redes sociales, la empresa debe publicar contenidos que incentiven el diálogo entre usuarios y marca.
- En las redes sociales no hagas *spam* ni te obsesiones por vender.
- Crear contenidos para distintos medios sociales ayuda a generar notoriedad de marca.
- En las redes sociales siempre debe predominar el contenido orgánico, es decir, el que no es promocional.
- El contenido es el rey solo si está en contexto, es decir, si consigue conectar con el *target* adecuado en el momento y lugar apropiados.
- La clave está en saber generar *engagement*, es decir, en crear un vínculo emocional entre la marca y su público.
- Hoy la innovación abierta (*open innovation*) y el *crowdsourcing* (externalización de la producción al cliente) permiten a las empresas aprovechar los recursos externos para mejorar sus productos y servicios.
- El *crowdfunding* consiste en pedir dinero a la comunidad, a través de Internet, con el fin de llevar a cabo un proyecto concreto para el cual se reciben muchas pequeñas donaciones.
- El *social recruiting* consiste en monitorizar y analizar las redes sociales y los espacios de publicación en Internet, con el fin de detectar y reclutar el talento profesional.

1.4 LA REPUTACIÓN ONLINE

1.4.1 La nueva era de la recomendación social

Hasta hace poco, las compañías tenían pleno control para labrar su propia reputación: construían su imagen corporativa a su antojo y se limitaban a emitir comunicados oficiales de vez en cuando.

Pero la Web 2.0 y la explosión de las redes sociales han cambiado para siempre este paradigma empresarial. Hoy cualquier usuario puede contarle a todo el mundo la opinión que tiene sobre una marca. Quiere esto decir que los contenidos y las conversaciones ya no las crea exclusivamente la empresa, que pierde ahora el control del mensaje corporativo o, por lo menos, deja de monopolizarlo.

El caso es que la reputación online de una empresa no es solo lo que ella pueda decir de sí misma, sino también, y cada vez más, lo que los demás digan sobre ella. De hecho, nos fiamos más de las opiniones de otras personas que de la información "oficial" que nos pueda ofrecer la marca. Nos transmite bastante más credibilidad y confianza que "Antonio" diga, desde su perspectiva personal y de ciudadano de a pie, que tal coche es estupendo, a que lo diga la propia compañía automovilística que tiene un interés lucrativo en su venta.

"A brand is no longer what we tell the consumer it is – it is what consumers tell each other it is".

Scott Cook, cofundador de Intuit

En realidad siempre ha sido así, siempre hemos tenido muy en cuenta las opiniones y consejos de semejantes, lo que pasa es que antes quedaban relegados a nuestro círculo más inmediato, y ahora con Internet pasan a hacerse "peligrosamente" visibles para todos y a influir en las decisiones de muchas personas.

En efecto, la opinión de las personas en portales, foros, blogs o redes sociales influye de manera importante en nuestras decisiones. Así, antes de adquirir un producto o servicio, queremos saber qué opinan otros usuarios y si realmente les ha gustado o no. Y cuando no lo tenemos del todo claro, preguntamos directamente a nuestros contactos en las redes sociales.

PARA SABER MÁS
La Web social ha empoderado a los usuarios.
Caso TripAdvisor

El mensaje que ahora resuena con fuerza y credibilidad ya no es aquel que la entidad corporativa diseña a su gusto, sino el que es "fabricado" por los usuarios cuando conversan y aportan sus opiniones en Internet.

TripAdvisor[33], la web de opiniones sobre turismo más popular del mundo, es un buen ejemplo del poder que han adquirido los usuarios. En el negocio de los hoteles, tener buenas o malas críticas de los usuarios en TripAdvisor influye muchísimo en la reputación del hotel, hasta el punto de afectar a su nivel de ocupación. Estar el primero en la clasificación de este tipo de portal de opiniones da a un hotel una visibilidad que nunca hubiera tenido de otra forma. De ahí que la reputación online sea ahora mismo una prioridad para las cadenas hoteleras.

Queda claro que las empresas no pueden ignorar la enorme influencia que tienen los comentarios, opiniones, recomendaciones, quejas, valoraciones, etc. que los usuarios publican a lo largo y ancho de Internet.

Por eso es clave rastrear la Red practicando la escucha activa, prestando especial atención a todo lo que se pueda estar diciendo de ti. Has de detectar dónde mencionan el nombre de tu marca y qué es lo que se está diciendo de ella. Y una vez hayas identificado las menciones positivas, negativas y neutras que estés recibiendo, deberás participar en estas conversaciones para tratar de influir positivamente sobre tu reputación *online*.

Lo mejor es llevar las conversaciones sobre tu marca a tu terreno, a tus propios canales de comunicación social, donde tu poder de influencia es mayor. La voluntad de albergar en tu casa opiniones (aunque sean negativas) genera confianza y credibilidad en tu marca. Así que, si tienes una tienda online, no tengas reparo en integrar en ella un sistema de opiniones que permita a los clientes compartir su experiencia sobre tus productos.

Ya puestos a ejercer influencia sobre tu reputación: **estimula la viralidad** y que sean los propios usuarios, tus clientes, quienes promocionen tus productos y contenidos. Aprovecha el boca a boca de las redes sociales, que hablen de ti, que comenten tus cosas, que te recomienden y ayuden a construir tu reputación *online*.

---

33   *http://www.tripadvisor.es/*

PARA SABER MÁS
La propina digital

Diego Coquillat, bloguero especializado en redes sociales y nuevas tecnologías para restaurantes, se ha inventado el concepto de "propina digital", derivado de la propina tradicional, y que no es más que el agradecimiento por parte del cliente al buen hacer de un restaurante pero trasladado al mundo de las experiencias compartibles de la Web social.

Una propina digital sería, por ejemplo, que tu cliente comparta en la Red una fotografía de tu restaurante.

Los clientes no tienen por qué sentirse utilizados. La abeja no es consciente de que poliniza. Es la flor la que poliniza. La abeja lo que hace es recoger el néctar para llevarlo a la colmena y hacer la miel. Mientras que la flor se las ha ingeniado para obtener de la abeja la polinización. Simplemente está ahí y deja que las abejas hagan todo el trabajo. Ahora piensa: ¿qué néctar necesitas crear que pueda atraer a tus "abejas" para que recolecten tu mensaje y lo depositen en sus redes?

Crea conversación alrededor de tu marca y deja que sean los usuarios quienes te recomienden.

PARA SABER MÁS
Macrorrecomendación

En el ámbito del *social media* hay un tipo de usuario que se caracteriza por tener una gran influencia sobre los demás, gracias a que cuenta con cantidades masivas de seguidores y a que, además, posee una gran credibilidad en un determinado campo por ser experto en su materia: es el **influencer**.

Pues bien, una estrategia que está funcionando a muchas marcas es contactar con *influencers* referentes de su sector para que, a cambio de algo (mediante acuerdos *win-win*), ensalcen en la Red las bondades de su marca y productos, y la recomienden. Sin duda, las recomendaciones de un *influencer* tienen más valor e impactan más profundamente en otros usuarios.

Con todo, el primer paso hacia las recomendaciones sociales está dentro de uno mismo, en la propia gente que trabaja en tu empresa: tus empleados. Si no consigues que los que están dentro de tu empresa hablen bien de tu marca y productos, ¿cómo pretendes que el cliente hable bien de ti? Lo que ocurre dentro termina por proyectarse hacia fuera, así que es muy importante trabajar internamente la cultura *dospuntocero*, crear una buena comunicación interna (con redes sociales corporativas e intranets sociales), saber cuidar y valorar a tus empleados, etc. Es lo que se conoce como marketing interno o **endomarketing digital**. Así pues, haz que tus trabajadores se sientan tan orgullosos de trabajar en tu empresa que la recomienden y defiendan ante posibles críticas de terceros.

Tus empleados pueden ser los mejores embajadores de tu marca,
tus mejores fans.

PARA SABER MÁS
Client & employee advocacy de Zappos

La mencionada compañía de e-commerce Zappos es un referente sobre cómo una marca puede aprovechar las redes sociales para promocionarse a través de sus clientes y empleados.

Zappos ofrece al cliente un servicio excepcional y único. Lo atiende con excelencia, escucha sus sugerencias y propuestas y las adapta a su oferta (personalización en la experiencia de compra), consiguiendo de este modo no solo vender, sino que incluso sean sus propios clientes quienes ejerzan de embajadores de la marca, recomendando sus productos y servicios entre sus contactos de las redes sociales.

Realmente, Zappos es una empresa de **social business**, pues también practica "lo social" a nivel interno, al impulsar a sus propios empleados a compartir entre sus redes de amigos y seguidores contenido de valor de la marca: imágenes, consejos y opiniones sobre los productos a la venta, curiosidades sobre cómo se vive y trabaja dentro de la empresa…

De esta manera, apostando por el *advocacy* (boca a boca), Zappos ha alcanzado una alta notoriedad en la Red, con recomendaciones, menciones y enlaces en blogs, Facebook, Twitter, Pinterest…

A la postre, sus mejores comerciales son sus empleados y sus clientes, por lo que la compañía no necesita invertir dinero en publicidad y marketing. Prefiere destinar todo este dinero en mejorar la experiencia de compra de sus usuarios.

1.4.2 La escucha activa

Tanto si tenemos presencia *online* como si no, en la Red ya se está hablando de nuestra marca, de nuestros productos, así que debemos monitorizar Internet de forma permanente para saber en todo momento:

- ▼ Dónde ocurren esas conversaciones.

- ▼ Quiénes nos mencionan y qué dicen de nosotros.

- ▼ Con qué frecuencia y volumen.

- ▼ Qué impacto real tiene sobre nuestra imagen y negocio.

- ▼ Qué se dice de nuestros competidores y cómo se les percibe.

> *Gestionar nuestra reputación online, es decir, gestionar la percepción que los usuarios tienen sobre nuestra empresa, implica estar al día y atento de todo lo que se dice sobre nuestra marca y sobre la competencia.*

Se trata de tener un sistema de **escucha activa** siempre alerta, que rastree permanentemente la Red en busca de toda aquella información que tenga que ver con nuestra empresa.

Necesitamos colocar radares. Para empezar hagamos búsquedas en Google por las palabras claves que mejor identifiquen nuestra empresa y sector. Configuremos también las **Alertas de Google**[34] para que nos avisen por correo electrónico cuando en la Red se mencione nuestra marca o el término que nos interese. Para profundizar, invirtamos en herramientas avanzadas de monitoreo y, por supuesto, en personal específico: el *community manager*.

Una escucha activa efectiva ha de permitirnos actuar a tiempo en caso de detectar una crisis de reputación online, e incluso vislumbrarla antes de que se pueda producir.

_____

34   *https://www.google.es/alerts*

PARA SABER MÁS

Escucha visual activa

En la Red las marcas deben estar en alerta continua, con los ojos bien abiertos y el oído fino, porque en torno a ellas se puede encontrar contenido generado por los usuarios no solo en formato texto, sino también en vídeos y fotos. Si tienes un restaurante, puede ser que encuentres comentarios de usuarios sobre tu local en portales como TripAdvisor o Yelp. Si, por ejemplo, vendes juguetes, cabe la posibilidad que te encuentres con algún que otro vídeo en YouTube del nieto de alguien usando tus productos. Por eso las marcas han de estar alerta también sobre lo que los usuarios puedan estar "diciendo" a través de los contenidos visuales. Es lo que podríamos llamar escucha *visual activa*.

1.4.3 Herramientas para la monitorización y la reputación online

A continuación analizamos las principales herramientas (gratuitas y de pago) que pueden ayudarnos en esta ardua tarea de monitorizar nuestra reputación *online*.

- **Buscador de Google**[35]. Motor de búsqueda de información en Internet por excelencia (acapara hasta un 95 % del total de búsquedas). Es el gigante que "todo lo sabe" y elemental para hacer búsquedas en Internet.

- **Google Alerts**[36]. Identifica tus palabras clave y genera alertas para estar al corriente. Recibirás notificaciones en tu correo electrónico cuando se haya mencionado en Internet la palabra concreta que hayas solicitado en tu alerta. Gratuita.

- **Google Trends**[37]. También gratuita, esta sencilla herramienta permite detectar las tendencias de búsqueda en Google en un momento determinado a través de los años. Puedes poner palabras clave y conocer sus estadísticas de búsqueda, y compararlas con otras *keywords*.

- **Mention**[38]. Aplicación de monitoreo parecida a Google Alerts, pero bastante más avanzada y al día, sobre todo si nos vamos a la versión

35 *https://www.google.es/*

36 *https://www.google.es/alerts*

37 *https://www.google.es/trends/*

38 *https://es.mention.com/*

de pago. Permite crear alertas en tiempo real que te informan de lo que se está diciendo de tu marca en la Red, de tus competidores o de los términos o frases que quieras monitorizar.

- **SocialMention**[39]. Gran herramienta gratuita para saber al detalle y en tiempo real lo que se dice de tus productos, marca o sector en cualquier lugar de la Web social (analiza la actividad en más de 75 espacios sociales). Puedes filtrar y crear alertas a tu antojo, sacar conclusiones e implementar acciones en función de ellas.

- **Addictomatic**[40]. Herramienta que rastrea un amplio abanico de fuentes 2.0 y redes sociales, lo que permite obtener una visión general de la reputación de una marca y sector. Gratuita.

- **Hootsuite**[41]. Excelente herramienta de monitorización de redes sociales. Puedes rastrear menciones, personas que hablen de tu marca, búsquedas relevantes... También puedes analizar a la competencia. Tiene versión gratuita, pero si quieres una gestión más avanzada tendrás que optar por la opción de pago.

- **SocialBro**[42]. Herramienta indispensable para gestionar tu reputación en Twitter. Puedes saber quién te está siguiendo (y quién te deja de seguir), descubrir usuarios de interés e identificar a los más influyentes, analizar el comportamiento de la competencia... Tiene versión gratuita y de pago.

- **Social Report**[43]. Proporciona, a través del *e-mail*, informes de rendimiento de tus perfiles en las redes sociales. Te permite monitorizar un gran número de espacios sociales y gestionar tu presencia *online*. Es de pago.

- **Radian6**[44]. Posiblemente la herramienta de pago más completa para analizar la Web social. Te permite escuchar, medir e interactuar con tu público. La usan las empresas de cierto tamaño que pueden permitirse el lujo de pagar el alto precio de este servicio (en torno a 500 €/mes, dependiendo de la modalidad escogida).

---

39 *http://socialmention.com/*

40 *http://addictomatic.com/*

41 *https://hootsuite.com/es-es/*

42 *http://es.socialbro.com/*

43 *http://www.socialreport.com/*

44 *http://www.exacttarget.com/products/social-media-marketing/radian6*

▶ **Engagor**[45]. Herramienta para gestionar la presencia en medios sociales de tu marca y el contacto con tus clientes. Monitorizas lo que la gente dice de ti en Facebook, Twitter, Google+, Instagram, Pinterest o LinkedIn. Permite una comunicación fluida con tu público. Aunque no es tan cara como Radian6, sus precios también son elevados, pues parten de los 250 €/mes.

▶ **Klout**[46]. Herramienta gratuita que permite conocer la influencia social de una persona o marca. Hace un ranking de puntuación a partir de un análisis detallado de las interacciones que el usuario tiene en los diferentes perfiles de las principales redes sociales.

1.4.4 Gestión de crisis online

En la actualidad resulta muy fácil y rápido verter comentarios y opiniones a través de mecanismos como foros, blogs o redes sociales. Por eso, para las marcas la posibilidad de padecer una crisis de reputación online es algo que pende de un hilo, que está en juego todos los días.

¿Sabías que los clientes satisfechos se lo cuentan a tres amigos;
pero los clientes cabreados, a 3.000 personas?

La exposición es muy alta, el más mínimo desliz o incidencia puede desatar una crisis *online*. Basta con un tuit desafortunado, una queja no atendida de un usuario activo o influyente, o un simple rumor infundado, para que la mecha se encienda y se propague una crisis de reputación *online*.

Las crisis se pueden llegar a evitar actuando con rapidez allí donde se generen los comentarios y opiniones de los usuarios sobre la organización. Si eres lo suficientemente rápido en detectar a un usuario o cliente insatisfecho, puede que estés a tiempo de solucionar su problema antes de que se convierta en algo peor.

El **community manager** es el profesional responsable de seguir en todo momento qué se dice en Internet sobre la marca. Allí donde detecte una situación de crisis, deberá centrar todas sus fuerzas para solventarla de forma prioritaria.

---

45   *https://engagor.com/*

46   *https://klout.com/*

1.4.4.1 PROTOCOLO DE ACTUACIÓN EN CASO DE CRISIS

El *community manager* deberá tener preparado un protocolo de actuación para proceder en casos de crisis *online*, que bien podría ser el siguiente:

▼ Nunca dejes de escuchar y monitorizar la Web social.

▼ Una crisis *online* no se genera, por regla general, por una crítica, sino más bien por cómo se gestiona. Ten muy presente que tu reacción será analizada por miles de usuarios y otros actores. Por eso es importante que tu protocolo de crisis tenga especificado de antemano un catálogo de respuestas que conviene dar ante este tipo de situaciones. Una especie de plan de emergencia que sirva para anticiparse a los posibles rumores, comentarios y críticas que puedan surgir en el espacio virtual. Se trata de estar preparado para manejar las crisis apropiadamente y capitalizarlas a favor.

▼ Cuando detectes una posible crisis, síguela con detalle para conocer su evolución y repercusión.

▼ Es muy importante responder con rapidez a todas las reclamaciones, quejas y comentarios negativos, antes de que las cosas se compliquen más de la cuenta. Ten en cuenta que las primeras horas son cruciales, ya que es cuando las personas demandan respuestas. En cualquier caso, sé prudente y evita contestar en caliente. No des una respuesta hasta que la situación esté correctamente dimensionada.

▼ Has de informar del estado del problema a la persona o departamento apropiado de la empresa, sobre todo si es un problema que ha trascendido y que requiere contar con su consejo o intervención.

▼ Cuando respondas, muestra empatía, haz notar que te preocupas por el problema y explica qué acciones se están llevando a cabo para resolverlo. Esta respuesta debe incluir disculpas en caso de equivocación por tu parte. Pedir disculpas te humaniza y hará que el usuario se sienta respetado.

▼ Preocúpate por gestionar las críticas negativas, pero nunca te tomes una crítica como un ataque personal, aunque tú la puedas sentir como tal. Y, sobre todo, nunca –y cuando decimos nunca es nunca– se te ocurra enzarzarte en una pelea pública con un usuario. Con tal actitud no puedes ganar. El primer paso que debes tomar en cualquier desacuerdo con un usuario o cliente es invocar a dos simples pero mágicas palabras: "lo siento". Un simple "lo siento" o un "lo lamento" apacigua mucho los ánimos: "Lamento que no esté satisfecho"… "Siento mucho escuchar que su paquete no ha llegado"... Empieza siempre disculpándote y podrás evitar posibles críticas negativas. Por supuesto, debes saber diferenciar una crítica negativa de una malintencionada. No se pueden ni se deben admitir los comentarios soeces o insultantes. En estos casos es perfectamente válido ignorar los comentarios o incluso censurarlos si son denigrantes.

- Ten una línea clara de adjetivación positiva y resolutiva. Explica siempre lo que puedes hacer, pero nunca trates de justificar lo que no puedes hacer. Ni siquiera lo menciones. No quieres que los clientes potenciales se fijen en tus deficiencias, así que el tono no puede ser defensivo o huidizo.
- Una vez pasado el pico de la crisis, evalúa el impacto de lo sucedido y elabora un "informe de daños" detallado que recopile toda la información sobre el problema: ¿Qué ha pasado? ¿Cómo se ha tratado el conflicto? ¿Qué impacto ha generado sobre tu reputación?
- Finalmente, hay que seguir monitorizando la Red de forma permanente, con el objetivo de identificar cuanto antes otros posibles focos.

PARA SABER MÁS

Caso Dell: cómo afrontar una crisis de reputación online

Uno de los primeros casos conocidos de gestión de crisis 2.0 es el de la empresa Dell, dedicada a la venta de ordenadores y servicios informáticos. Los hechos sucedieron en el año 2006, cuando la marca no pudo controlar la propagación por la Red de una foto de un portátil de su marca que estalló y ardió en medio de una conferencia en Japón.

¿Cómo afrontó Dell este tsunami capaz de llevarse por delante su reputación de marca?

Pues lejos de ocultarse o de intentar censurar la foto, Dell dio la cara, cediendo el control del mensaje y apostando por el dialogo sincero con las personas.

Lo primero que hizo fue abrir un blog, admitir que había hecho mal su portátil, escuchar las críticas de cada uno de sus clientes e informarles sobre la investigación llevada a cabo para encontrar el problema (un fallo en las baterías), comprometiéndose a reemplazar sin coste todos los portátiles con ese defecto de fábrica.

Dell tuvo una brillante atención proactiva hacia el cliente, al escuchar su problema para poder solucionarlo antes de que se fuese a la competencia. Supo transformar la adversidad en ventaja.

El portátil Dell ardiendo
Fuente: *http://www.engadget.com/2006/06/22/dude-your-dell-is-on-fire/*

 PARA SABER MÁS

Caso Kit-Kat: cómo gestionar mal una crisis de reputación online

Todo empezó cuando, en 2010, Greenpeace denuncio mediante un **vídeo colgado en YouTube**[47] que la marca Nestlé elaboraba los chocolates de su producto Kit-Kat con aceite de palma procedente de la destrucción de los bosques de Indonesia, hábitat de una especie amenazada: el orangután.

En pocos días, las redes sociales se llenaron de críticas de consumidores y organizaciones que exigían explicaciones.

La respuesta de Nestlé no pudo ser peor: descargó la culpa en su proveedor, denunció el vídeo colgado en YouTube y censuró y borró todos los comentarios negativos relativos a esta crisis. Esta reacción de Nestlé no hizo más que incendiar a los usuarios, que se posicionaron en contra de la marca todavía con más ahínco. El problema se multiplicó y se hizo cada vez más difícil de controlar por parte de la marca suiza. La crisis terminó por propagarse a escala mundial.

---

47   *https://www.youtube.com/watch?v=1pZPb93uDdM*

IDEAS CLAVE

- La reputación de tu marca en Internet no está bajo tu control absoluto, la "fabrican" también el resto de usuarios cuando conversan y aportan sus opiniones.
- De hecho, nos fiamos más de las opiniones que otras personas vierten en la Red que de la información "oficial" que nos pueda ofrecer la marca.
- Nuestra reputación *online* está en juego todos los días, tanto si tenemos presencia *online* como si no.
- Gestionar nuestra reputación *online* implica estar al día y atento a todo lo que en la Red se dice sobre nuestra marca y sobre la competencia, utilizando para ello diversas herramientas de monitorización. Es lo que se conoce como escucha activa.
- La escucha activa ha de permitirnos actuar a tiempo en caso de detectar una crisis de reputación online, e incluso vislumbrarla antes de que se produzca.
- Son muchas las herramientas que nos permiten monitorizar la Red y gestionar nuestra reputación *online*, a saber: el buscador de Google, Google Alerts, SocialMention, Hootsuite, SocialBro, Radian6, etc.
- Cualquiera es capaz de verter comentarios y opiniones a través de Internet, hasta el punto de provocar que una marca padezca en cualquier momento una crisis de reputación *online*.
- La rapidez de reacción puede suponer la diferencia entre el éxito o el fracaso para mantener la reputación de la marca intacta.
- El *community manager* es el profesional responsable de gestionar la reputación *online* de la marca y de identificar las posibles crisis en primera instancia.
- Se debe preparar por adelantado un plan de prevención de crisis *online* y de simulación de conflictos.
- Hay que saber a qué responsable de la empresa o departamento se ha de informar al respecto de la crisis *online*.
- No te pelees, todos en la sala te están observando.
- Evalúa el impacto de lo sucedido y genera un "informe de daños" detallado que recopile toda la información sobre la crisis.

2

COMMUNITY MANAGEMENT

INTRODUCCIÓN

La Web social obliga a las empresas a desarrollar nuevas estrategias de comunicación para llegar a los usuarios/clientes de la era 2.0. Y el profesional encargado de establecer este vínculo de relación con el público objetivo de la marca es el *community manager* o gestor de comunidades virtuales.

Una nueva profesión que era desconocida hasta hace pocos años y que, sin embargo, en la actualidad es una de las más demandadas. Y lo es por que se trata de un puesto de trabajo clave hoy para gestionar con solvencia las redes sociales y la reputación *online* de una empresa, para mantener con el cliente una relación sostenible a largo plazo y, en definitiva, para construir una comunidad de Internet en torno a la marca.

Este capítulo se centra en el arte del *community management*, esto es, en la gestión eficiente de la comunicación *online* con los clientes de una marca a través del *social media*. Por supuesto, se analizará a fondo el perfil profesional del *community manager* (y sus variantes del cargo) y, en consecuencia, se proporcionarán las bases para comprender el enorme valor que un buen *community manager* puede aportar a una empresa.

2.1 ¿QUÉ ES UN COMMUNITY MANAGER?

2.1.1 ¡Se necesita community manager!

Toda comunidad humana, desde siempre, ha necesitado disponer de una o más personas encargadas de canalizar y dinamizar la comunicación entre sus miembros.

Pero es con la irrupción de Internet cuando empezó a gestarse la revolución comunicativa que ha generado la necesidad de contar con profesionales que sepan cómo gestionar las nuevas comunidades virtuales.

Durante la década de los 90, estos primeros profesionales eran los **dinamizadores de foros**. Expertos en moderar los comentarios de los usuarios sobre temas específicos, tratando de mantener el foro de participación lo más animado posible para la comunidad.

Pero es a comienzos de este siglo cuando la Web 2.0 eclosiona con toda su agitación social y comienzan a dispararse las conversaciones entre usuarios. El primer *boom conversacional* lo provocó el auge de los blogs a raíz del 11-S (2001). Pero las conversaciones en la Red cobran todo su esplendor pocos años después, con la aparición de redes sociales como Facebook (2004) y Twitter (2006).

En apenas una década, las redes sociales se han consolidado como un elemento cotidiano más en la vida de las personas. Tanto es así que los pocos que hoy no están en ellas son casi una especie en extinción. No hay vuelta atrás. Las redes están aquí para quedarse.

Las redes sociales no son cosa de cuatro frikis, más bien todo lo contrario.

Es un hecho incuestionable: los ciudadanos tienen voz, y la expresan en las redes sociales. Y las empresas quieren estar presentes en estas conversaciones de su público.

Ahora bien, en este nuevo escenario las organizaciones deben cambiar su tradicional forma de comunicarse con su audiencia. Los medios sociales son nuevos entornos que conllevan un nuevo lenguaje y unas dinámicas de comunicación que las empresas o marcas convencionales no están habituadas a gestionar. Y es que aquí no vale la interrupción publicitaria y el discurso unidireccional de siempre, sino la relación y vinculación con el usuario. Las redes sociales son medios más conversacionales que propagandísticos.

Con el fin de cubrir esta nueva y creciente necesidad en la manera de relacionarse con su público, las organizaciones necesitan incorporar una nueva figura profesional que sepa moverse con soltura en estos nuevos entornos de conversación social: el community manager o responsable de comunidad.

> *La figura del community manager se ha venido perfilando conforme las organizaciones han ido descubriendo que necesitan contar con un profesional experto en las redes sociales que sepa cómo interactuar con la comunidad.*

El *community manager* (CM) es el profesional con la habilidad de comunicar de forma coherente y organizada en las redes sociales, el experto que conoce Internet a fondo y maneja los códigos de conducta social aceptados y requeridos para gestionar una comunidad virtual.

> *El CM es el profesional experto en sacar el máximo partido de las nuevas herramientas de comunicación social derivadas de Internet.*

La labor del CM va mucho más allá de conversar y publicar contenido en las redes sociales, pues en realidad es, ni más ni menos, el **encargado de gestionar la presencia y reputación de la marca en Internet**. Él es no solo quien pone voz a la marca en la Red, sino también el termómetro que ha de estar al corriente de todo lo que pasa en torno a la marca en el mundo *online*. Una enorme responsabilidad que merece ser asignada a profesionales cotizados, formados y con experiencia.

No debe extrañarnos, pues, la creciente demanda de responsables de comunidad que hay en la actualidad. Y eso que, hace pocos años, esta figura profesional era prácticamente desconocida.

2.1.2 Definición de community manager

No existe una fórmula estandarizada para definir al CM. Sin embargo, como su propio nombre indica, estamos ante un "gestor de comunidades" virtuales.

Muy genéricamente, podemos definir al CM como el profesional encargado de construir, gestionar, moderar y dinamizar una comunidad de usuarios en torno a una marca en Internet.

El CM es la figura profesional encargada de crear una comunidad online para la organización que representa, y de, una vez creada, cuidarla y mantenerla.

Él es quien defiende las relaciones de la organización con su público en el ámbito digital; el responsable de preservar la reputación *online* de la marca, la "cara visible" de la empresa en Internet, su portavoz *online*.

El trabajo del CM es de lo más variado, a saber:

▶ Aportar contenido (de calidad) a la comunidad.

▶ Interactuar y animar a los usuarios a participar en los canales sociales de la organización.

▶ Atender *online*, dando respuestas eficaces, rápidas y personalizadas que cubran las necesidades de los usuarios.

▶ Generar *engagement*, es decir, establecer vínculos sólidos con la comunidad.

▶ Escuchar y entender todo lo que ocurre en torno a la marca (y sector) y, en consecuencia, gestionar la reputación *online* de la misma.

▶ Seleccionar herramientas y analizar resultados.

Y muchas más cosas que llega a hacer y que iremos viendo a lo largo de este capítulo, pero que podríamos resumir en simple y llanamente conocer los objetivos online de la empresa y actuar en consecuencia para conseguirlos. Y es que un buen CM debe tener visión estratégica y entender cómo funciona la empresa a la que representa y cómo su trabajo diario contribuye o no a alcanzar los objetivos de esta.

En cierto modo, un CM es un equivalente a un relaciones públicas de toda la vida… pero en Internet. Él es el relaciones públicas que media entre la marca y los usuarios. El nexo conductor que equilibra las necesidades e intereses de los clientes con los de la empresa. La voz de la empresa puertas afuera, y la voz del cliente puertas adentro.

El CM es una figura central entre marca y usuarios.

PARA SABER MÁS

Dos buenas definiciones de CM

Según AERCO (Asociación Española de Responsables de Comunidades Online), el CM es: "Aquella persona encargada o responsable de sostener, acrecentar y, en cierta forma, defender las relaciones de la empresa con sus clientes en el ámbito digital, gracias al conocimiento de las necesidades y los planteamientos estratégicos de la organización y los intereses de los clientes".

Para Pedro Rojas, director académico en inesdi.com, el CM es: "Un profesional especialista en el uso de herramientas y aplicaciones *social media*, que tiene la responsabilidad de velar por la comunidad que le ha sido encomendada, mientras la fideliza y la hace crecer, convirtiéndose así en el punto de unión entre la marca, empresa o producto y dicha comunidad".

IDEAS CLAVE

- Las conversaciones en la Red cobran todo su esplendor con la aparición de las redes sociales, como Facebook (2004) y Twitter (2006).
- Los ciudadanos tienen voz, y la expresan en las redes sociales.
- Las organizaciones están descubriendo que las conversaciones sociales son cada vez más importantes como medio de relación con el público.
- Las redes sociales son medios más conversacionales que propagandísticos.
- El *community manager* (CM) es la figura profesional idónea para conversar en las redes sociales y gestionar una comunidad virtual.
- La labor del CM va mucho más allá de lo señalado en el punto anterior, pues es el encargado de gestionar la presencia y reputación de la marca en Internet.
- El CM es el profesional encargado de construir, gestionar, moderar y dinamizar una comunidad de usuarios en torno a una marca en Internet.
- Un buen CM debe tener visión estratégica, conocer los objetivos *online* de la empresa y actuar en consecuencia para conseguirlos.
- En definitiva, el CM es un puente entre la marca y los usuarios.

2.2 FUNCIONES Y TAREAS DEL COMMUNITY MANAGER

2.2.1 Funciones principales del community manager

Son muchas las funciones que desempeña un CM. Si bien es cierto que las actividades que tendrá que realizar dependerán de varios factores, como, por ejemplo, las características de la organización, las necesidades del público objetivo o la estrategia en las redes sociales planteada.

Aun así, podemos hacer un listado con las obligaciones propias de un responsable de la gestión de una comunidad virtual. **¿Cuáles son las funciones esenciales de un CM?**

▶ **Construir una comunidad social**. Su misión principal es vertebrar y dinamizar una comunidad. Ha de saber transmitir la posición de la organización a la comunidad. Debe, por lo tanto, identificar y generar los contenidos apropiados que mejor difundan los valores de la empresa. Asimismo, debe dialogar con la comunidad en los distintos canales sociales en los que tenga presencia la marca, empleando el tono adecuado a cada uno de estos medios. En definitiva, el CM ha de divulgar contenido atractivo, motivar en el día a día la participación de la comunidad, fomentar la conversación y saber contar buenas historias capaces de generar un vínculo emocional entre la marca y su público (*engagement*).

▶ **Gestionar la reputación online de su empresa**. Es responsabilidad suya defender y preservar la reputación de la marca en Internet. Eso implica llevar a cabo una permanente monitorización que le permita detectar en tiempo real cualquier conversación o mención a su marca, a la competencia y a su mercado en general. Y una vez haya identificado lo que se esté diciendo en Internet de su empresa y sector (y quién lo dice), deberá gestionar los estados de opinión que ahí se generen.

▶ **Atender a la comunidad**. El CM es el encargado de comunicar en nombre de la empresa, es la voz de la marca en Internet. Quiere esto decir que no basta con aportar contenidos de valor, también ha de prestar servicio a los usuarios que demanden atención. Tiene que atender los comentarios, opiniones, valoraciones y quejas de los usuarios aparecidos en los propios medios sociales de la empresa. Y tiene que resolverlo con prontitud.

▼ **Solventar situaciones de crisis online**. El CM es el relaciones públicas *online* de la empresa, el responsable de la imagen de marca en las redes sociales. Así que ha de saber afrontar con celeridad y manejar con asertividad aquellos conflictos que la marca pudiera tener en Internet (tanto en los espacios propios como en los ajenos). Debe estar preparado para actuar en caso de que surja una crisis en Internet, y saber solventarla.

▼ **Identificar líderes**. Es tarea del CM encontrar personas, organizaciones o medios con liderazgo, tanto dentro de la comunidad como dentro de la empresa. Ha de identificar esos nodos influyentes (*influencers*) que desarrollan líneas de opinión y que pueden llegar a tener un rol proactivo para transmitir y *viralizar* los mensajes de la marca.

▼ **Evangelizar a los miembros de la comunidad y a los integrantes de la compañía**. El CM es el embajador de la cultura *dospuntocero*, y en este sentido tiene un objetivo doble: que los miembros de la comunidad se sientan a gusto con la marca que él representa, y que los integrantes de la empresa crean en su trabajo. Para conseguirlo necesita realizar con todos un ejercicio de *evangelización*, informando, animando y contagiando entusiasmo sobre las oportunidades y beneficios que ofrece participar en la comunidad. La palabra mágica aquí es *confianza*. Si los miembros de la comunidad no confían en el CM, se le verá con recelo y le costará un mundo construir "capital social", que es el beneficio que obtienen los miembros por participar en la comunidad.

▼ **Medir y analizar la actividad en los medios sociales de la empresa**. El CM debe seguir la *performance* de las actividades. Con periodicidad debe recoger datos de rendimiento, organizarlos y evaluarlos, con el fin de analizar tanto el impacto de la labor que lleva a cabo en los medios sociales de la empresa como el comportamiento de los usuarios dentro los mismos.

▼ **Hacer circular la información dentro de la empresa**. El CM es "los ojos y los oídos de la organización". Por eso debe poder rotar por los distintos departamentos de la compañía y ser capaz de llamar a la puerta de cualquier despacho, incluido el del director general, para poner la información de la que dispone al alcance de la persona apropiada o para solicitar una intervención determinada. El CM no necesita saberlo todo sobre la empresa, pero sí necesita tener una visión bastante completa de la compañía y saber dónde y a quién dar respuesta ante cualquier situación.

*El CM debe ofrecer a la empresa información de interés sobre la
audiencia y su comportamiento.*

Por supuesto, se trata de hacer todas estas funciones que acabamos de ver
(que no son pocas y sí muy importantes) siguiendo una estrategia de *social media*
definida y tratando de conseguir unos objetivos específicos. Huelga decir que
para poder desempeñar sus funciones con éxito, el CM tiene que entender bien la
importancia de su misión: ¿qué intenciones tiene la empresa con su presencia en los
medios sociales?

2.2.2 Antes de empezar a conversar, conoce tu comunidad

No hay nada que mejor te garantice el fracaso en tu relación con una
comunidad que llegar y empezar a disertar en ella sin tener idea de cómo es y cómo
se comporta. Antes de empezar a conversar, el CM debe pararse a realizar una
labor de investigación destinada a conocer a fondo su comunidad social: quiénes la
forman, dónde están, cómo son, cómo interactúan, qué es lo que les interesa, quiénes
son los líderes, etc.

Debes dedicar tiempo a responder a estas preguntas. Conocer las respuestas
te va a ser de gran utilidad a la hora de desarrollar tu estrategia de comunicación de
red. Lógicamente, no es lo mismo gestionar una comunidad alrededor de una marca
ya establecida que empezar de cero.

Para poder definir su comunidad, el CM necesita "mapear" las redes,
identificando los diferentes tipos de usuarios que las conforman. En este sentido,
según la consultora Forrester, los usuarios de una red se pueden clasificar en seis
categorías diferentes, según su nivel de participación:

1. **Los creadores de contenidos**. Usuarios que crean y publican con
   regularidad sus propios contenidos (escriben en blogs, suben vídeos,
   comparten imágenes). Son perfiles de usuario que se han de tener en
   cuenta porque suelen ser generadores de opinión.

2. **Los críticos**. Usuarios muy activos que comparten el contenido de los
   demás, añadiendo sus propias opiniones. Debaten en blogs y foros,
   participan en wikis, opinan y valoran productos… Hay que estar atentos
   a sus comentarios porque suelen ser influyentes.

3. **Los recolectores**. Curadores de contenidos (filtran, organizan y gestionan contenidos), a quien interesa seguir para estar al tanto de lo que se cuece en torno a nuestro sector.

4. **Los networkers**. Usuarios que participan activamente en las redes sociales (responden, comentan, comparten…). Pueden convertirse en nuestros mejores fans.

5. **Los espectadores**. No son activos ni participativos (no conversan, no comparten), pero sí consumen contenidos en medios sociales (leen blogs y usan las redes sociales) y pueden llegar a sumarse a una causa creada por otros usuarios.

6. **Los inactivos**. Aunque tienen sus perfiles creados en las redes sociales, apenas les hacen caso, no suelen acceder a ellos. Algunos incluso menosprecian las redes sociales (posiblemente por desconocimiento) y lo proclaman con orgullo. Cuidado con este tipo de perfil de usuario, pues puede dejar de ser inactivo para convertirse en un molesto *troll* que sienta placer sembrando discordia en la comunidad.

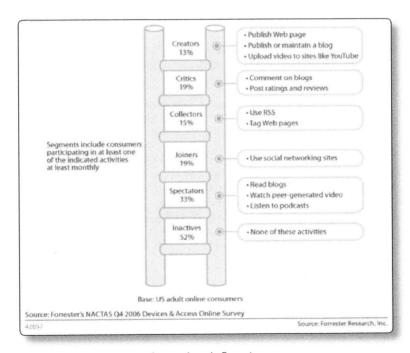

La escalera de Forrester

Puedes utilizar de partida esta agrupación de usuarios de Forrester para luego crear tú las tuyas propias en función del perfil de tus usuarios. Lo importante es que, con el paso del tiempo, puedas medirlas y llevar a cabo acciones segmentadas para cada grupo de usuarios.

PARA SABER MÁS
Identificar a los usuarios VIP y conectar con ellos

Es de gran utilidad identificar a los usuarios que más valor puedan aportar a la comunidad. Se trata de detectar a los usuarios más relevantes o mejor conectados y diseñar acciones sobre ellos con el fin de ayudar a la marca a ganar repercusión.

Los usuarios destacados que el CM debe identificar son:

- **Los prescriptores.** Fans que suelen interactuar con las publicaciones de la marca y las recomiendan.

- **Los influencers.** Personas que suelen tener muchos seguidores en las redes sociales (pueden ser famosos), con mucha credibilidad en su temática y que lideran conversaciones. Se les llama *influencers* porque son influyentes, son capaces de generar opiniones y conseguir que la gente se movilice por ciertas cosas.

- **Los líderes de opinión.** Personas con visibilidad en los medios de comunicación. También ejercen influencia sobre las actitudes o la conducta de otros individuos, pero porque así lo ha asignado el medio para el que trabajan.

- **Los hubs o conectores**. Usuarios que tienen los mejores nodos de conexión de la Red (los mejor conectados). Tienen influencia, pero no por su autoridad sino por su capacidad para conectar con otros usuarios.

Como CM debes tener línea directa con estos "usuarios VIP", conocer sus gustos, entender sus motivaciones, darles prioridad especial en la escucha, invitarles a un café, a eventos especiales, entrevistarles, etc. De este modo, haciéndoles partícipes privilegiados de la comunidad, puedes convertirlos en los mejores apóstoles de la marca. Tanto que en un momento dado pueden ser los primeros en defenderte en caso de incendio.

Bien, supongamos que ya tenemos identificados y mapeados los distintos perfiles o grupos de usuarios que sabemos que conforman nuestra comunidad. ¿Estamos ya preparados para contar nuestra historia? Paciencia. Para conversar, antes tienes que ver qué puedes aportar a la conversación ya existente.

Lo que un buen CM debe hacer, de entrada, es acercarse al grupo, prestar atención y entender bien tanto la **conversación** que está teniendo como la **dinámica**. ¿Qué están pensando y compartiendo? ¿En qué están interesados?

Dedica tiempo a escuchar, y, cuando lo veas oportuno, únete a la conversación.

Lo mejor es empezar por participar en los principales blogs de tu sector, aportando conocimientos en aquellos debates en los que puedas ser de ayuda o defendiendo una opinión que pueda enriquecer la conversación. De esta manera te estarás dando a conocer al tiempo que demuestras que realmente te interesa la conversación, que no has venido (únicamente) a venderte.

Ahora que conocemos la temática y la dinámica de las conversaciones, y que ya nos hemos presentado en sociedad, estamos, por fin, listos para contar nuestra historia y transmitirla a la comunidad.

2.2.3 Tareas cotidianas del community manager

Una vez que el CM tiene definida su comunidad, está en disposición de llevar a cabo sus tareas cotidianas, que, como vamos a ver ahora, son muchas y variadas.

▶ **Crear contenidos y difundirlos**

Debe dotar de contenido las distintas plataformas sociales de la empresa, procurando mantener una misma identidad de marca en todos los canales. Crear contenido propio, con una línea editorial marcada, y divulgarlo hace crecer la presencia de la marca en Internet.

Es premisa básica la relevancia del contenido. Para poder atraer y mantener el interés de los usuarios, para ser visitados y aceptados, debemos ofrecer contenidos atractivos, de calidad y, por supuesto, útiles.

Este contenido, además, debe dar pie a la conversación y ser susceptible de ser compartido. Proporcionar contenido de valor que los usuarios puedan y quieran compartir es la llave para construir una parte importante de nuestra reputación *online*.

El CM ha de analizar cuáles son los mejores canales sociales (y las mejores horas) para publicar los contenidos, pues su cometido es llegar con éxito al público objetivo.

▼ **Interactuar con la comunidad**

Una tarea crítica del CM es dinamizar conversaciones y animar a la participación de la comunidad.

Pero antes deberá diseñar una estrategia de conversación: ¿cómo vamos a interactuar con nuestro público?, ¿con qué estilo de conversación?, ¿cómo debemos comportarnos en cada red social?, ¿qué haremos para incitar a la participación e involucrar a los usuarios?, ¿que herramientas utilizaremos para seguir la conversación generada por nuestros contenidos?, etc.

Una vez definida una estrategia de conversación, el CM puede empezar a interactuar con el fin de crear relaciones estables y duraderas con los usuarios. Su labor es conseguir que cada visita se convierta en un seguimiento fiel.

▼ **Atender a los usuarios**

No puedes tener éxito en las redes sociales si no te centras en el usuario, en las opciones que puedan ayudarle a resolver su problema. Un CM debe poseer vocación de servicio, debe escuchar y atender a sus fans o *followers*, ver qué es lo que necesitan, qué es lo que preguntan, de qué se quejan, qué sugerencias hacen para mejorar los productos o servicios de la marca.

Debes recoger las necesidades de los usuarios de la comunidad, atender sus dudas, escuchar sus críticas y mostrarte dispuesto a solucionar sus problemas. Tienes que ser solícito, y no por mero altruismo (que también), sino porque la atención al cliente es pieza clave para cualquier negocio.

Es tarea del CM asegurarse de que los usuarios tienen los canales necesarios, y ágiles, para trasladar sus opiniones a la empresa y gestionar los *feedbacks* correspondientes.

▼ **Monitorizar y gestionar la reputación de la marca en Internet**

Es misión primordial del CM cuidar y vigilar la reputación *online* de la marca a la que representa. Para ello, como ya hemos señalado anteriormente, la monitorización es esencial. Debe rastrear permanentemente la Red en busca de toda aquella información que tenga que ver con su empresa.

Es tarea suya detectar cuanto antes posibles ataques y diseñar estrategias de respuesta. En algún momento tendrá que desmentir informaciones falsas, atajar rumores y frenar falsas interpretaciones, y tendrá que hacerlo rápido. Eso sí, no debe confundir reaccionar con rapidez a hacerlo a lo loco. En casos de duda, mejor no responder hasta que tenga claro cómo de relevante o cómo de importante es el asunto.

▶ Posicionar la marca

Las técnicas de posicionamiento web permiten a la marca conseguir visibilidad en Internet (el posicionamiento SEO lo trataremos con detalle en el siguiente capítulo, dedicado al marketing *online*). Se trata de una tarea que el CM debe saber desarrollar, si bien lo recomendable es que lo haga en conjunto con un profesional especialista.

Con todo, no hay mejor camino para que los sitios de la marca aparezcan en las primeras posiciones de Google, y otros buscadores, que ofrecer contenido de calidad que proporcione información útil a la comunidad. Recordemos, una vez más, el mantra del *social media*: "el contenido es el rey".

▶ Analizar e informar

El CM debe monitorear sus propias publicaciones con el fin de analizar su grado de aceptación por parte de los usuarios. Necesita saber qué contenido está funcionando y cuál no, y por qué.

Así pues, deberá realizar un análisis exhaustivo y continuo de todos los movimientos registrados en las plataformas sociales de la empresa. Y este trabajo lo debe plasmar en un informe de seguimiento que analice cómo evolucionan los datos de rendimiento y extraiga conclusiones útiles para la empresa. Informe (mensual o semanal) que deberá presentar de forma sencilla y visual, para que el cliente o cualquier director de departamento de la empresa, ajenos al argot técnico, puedan, tras leerlo, tomar decisiones con la mayor facilidad y rapidez posibles.

2.2.4 Un día en la vida de un community manager

No es posible estandarizar la labor diaria de un CM, que dependerá en buena medida de la empresa, sector y estrategia *online* planteada. Algunos expertos en redes sociales tendrán que volcarse en la atención al cliente, otros deberán centrarse en labores más informativas de comunicación y marketing…

Sea como fuere, en su actividad diaria, todo CM va a tener que hacer de su profesión un *mix*, que irá desde crear contenido e interactuar con la comunidad hasta ejecutar tácticas de posicionamiento web, pasando por todo tipo de análisis de rendimiento.

A continuación vamos a ver lo que podría ser un día típico de trabajo en la vida de un CM.

1. **Revisar el ecosistema social de la marca y proporcionar feedback**

   Lo primero cada día por la mañana es dar un repaso rápido a los espacios sociales de la empresa. Revisará los diferentes *timelines* en todos y cada uno de los perfiles sociales de la marca (Facebook, Twitter, Instagram…), también los comentarios en el blog, y, cómo no, la bandeja de entrada de su *e-mail*.

   Una vez revisadas sus notificaciones, procederá a responder todos los comentarios, sugerencias, consultas, peticiones, quejas, menciones y agradecimientos. Esta actividad conviene repetirla al menos dos o tres veces a lo largo del día. Hay que estar atento a las conversaciones espontáneas que se generen. La comunicación con los usuarios/clientes ha de ser casi permanente.

2. **Informarse, investigar, escuchar**

   En esta profesión es elemental leer mucho y empaparse de la actualidad informativa: repasar la prensa, consultar blogs, canales de información RSS, suscripciones, practicar la *escucha activa* en Twitter… Continuamente debes sumergirte en Internet para tratar de estar siempre al día sobre lo que se pueda estar diciendo de la empresa y de las principales novedades de tu sector. ¿Qué es de lo que más se habla y lo que más se demanda en tu nicho de mercado?

   Gracias a esta labor de investigación podrás detectar el fuego de una posible crisis antes de ver el humo. Además, te permite localizar y "reclutar" a usuarios relacionados con el sector y a personas "objetivo" (líderes de opinión e *influencers* del segmento) que pueden aportar valor a la comunidad.

3. **Generar contenido**

   Toca crear el contenido digital para difundirlo a través de los canales sociales. Aquí se ha de trabajar con diferentes contenidos multiformato. Todo un surtido de "marketing de contenidos" que el CM deberá optimizar y que va desde la redacción digital y las nuevas narrativas (*blogging*), hasta las presentaciones visuales (infografías, vídeos…) o los concursos y promociones *online*.

   Un contenido que debe entretener a la comunidad. Tiene que tratar de sorprender, impactar, gustar. Debe ser valiente y evitar la comunicación corporativa al uso. Le conviene omitir los textos sesudos y demasiado largos, el lenguaje digital ha de estar compuesto por mensajes más bien cortos y, si es posible, con contenido visual.

4. **Divulgar el contenido y dinamizar conversaciones**

No basta con crear contenidos atractivos, también hay que saber difundirlos. El CM deberá *tuitear*, *feisbuquear* y *postear* a diario, compartiendo no solo contenido propio sino también el ajeno que considere relevante para la comunidad. Si está a cargo del blog corporativo, debería publicar unos dos o tres *posts* por semana; en Twitter, por lo menos tres tuits al día y otros tres retuits de otros usuarios de interés; en Facebook, dos publicaciones al día de media; y así sucesivamente con las demás redes sociales donde la marca esté presente (Instagram, Pinterest, Google+...).

Por supuesto estamos hablando de cifras orientativas que variarán según la marca, sector o estrategia. Lo importante es ser constante y regular con tus publicaciones, y dinamizar todas las conversaciones que ahí se generen.

Conviene averiguar cuál es la mejor hora para publicar en las redes sociales, algo que solo puedes saber bien tú, fruto de tu experiencia y de observar tus métricas (especialmente las relacionadas con el movimiento de tu público). Puedes hacer un calendario de publicaciones del contenido y programar su publicación. Hay muchas herramientas para ello. No obstante, procura no automatizar en exceso, porque los usuarios de una comunidad no quieren conversar con un robot, quieren hablar con una persona real, con alguien que tenga sus opiniones y sus motivaciones y las exprese.

Por otro lado, además del contenido orgánico, el CM también tendrá que publicar de vez en cuando contenido de pago (publicidad). Y es que, como veremos en este libro, las redes sociales permiten llegar a audiencias muy bien segmentadas, pero pagando.

¡Ah! También hay que participar en aquellos medios sociales ajenos donde esté presente el *networking* significativo para la marca.

5. **Analizar los resultados**

Por último, el CM analiza el comportamiento de los usuarios dentro de las distintos espacios virtuales de la empresa: cómo llegan las vistas (fuentes de tráfico), qué contenido resultó más interesante (en número de compartidos, de comentarios, de retuits...), qué porcentaje de los fans generan ventas (tasa de conversión)...

2.2.5 Lo que un buen community manager nunca debe hacer

Hasta ahora hemos visto todo en positivo sobre la labor del *community management*. Ahora toca enumerar lo que consideramos que **un CM no debe hacer**:

▼ **No aceptar sus propios errores o los de la marca**. El primer paso ante un desliz o problema es reconocerlo y admitir la responsabilidad. Sé humilde y nunca trates de imponer tu opinión por encima de todo, ni pretendas escurrir el bulto o tapar el incidente con falsedades, que únicamente agravarían más el problema.

▼ **No regodearse con el autobombo**. En la Red está mal visto el "yoísmo", es decir, actuar únicamente como emisor de información propia. Tampoco se acepta el abuso de mensajes con carácter comercial o, simplemente, dar la sensación de intención de venta. Así que no hagas *spam*, a nadie le gusta, y muchos directamente lo odian. Preocúpate por ofrecer a la comunidad información útil. Así, a la hora de publicar contenidos, el CM debería seguir un *reparto 80/20*, según el cual habría que dedicar alrededor del 80 % de las publicaciones a crear y difundir contenido orgánico relevante para la comunidad, y no más del 20 % a la promoción de la marca.

▼ **Ausentarse o ignorar a los usuarios**. En las redes sociales las conversaciones ocurren en vivo y en directo (especialmente en Twitter), con lo que la participación tiene su mayor vigencia si es inmediata. El responsable de redes sociales no puede cerrar el chiringuito, estar ausente, no intervenir o no responder. Tiene que dar la cara y aportar su punto de vista en la conversación más pronto que tarde.

▼ **No insultar ni enzarzarse en discusiones**. La mala educación no es deseable en ninguna persona, pero en el caso del CM es simplemente un desatino. Bajo ningún concepto debes contestar en público de mala manera. El "mal rollo" y el enfrentamiento con los usuarios casi siempre empeoran la situación. Ser respetuoso con la comunidad es una máxima que hay que cumplir siempre.

▼ **No engañar a la comunidad**. El CM debe intentar decir siempre la verdad, aunque alguna vez pueda "doler". Ten en cuenta que las mentiras son mucho más fáciles de descubrir en la Red que en ningún otro entorno. Antes o después, la verdad siempre acaba por emerger. Así que es mejor ser transparente y sincero.

▸ **No hacer trampas**. En primer lugar, el CM no debe hacerse pasar por quien no es. Si hay algo que destruirá la confianza de la comunidad es saber que ha intentando engañar haciéndose pasar por un consumidor para alabar el producto. Segundo, nunca te apropies de contenido que no te pertenece. Puedes usarlo en tus publicaciones, pero, eso sí, siempre citando las fuentes y dejando bien claro si el contenido es de tu propia creación o si no lo es.

▸ **No censurar**. Mucho cuidado con los reproches. Censurar en Internet es pecado, y caer en la tentación de borrar determinados comentarios negativos puede fácilmente magnificar el problema y desencadenar una crisis de reputación *online*. Es lo que se conoce como *efecto Streisand*, que hace referencia al incidente que protagonizó la actriz y cantante Barbra Streisand cuando en 2003 pretendió retirar una imagen aérea de su mansión californiana, consiguiendo justamente el efecto contrario: despertar el interés del público.

Foto viral de la mansión de Barbra Streisand
Fuente: *http://www.californiacoastline.org/cgi-bin/image.cgi?image=3850&mode=sequential*

▸ **Perder el foco del objetivo**. Construir comunidad en torno a la marca sitúa a la empresa en el camino para conseguir retornos de negocio. Todo CM debe tener presente que desarrollar una comunidad no consiste en cosechar fans, sino que se trata de construir relaciones duraderas, para que estas se conviertan, de alguna forma, en conversiones, en román paladino, en ventas o, en su defecto, en generación de marca.

"Conversar para convertir:
la base del éxito de una estrategia de social media".

Tristán Elósegui, director de estrategia online de iCrossing.

IDEAS CLAVE

- ▼ Las funciones que desempeña un CM son muchas y diversas, a saber: construir una comunidad social, gestionar la reputación *online* de la empresa, atender a los usuarios, solventar situaciones de crisis *online*, identificar líderes, evangelizar, hacer circular la información dentro de la empresa…

- ▼ Lo primero antes de empezar a conversar: conoce tu comunidad.

- ▼ La consultora Forrester clasifica a los usuarios de una red en seis categorías diferentes: creadores, críticos, recolectores, *networkers*, espectadores e inactivos.

- ▼ Es de gran utilidad identificar y conectar los usuarios VIP que más valor pueden aportar a la comunidad: prescriptores, *influencers*, líderes de opinión y *hubs*.

- ▼ El CM debe, antes de nada, dedicar tiempo a escuchar, y, cuando por fin lo vea oportuno, unirse a la conversación.

- ▼ Son tareas cotidianas del CM crear contenidos y difundirlos, interactuar con la comunidad, atender a los usuarios, gestionar la reputación de la marca en Internet, posicionar, analizar…

- ▼ No es posible estandarizar la labor diaria de un CM, que dependerá de la empresa, sector y estrategia *online* planteada.

- ▼ Aun así, podemos hacer un listado de las actividades, acciones y pasos diarios necesarios para poder ejecutar todas las tareas que tiene que realizar el responsable de redes sociales: revisar el ecosistema social, investigar y escuchar, generar contenido y divulgarlo, dinamizar conversaciones, analizar los resultados…

▶ Hemos aprendido lo que un CM no debe hacer, como, por ejemplo, ignorar a los usuarios, no aceptar sus propios errores, enzarzarse en discusiones, ausentarse, hacer *spam* comercial, hacer trampas, censurar…

2.3 PERFIL DEL COMMUNITY MANAGER

2.3.1 ¿Qué cualidades debe poseer un community manager?

A lo largo de este apartado vamos a analizar las principales competencias y destrezas que debe reunir un buen CM para cumplir con éxito con su cometido de gestionar la presencia de una marca en los medios sociales.

2.3.1.1 HABILIDADES DE COMUNICACIÓN

La primera e imprescindible característica que debe poseer un CM es **ser un buen escuchador**. Te ha de gustar saber lo que está pasando. Vas a dedicar mucho tiempo a escuchar conversaciones, a saber cuándo, cómo, dónde y por quién está siendo mencionada tu marca, a conocer los temas que interesan a los miembros de tu comunidad, a analizar sus patrones de comportamiento…

Además de saber escuchar, en esta profesión es imprescindible tener una **buena capacidad comunicativa**. Si vas a ser la voz de tu organización en las redes sociales, si vas a dinamizar una comunidad, entonces tendrás que saber hablar y escribir. Si pretendes trabajar como CM y no eres ducho con las palabras, entonces tienes un problema.

Así pues, tienes que ser un **buen narrador**, esto es, tienes que escribir bien (manejar la gramática, la sintaxis y el vocabulario) y te debe gustar hacerlo, puesto que tendrás que redactar mucho contenido en los diferentes medios sociales de la empresa (blog, Facebook, Twitter…).

Por lo tanto, el CM necesita tener **habilidades sociales** para poder dinamizar con éxito las comunidades que ha de gestionar. Debe ser una persona social, a la que le guste generar conversaciones, con facilidad de palabra y que siempre busque el entendimiento.

Por eso todo buen CM tiene que:

▼ **Ser empático**: saber ponerse en la piel de los demás.

▼ **Tener sensibilidad social**: capacidad para percibir las emociones de los usuarios y saber lo que quieren.

▼ **Tener vocación de atención al cliente**: con disposición a dar un buen servicio de manera personalizada, recogiendo las necesidades de los usuarios.

PARA SABER MÁS
Cuida el networking offline

Un CM debe ser un apasionado constructor de relaciones personales, con don de gentes, capaz de crear buenos contactos. Y no nos estamos refiriendo aquí solo al entorno *online*.

Las comunidades no existen únicamente en Internet. Lo que la Red hace es facilitar las conexiones, eliminar barreras, pero en el mundo *offline* (lo que algunos llaman "la vida real") las conexiones se pueden hacer complementarias e incluso reforzarse. ¿Qué eventos de *networking offline* (conferencias, debates, foros…) hay sobre los temas que puedan interesar a tu comunidad? Elige los más importantes y, por qué no, organiza alguno por tu cuenta. Ve cargado de tarjetas de presentación, date a conocer y participa en las conversaciones.

2.3.1.2 RESPETUOSO Y SUTIL

La **buena educación**, la **cortesía** y el **respeto** son imprescindibles para este puesto. Hay que ser **amable** y **agradecido**, **atento** y **cercano**. Un perfil intransigente o irritable, por el contrario, puede hacer mucho daño a la marca, especialmente ante las críticas o los ataques de usuarios.

Puedes atreverte a ser ácido en tus tuits de vez en cuando, como hace el CM de la Policía Nacional (**@policia**[48]) o el de Media Markt España (**@MediaMarkt_ es**[49]), pero tiene su riesgo: hay que tener mucho talento para saber conversar al filo de las polémicas y controversias. Ten en cuenta que estás representando a la marca en Internet, así que tienes que ser **sutil y cuidadoso** en todas tus intervenciones

---

48 *https://twitter.com/policia*

49 *https://twitter.com/MediaMarkt_es*

en público. Hay que hilar muy fino en las redes sociales. Y aun así te pueden caer palos por todos lados (sobre todo si defiendes los intereses de una marca propensa a reclamaciones o quejas, como, por ejemplo, una operadora de telefonía móvil). No te los tomes como algo personal. Y no entres al trapo de los *trolls* (usuarios molestos que solo buscan provocar y hacer daño). En cierto modo, tienes que ser un "tipo duro" con capacidad para soportar las críticas y trabajar bajo estrés.

Esto no equivale al todo vale. Cuando hay falta de respeto hay que actuar. En algún momento tendrás que llamar al orden. Lo mejor es asegurarse de que, en tu comunidad social, haya unas normas de conducta y de que se cumplan. Lo que se conoce como "netiqueta".

2.3.1.3 CAPACIDAD DE INFLUIR

Quien está al frente de una comunidad debe tener capacidad de influencia, esto es, debe ser reconocido por los propios miembros de la comunidad y saber conectar emocionalmente con ellos.

> *El CM debe tener poder de convocatoria y capacidad para ejecutar y coordinar acciones de social media (concursos, promociones, etc.).*

Para conseguir su propósito de construir comunidad, es fundamental que el CM sea:

- ▸ **Interesante** (que no interesado): en los medios sociales, tú no puedes decirle al resto de participantes que se callen para hablar tú más fuerte y que tus argumentos sean escuchados, sino que tienes que ser convincente para que tus argumentos resulten interesantes para el conjunto de la comunidad.

- ▸ **Auténtico**: es bueno utilizar el sentido del humor, pero no hay que ser simpático forzosamente, basta con ser uno mismo y actuar como tal, sin poses, con sinceridad.

- ▸ **Humilde**: si en algo te has equivocado, reconócelo, no tengas miedo a pedir perdón o a disculparte; asimismo, pon siempre de tu parte por ayudar y, si fuera necesario, que no te dé corte pedir tú la ayuda.

- ▸ **Transparente**: porque decir la verdad y mostrarte como una marca cercana genera confianza.

2.3.1.4 CREATIVO

Ser creativo es vital en esta profesión. Necesitas ser **creativo e ingenioso** para cumplir con tu cometido de elaborar todos los días contenidos que atraigan a los usuarios y que aporten valor a la comunidad.

Para captar la atención de la comunidad, para cautivarlos, necesitamos contar buenas historias (*storytelling*) que generen en la otra parte la necesidad de olvidarse del reloj. Vivimos en una economía de escasez de tiempo, así que tenemos que ser capaces de contar nuestra historia en el tiempo que pasarías junto a un potencial inversor en un ascensor (*elevator's pitch*). Esta capacidad de síntesis para comprimir mensajes e ideas persuasivas ha de ayudarnos, de paso, a redactar frases ingeniosas en la red social de Twitter.

Recuerda también que tienes que ser un **creativo social**. El contenido que ofreces debe estar pensado siempre para incitar a los usuarios a participar, opinar y relacionarse con la marca.

Y has de ser creativo no solo con la redacción, también debes serlo con el diseño gráfico, la edición digital, las piezas audiovisuales, los proyectos de calidad web, etc. Tienes que ser, en definitiva, un verdadero productor de contenidos digitales, un "creativo 2.0".

2.3.1.5 TRABAJADOR APASIONADO

Ser CM es casi más una vocación que una profesión. Debe ser una persona que crea fervientemente en su trabajo y esté dedicada a él en cuerpo y alma.

Construir una comunidad social requiere mucho tiempo, esfuerzo y constancia. En una jornada de trabajo vas a tener que gestionar las redes sociales, crear contenido y difundirlo, interactuar, resolver problemas de clientes, apagar algún que otro fuego, monitorizar e investigar, tratar de crear relaciones estables y duraderas con clientes o potenciales consumidores, etc.

Todo esto significa que en esta profesión tienes que ser un apasionado de tu trabajo. Solo siendo apasionado puedes crear un vínculo emocional entre la marca y tu público, y eso de lo que tanto se habla en este mundillo del *social media*: el engagement.

*La pasión es fundamental para ser un buen CM, sin ella no se
logra conectar con la comunidad*

Por eso también tienes que ser un apasionado de la marca que representas (de sus valores y filosofía) y del sector. Si no te gusta el fútbol, no puedes ser el presidente de una peña de un club. Si te aburre subir montañas, no puedes gestionar una red social de montañeros. No tendría ningún sentido que una red social de montañeros tuviese como CM a una persona que no tiene ni idea de montañismo, que no conoce los productos y servicios sobre los que gira la conversación y las dinámicas. Esto se percibe a las primeras de cambio. En las comunidades, las emociones siempre se abren paso. No es posible involucrar a los demás y persuadirlos de las bondades de tu marca si tú mismo no crees en ello. Para generar confianza, es básico que la comunidad perciba conocimientos y pasión en el CM.

2.3.1.6 FLEXIBLE Y ACCESIBLE

Tiene que ser una persona organizada y metódica, pero también debe tener mentalidad flexible, pues este trabajo requiere estar preparado para tomar la iniciativa ante cualquier incidencia, independientemente del momento del día.

Un buen CM **no tiene horario** de oficina. La blogosfera, Facebook o Twitter no "cierran" a las 14:00 ni a las 20:00. Un CM no puede olvidarse por completo de la conversación. Incluso tendrá que estar atento a las conversaciones pasadas, pues estas han quedado registradas en la Red y siempre pueden "resucitar" (cualquiera puede acceder a ellas con una simple búsqueda y ponerlas de nuevo de actualidad).

Todo esto tampoco quiere decir que debas estar 24 horas al día durante los siete días de la semana pendiente de las pantallas. Pero sí que tengas presente que, en este mundo en tiempo real, los clientes esperan una respuesta (casi) inmediata, así que no debes ausentarte del trabajo por muchas horas seguidas. Dado que en este trabajo tienes que reaccionar con rapidez, deberás establecer los canales, las alertas y tener los medios para poder actuar en cualquier momento.

Ahora bien, rapidez no es lo mismo que precipitación. Y es que el CM también necesita tener la **prudencia, la paciencia y el sentido común** suficientes para afrontar y resolver los conflictos con sabiduría.

Según avanzamos en esta lista de tareas, vemos que cobra especial importancia la organización del trabajo. Por sus funciones, el CM está sujeto continuamente a la multitarea, es decir, tiene que ejecutar varios procesos al mismo tiempo. La realidad es que los seres humanos tenemos ciertas limitaciones con la multitarea. Por eso debes desarrollar procesos que te ayuden a controlar, con periodicidad prefijada, la evolución de tus principales cometidos. Dedica tiempo a conocer las nuevas herramientas que te puedan ayudar a organizar mejor tu tiempo y tus tareas.

2.3.1.7 TECHIE

Ni que decir tiene que todo profesional encargado de liderar una comunidad *online* ha de ser un geek apasionado por la tecnología social. Internet debe ser su medio natural.

Tiene que ser una persona con perfil de early adopter tecnológico, siempre preocupado por conocer lo último en técnicas y herramientas *online*, las que mejor funcionan y las que ya no.

Debe tener mentalidad dospuntocero, ser curioso y con capacidad de autoaprendizaje para mantenerse siempre actualizado en torno a lo que emerge en el mundo de la comunicación *online*.

En definitiva, debe tener competencias digitales (no es imprescindible, aunque sí conveniente, que sepa de lenguaje de programación HTML).

2.3.1.8 VISIÓN ESTRATÉGICA

La función del CM implica por un lado estar en contacto directo con los usuarios y por otro conocer a fondo la misión de su trabajo, labor para la cual es necesario tener cierta **capacidad estratégica**.

Tiene que entender que la creación y difusión de contenidos ha de estar alineada con la meta de la empresa para la que trabaja. Ha de saber identificar la mejor manera de integrar cada acción social dentro de un plan general.

Además, él es el responsable de la comunicación de la marca en medios sociales, y, por lo tanto, debe implicar a toda la organización en la planificación y diseño de la estrategia (sobre todo a los departamentos de marketing y ventas, relaciones públicas y administración).

Asimismo, debe poseer capacidad para aprender de su comunidad a través de lo que esta le transmita, y saber trasladar este *feedback* de los usuarios al departamento que corresponda. Si la persona encargada de escuchar las conversaciones no es capaz de entender las peticiones o iniciativas de los usuarios, y trasladarlas al resto de la organización, se pueden estar perdiendo valiosísimas oportunidades, ya sea para satisfacer las demandas de la audiencia o para aprovechar sus ideas a fin de lanzar servicios novedosos.

2.3.1.9 CAPACIDAD ANALÍTICA

Si en tu empresa hay un especialista en analítica web, el CM debe tener una comunicación muy fluida con él. Si no la hay, resulta muy útil tener unos conocimientos mínimos para poder realizar el seguimiento de los usuarios. Y es que es imprescindible saber cómo se comporta tu comunidad.

Debes estudiar también a **la competencia**, qué usan más, qué les gusta más, cómo llegan hasta ahí, cuántos usuarios les siguen en las distintas redes, qué les genera más emociones. Es otra forma de conocer mejor a tu comunidad y aprender cómo puedes mejorar la conversación con ella.

2.3.2 Contratar a un community manager

A estas alturas ya casi nadie duda de la necesidad de tener un responsable de la presencia y comunicación *online* dentro de una organización o empresa, no solo en las más grandes sino también en pymes.

El problema que estamos viendo es que no son pocas las empresas, e incluso algunas agencias, que consideran que cualquier aficionado a Internet puede ocupar el cargo de CM. En efecto, es muy frecuente asignar esta responsabilidad a perfiles júnior con el argumento erróneo de asociar a los más jóvenes (nativos digitales) con un mejor manejo de las redes sociales. Hay directivos que se dicen: "Total, para estar en Facebook contrato a un becario que, de paso, me haga otras cosas".

Sin duda, un gran error de asignación incorrecta de responsabilidades, que aún persiste en muchas empresas y que puede traer grandes problemas. Y es que no deja de ser un disparate contratar a un becario en prácticas para realizar un trabajo tan importante como es cuidar la reputación de una marca en Internet. ¿Verdad que no dejarías en manos de cualquiera los asuntos legales o financieros más delicados de tu empresa? Pues, por el mismo motivo, la persona encargada de gestionar la comunicación e imagen de tu empresa en Internet no debe ser el chico de las redes sociales, ni el vecino del quinto ni el empleado joven al que le gusta Instagram.

Saber usar Facebook no convierte a alguien en profesional responsable de una comunidad social.

En el siguiente párrafo, Enrique Dans, bloguero experto en Internet y comunicación *online*, resume la conveniencia de recurrir a profesionales cotizados (formados y con experiencia) para ocupar el cargo de CM:

"Dada la importancia de las redes sociales y el hecho de que las empresas se dividen hoy entre las que han tenido problemas de comunicación y las que los van a tener, el perfil del community manager adquiere una importancia fundamental. Las personas con experiencia y un buen track record en la gestión de situaciones complejas, o las que son capaces de demostrar éxitos basados en su gestión, son profesionales cotizados, completamente alejados de aquella idea de "un chaval que tenga muchos amiguitos en el Facebook". Al final, las empresas deberían entender que esta función resulta cada vez más importante, que ayuda no solo a evitar problemas sino también al desarrollo de una imagen y de una empatía con el cliente que en muchas ocasiones se convierte en la base de la venta, y que, como en todo, if you pay peanuts, you'll hire monkeys; si pagas cacahuetes, terminarás contratando monos".

Queda clara la importancia de contratar un buen CM. Ahora bien, un CM, por muy profesional que sea, no lo arregla todo. No por contratar un buen CM vas a conseguir solucionar tus problemas de producto, de mala gestión o de falta de sentido común. Si tu producto no tiene demanda, si tu sitio web es del siglo pasado, si tus empleados se avergüenzan de tu empresa… desengáñate, "el más mejor CM del mundo mundial" no va a poder librarte del desastre. Como mucho, solo podrás "disimular" tus carencias y problemas durante un tiempo.

PARA SABER MÁS
Formación del community manager

No existe un perfil formativo reglado para el CM, pues se trata de una nueva figura profesional que hace pocos años no existía y que, además, está sujeta a una continua evolución en sus funciones.

Se dice que para ejercer esta profesión es preferible tener una formación superior en torno al periodismo, la publicidad, la comunicación, el marketing, las relaciones públicas o las TIC. Pero no se pueden excluir otras carreras. A fin de cuentas, se trata de una profesión transversal y multidisciplinar.

En el mercado hay infinidad de cursos, postgrados o másteres en torno al *community management* y el *social media*. No se puede decir cuál es el mejor o peor curso, debes encontrar el que mejor se adapte a tus necesidades y objetivos. Por la parte que me toca, por el hecho de ser director y docente del mismo, yo recomiendo el **Postgrado en Community Manager & Social Media de IL3 otorgado por la Universidad de Barcelona**[50].

2.3.3 Community manager: ¿interno o externo?

Una de las primeras preguntas que se suele formular la empresa una vez que ha decidido tener presencia activa en medios sociales es: ¿qué es mejor, contratar un CM interno, en plantilla, o externalizar estas actividades para que sean llevadas a cabo desde fuera de la empresa a través de una agencia de medios sociales?

La respuesta a esta pregunta dependerá en buena medida del tamaño y presupuesto de la empresa, pero también, y mucho, de su estrategia; esto es, de los objetivos que pretenda conseguir con su presencia en las redes sociales.

En el caso de que nuestra empresa sea muy pequeña y tengamos pocos recursos para cuidar nuestra reputación *online*, puede que lo más operativo sea contratar los servicios de un CM *freelance* o de una agencia de *social media* externa. La ventaja aquí es que ganamos *expertise* y el coste suele ser menor que contratando a un profesional en plantilla. La desventaja: que los *freelancers* y las agencias externas suelen trabajar para más de una marca y, al estar fuera de la empresa, su conocimiento de esta y su grado de implicación pueden ser insuficientes o incluso contraproducentes.

Pero si tenemos presupuesto y nuestro planteamiento es tener un verdadero portavoz de la empresa en Internet, un profesional que interactúe con nuestros clientes en medios sociales, que resuelva problemas y quejas con prontitud, que genere *engagement*, vigile nuestra reputación *online* y maneje crisis en las redes sociales…, entonces lo suyo es confiar esta importantísima tarea a un CM interno en plantilla, un profesional "de la casa" que conozca a fondo cómo funciona la empresa y el sector en el que trabaja.

> *Es conveniente que el CM sea una persona "de la casa", que conozca bien cómo funciona la empresa que representa y el sector en el que trabaja.*

El problema es que es tal la magnitud de funciones, tareas y responsabilidades que conlleva este cargo que, en realidad, haría falta tener un *supercommunity manager* para poder hacerlo todo.

---

50   *http://www.il3.ub.edu/es/postgrado/postgrado-community-manager-social-media-online.html*

Por supuesto, lo deseable para cubrir todas las necesidades de comunicación de una organización en Internet es poder disponer en plantilla de un equipo humano completo, compuesto por diferentes perfiles profesionales de la comunicación *online*: un CM, un *social media manager*, un responsable en marketing *online* y posicionamiento SEO/SEM... Pero, siendo realistas, la inmensa mayoría de las empresas no disponen ni de presupuesto ni de estructura para contratar un equipo de *social media*.

La **solución intermedia** que proponemos a este dilema, y que muchas organizaciones sí podrían permitirse, es tener un CM interno, y que este, en determinados momentos, pudiera solicitar la colaboración de alguna agencia de *social media* para que le proporcione cierto apoyo profesional *online* y *offline* (en marketing, producciones audiovisuales, organización de eventos...).

IDEAS CLAVE

▶ Las principales cualidades que debe poseer un CM son las siguientes: ser un buen escuchador; poseer capacidad de comunicación, habilidades sociales, educación y capacidad para influir; ser creativo; tener vocación; ser flexible, *techie*; estar dotado de visión estratégica y capacidad analítica...

▶ Hoy casi nadie cuestiona la necesidad de tener un CM dentro de una organización o empresa.

▶ El problema es que es frecuente asignar el cargo de CM a perfiles júnior sin experiencia.

▶ Las empresas deberían entender la importancia cada vez mayor de esta función. La responsabilidad de gestionar la presencia, comunicación e imagen de tu empresa en Internet no es algo que deba encargarse al "chaval que tiene muchos amigos en Facebook".

▶ Ahora bien, un buen CM, por muy profesional que sea, no soluciona los problemas internos de la organización, solo los "disimula" ante el público.

▶ Es conveniente que el CM sea una persona "de la casa", que conozca bien cómo funciona la empresa que representa y el sector en el que trabaja.

2.4 LOS ROLES DEL COMMUNITY MANAGEMENT

2.4.1 Diferentes especializaciones del community management

Muchos son los perfiles profesionales que las redes sociales han hecho aparecer. Así, en torno a la figura del CM existen diferentes niveles y especializaciones del cargo que se dividen según la experiencia, habilidades y funciones que debe desempeñar.

A continuación destacamos rangos diferentes de CM, así como otras especializaciones afines a esta figura profesional.

- ▼ **CM en prácticas**. Es el perfil más bajo de CM. Una persona con poca experiencia y práctica en la gestión de comunidades en la Red. En proceso de formación, puede ser de gran ayuda a la hora de crear contenidos visuales (infografías, fotos, vídeos…).

- ▼ **CM**. Persona ya habituada a gestionar y dinamizar comunidades *online*, con diversas experiencias profesionales en el mundo de las redes sociales, y capacitada para tomar decisiones (como, por ejemplo, afrontar crisis *online*). Es la cara de la empresa en Internet.

- ▼ **Social media manager**. También conocido como **social media strategist**, es el encargado de dirigir, confeccionar y ejecutar la estrategia *social media*. El líder que coordina el equipo de *social media* y toma las decisiones sobre los programas *online*. Decide qué medios de comunicación social se han de utilizar y establece cómo relacionarse con los usuarios de las distintas plataformas. Es, en suma, el director de la comunicación *online* de la empresa.

- ▼ **Social media analyst.** Encargado de monitorizar la Red y de medir e interpretar qué es lo que está funcionando y lo que no de los diferentes medios sociales de la marca. Realiza informes cualitativos y cuantitativos e interpreta los resultados.

- ▼ **Social commerce manager.** Alguien que, además de ser CM o *social media manager*, gestiona el canal de venta social de la marca. Es el responsable de la comunidad *online*, pero también de la tienda social de la empresa. Su objetivo es involucrar a los fans y convertirlos en potenciales compradores.

▼ **Social media recruiter**. Profesional de red que depende directamente del departamento de recursos humanos, y que se encarga de descubrir y atraer talento de la Red.

▼ **Especialista en posicionamiento web y social media**. Su misión es conseguir visibilidad en Internet mediante acciones de optimización en buscadores (SEO y SEM) y en las redes sociales (SMO).

▼ **Diseñador y desarrollador web/app**. Como diseñador determina la apariencia y experiencia de usuario (usabilidad) del sitio web de la empresa y de la *app* móvil (programa diseñado específicamente para *smartphones* y tabletas). Como desarrollador se preocupa por la programación de los sitios: registro, sistemas de gestión de contenidos, aplicaciones de base de datos, comercio electrónico y, por supuesto, habilitar a los visitantes para que puedan interactuar.

▼ **Abogado 2.0**. Abogado especializado en entornos de *social media* para asesorar sobre cuestiones como los límites de privacidad que no debemos rebasar en Internet, la ley de protección de datos, la propiedad intelectual en medios sociales, las calumnias en Internet, etc.

▼ **Digital manager**. Máximo responsable de la gestión digital de una organización: marketing *online*, redes sociales, comercio electrónico, aplicaciones móviles, *big data*, etc.

Un buen CM debe conocer un poco de cada una de las competencias aquí mencionadas. Por supuesto, no se trata de que las domine todas, tan solo tiene que tener las nociones suficientes para defenderse y saber qué decirle al especialista para que las cosas funcionen.

2.4.2 Social media manager

Con frecuencia se confunde la figura del **social media manager** (o **social media strategist**) con la del CM, dado que en la mayoría de las empresas, sobre todo en las pymes, la misma persona cubre ambos puestos. No obstante, en las grandes empresas se trata de dos perfiles profesionales claramente separados con funciones bien diferentes.

Así, podemos decir que el *social media manager* es el máximo responsable de la gestión de *social media* de la empresa, mientras que el CM se dedica poner en práctica las instrucciones dadas por el *social media manager*.

El papel del CM es estar en contacto directo con la comunidad, dinamizando los contenidos y las conversaciones en el día a día y vigilando la reputación *online* de la marca (que no es poco). Mientras que el *social media manager* se preocupa por darle a los medios sociales un enfoque empresarial, confeccionando y dirigiendo el plan estratégico de *social media* (determina los pasos que se han de seguir, fija los objetivos, establece el marketing de contenidos...).

El social media manager es el "jefe" del departamento de social media de la empresa.

Así pues, el social media manager es el encargado de planificar la estrategia social media que luego ejecutará el CM. Por eso, uno y otro deben retroalimentarse mutuamente. De fuera a dentro, el CM le ofrece información al *social media manager* sobre la audiencia y su comportamiento. De dentro a fuera, las directrices del *social media manager* permiten al CM ejecutar el plan de *social media*.

Queda claro, pues, que el *social media manager* no piensa tanto en "me gustas" y "retuits", sino, más bien, en cómo orientar toda esa actividad social para conseguir retornos de negocio.

Matizando, el social media manager es:

▼ El responsable último de la estrategia de comunicación de *social media* de la empresa.

▼ El que diseña la imagen de la compañía en medios sociales.

▼ El que sabe convertir el trabajo en *social media* en una inversión redituable para la empresa.

▼ El que supervisa al CM para que ejecute el plan estratégico de Red.

▼ El encargado de liderar el desarrollo de todas las normas de gestión de medios sociales: políticas y reglas de utilización, código de conducta, plan de crisis y de reputación *online*, etc.

▼ El evangelizador y adalid de los *social media*. Colabora con los demás departamentos de la empresa (especialmente TIC, marketing y comunicación, y relaciones públicas) para dar con la mejor manera de integrar los medios sociales en las estrategias de negocio y campañas de marketing.

Por todo ello, el social media manager debe ser:

▼ Alguien con madera de líder, con capacidad para gestionar planes estratégicos integrales y rápido en la resolución de conflictos.

▼ Apasionado con los entornos de *social media*. Tiene que ser hábil en comunicación *online* corporativa, y conocer y usar las tecnologías 2.0 y las redes sociales.

▼ Experto en reputación *online*; debe tener conocimientos de gestión de marca (*branding*), esto es, de cómo mostrar la marca al público objetivo. Esta es una cualidad imprescindible.

▼ Multidisciplinar, es decir, debe saber de marketing, publicidad, comunicación, relaciones públicas, redacción, economía…

▼ Un profesional con experiencia y con mentalidad emprendedora, con el foco puesto en conseguir retornos de negocio, alguien que comprenda que lo que interesa con todo esto del *social media* son resultados para la empresa.

▼ Una persona con mentalidad de *coach*, con la experiencia y capacidad de liderazgo necesarias para poder reclutar, guiar y coordinar equipos de trabajo y recursos.

▼ Conocedor de las dinámicas de la casa, integrado en la cultura de la empresa, que se lleve bien con los diferentes líderes y que esté en contacto directo y constante con los distintos departamentos de la empresa y con su CEO.

▼ Un evangelizador capaz de contagiar de "ilusión 2.0" a todas las áreas de la empresa, especialmente a la alta dirección.

2.4.3 Social commerce manager

El universo del *social media* evoluciona constantemente y a un ritmo vertiginoso, por lo que continuamente surgen nuevas necesidades y nuevos perfiles para darles respuesta.

Por ejemplo, las redes sociales no fueron creadas para "vender". Sin embargo, las caretas se están cayendo en el *social media* y ahora lo que más parece importar es la venta a través de las redes sociales. Así, por un lado están las redes sociales más importantes del mundo, que ahora apuestan decididamente por el comercio electrónico, quieren convertirse en tiendas *online* y llevar las compras y transacciones a sus propias plataformas (Facebook, Twitter, Pinterest e Instagram están desarrollando publicidad inteligente que incite a comprar, con botón de compra integrado). Luego están las marcas, que lo que quieren es poder vender donde se encuentran sus clientes: en las redes sociales. Y por último tenemos a los usuarios, que, cuando buscan productos *online*, tienden a comprar de forma social. Un triángulo perfecto para el **social commerce** o *social selling*, que, unido al auge del mundo móvil (*smartphones*, tabletas, *wearables*…), conforman un "cocktail explosivo" que podría revolucionar la forma de comprar de las personas en los próximos años. De ahí que ahora emerja la figura profesional del **social commerce manager**.

El *social commerce manager* es el encargado de controlar y gestionar la venta *online* de la empresa a través de los *social media*. Esto implica por su parte la definición, ejecución y seguimiento de una estrategia de *social commerce*.

La función del *social commerce manager* es doble: por un lado es el responsable de **construir la comunidad online** de la marca (o sea, un CM al uso); por otro lado, ha de gestionar el canal de venta social de la marca. Y debe saber conjuntar estos dos elementos, de *branding* y de ventas, para que vayan de la mano y se retroalimenten.

El social commerce manager es social y a la vez comercial.

Ha de saber usar su ingenio para, a través de las redes sociales, elaborar contenidos atractivos relacionados con los productos de la marca (publicidad inteligente, ofertas atractivas, promociones, cupones descuento, tarjetas regalo, concursos…) para tratar de captar la atención de los fans, redirigirlos a la tienda *online* y convertirlos en clientes compradores.

Su misión es crear vínculos emocionales y comerciales entre la comunidad y la empresa. Debe no solo "enganchar" fans y seguidores para la marca (o sea, crear *engagement*), sino también tratar de convertirlos en clientes, rentabilizando así el activo digital de la compañía. Se encarga, pues, de monetizar las acciones en las redes sociales.

El reto del social commerce manager es convertir los likes en ventas.

Por lo tanto, sí existe una relación entre el CM y las ventas, y se llama *social commerce manager*. Un *growth hacker* que ha de buscar todo el tiempo tácticas que impulsen el tráfico, los *leads* y la conversiones.

Ahora bien, su función no es tanto la venta directa (que también) como, sobre todo, usar las armas para persuadir o convencer a los usuarios para que compren los productos de la marca que él representa.

Y es que el *social commerce manager* no puede ser demasiado comercial, es decir, no debe generar la sensación continua de intención de venta, pues así puede llegar a conseguir el efecto contrario, esto es, no vender y, posiblemente, perder fans.

Vender sin parecer que lo estás haciendo, sin dar la sensación de que necesitas dinero.

Por eso lo prioritario siempre ha de ser construir comunidad alrededor de la marca, porque solo después de haberlo hecho se puede tratar de convertir ese valor creado en ventas. Debes conocer muy bien los gustos de tus fans para ser capaz de asociar los productos más acertados. Solo así podrás ofrecerles algo que les pueda interesar comprar.

Se trata de ofrecer a los usuarios de nuestra comunidad lo que les interesa, y no intentar darles algo que no quieren.

IDEAS CLAVE

- Muchos son los perfiles profesionales que las redes sociales han hecho aparecer, cada uno con un nombre y una función diferentes: CM, *social media manager*, *social commerce manager*, *social media recruiter*, especialista en posicionamiento web y *social media*, etc.

▸ El *social media manager* es el máximo responsable de la gestión del *social media* de la empresa, el encargado de planificar la estrategia de *social media* que luego ejecutará el CM.

▸ El *social media manager* debe tener madera de líder y conocimientos multidisciplinares (comunicación, marketing, relaciones públicas, economía…), ser un apasionado del *social media*, poseer una mentalidad emprendedora, así como ser un gran conocedor de las dinámicas de la empresa, un evangelizador…

▸ El mundo de las redes sociales cambia continuamente, por lo que no dejan de surgir nuevas necesidades y perfiles que puedan darles respuesta.

▸ Ahora las redes sociales parecen apostar por el *social commerce* o *social selling*, de ahí que emerja una nueva figura profesional: el *social commerce manager*.

▸ El *social commerce manager* es social y a la vez comercial. Su reto es convertir los *likes* en ventas. Eso si, sin dar la sensación continua de intención de venta.

2.5 LAS HERRAMIENTAS DEL COMMUNITY MANAGEMENT

2.5.1 Herramientas a tutiplén

En el mercado existe una amplia variedad de herramientas online para que el CM pueda administrar con solvencia la vida de una marca en medios sociales. Cada una tiene sus fortalezas y sus debilidades y, por supuesto, sus características diferenciadas en cuanto a prestaciones, usabilidad, seguridad y precio.

Podemos usar una herramienta especializada para cada tema, según lo que necesitemos, por ejemplo, para medir nuestra actividad en las redes sociales, para gestionar nuestra reputación *online*, para mejorar nuestro posicionamiento web, etc.

Debemos dedicar tiempo a averiguar qué herramientas nos convienen más, y a estudiarlas. Conocerlas bien nos permitirá escoger aquellas que mejor se adapten a nuestras necesidades y circunstancias.

Por otro lado, aunque las herramientas *online* son parte importante del trabajo del CM, uno tampoco debe obsesionarse con ellas. Abusar de ellas no te convertirá en un mejor profesional. Se trata de usar las herramientas con cabeza, para, de este modo, ahorrar mucho tiempo y optimizar resultados.

> *No debes utilizar todas las herramientas, lo importante es escoger las que más te convengan según tus objetivos y usarlas con criterio.*

Los cuatro **factores más importantes** que hemos de tener en cuenta a la hora de decidirnos por una herramienta u otra son:

▼ Las métricas que nos pueda ofrecer.
▼ Su interfaz.
▼ La integración con los distintos medios sociales.
▼ El precio.

Por último, debemos considerar que cada día nacen nuevas herramientas y nuevas posibilidades. Así que tenemos que **investigar permanentemente** y estar tan actualizados como sea posible, tratando de incorporar nuevas técnicas a nuestro trabajo cotidiano.

2.5.2 Herramientas imprescindibles para un community manager

A continuación vamos a reseñar 15 herramientas que consideramos imprescindibles para cualquier CM, que bien podrían llegar a ser 150 (o más) si tuviéramos tiempo y espacio para describirlas. Por eso, en este punto, no haremos hincapié en desmenuzarlas todas.

Además, no vamos a examinar ahora las herramientas específicas para cada red social (Facebook, Twitter, Instagram…), pues eso es algo que trataremos en detalle en la segunda parte del libro, dentro del tema dedicado a cada una de estas redes sociales.

Asimismo, tampoco vamos a ver aquí las herramientas propias para la monitorización y la reputación *online* (pues ya lo hemos hecho anteriormente en el primer capítulo, dedicado a la Web social, dentro del apartado sobre la reputación *online*), ni vamos a detenernos en este momento en las herramientas propias de posicionamiento SEO y de analítica web (las veremos en el siguiente capítulo, relativo al marketing *online*).

Por consiguiente, entre una cosa y otra, aquí y ahora no están reflejadas todas las herramientas que son ni son todas las que están.

▶ **HootSuite**[51]. Un *all-in-one* imprescindible para todo CM, que permite gestionar las principales redes sociales (perfiles y páginas) desde un mismo panel de mando personalizable y desde cualquier dispositivo (ordenador, *smartphone* o tableta). Es gestor de contenidos, de planificación y de programación de publicaciones, de análisis de la competencia, de estadísticas… Con versión gratuita que permite administrar hasta cinco cuentas de redes sociales. Si quieres perfiles ilimitados, gestionar informes y otros servicios complementarios, por menos de 10 €/mes tienes la versión Pro. Para la gestión más avanzada y profesional está la versión Enterprise.

▶ **Simply Measured**[52]. Proporciona en un solo espacio datos muy valiosos de las redes sociales y crea excelentes informes (completos y visuales) que se pueden exportar a formato *online*, Excel y Power Point. Analiza en profundidad Twitter, Facebook (perfiles y páginas), YouTube, Pinterest, Instagram, Google+, etc. Puedes realizar informes gratuitos sobre una cuenta o un *hashtag*; eso sí, soportando publicidad. Muy profesional, pero también muy cara en sus versiones de pago.

▶ **Google Analytics**[53]. Herramienta imprescindible para rastrear el comportamiento de los usuarios en nuestro sitio web, comprobar si a nuestro público le gusta lo que ve, saber si nuestra estrategia web está funcionando. Gratuita y la más extendida en el mundo de la analítica web.

▶ **Estadísticas de la página de Facebook**[54]. Sistema de medición de estadísticas de las páginas de empresa de Facebook. Puedes desgranar toda la actividad de tu página, conocer lo que hacen tus visitantes, detectar a los usuarios que más interaccionan, analizar el *engagement* que tienes con tu comunidad… Gratuita, pero para tener acceso a esta herramienta se debe tener un mínimo de 30 fans.

---

51   *https://hootsuite.com/*

52   *http://simplymeasured.com/*

53   *http://www.google.com/analytics/*

54   *https://www.facebook.com/insights/*

▼ **Twitter Analytics**[55]. Sistema de analítica propio de Twitter. Te permite monitorizar tu cuenta de Twitter para saber más acerca de la efectividad de tus tuits y de los usuarios que te siguen. Gratuita.

▼ **Google Search Console**[56]. Hasta hace poco conocida como Google Webmasters, es el servicio oficial de Google para optimizar sitios web y aplicaciones según los requerimientos de este buscador. Ofrece un diagnóstico para conocer el estado de tu sitio (indexación, enlaces entrantes, palabras clave mejor posicionadas…). Imprescindible para estar bien posicionado en Google, para que te encuentren en la Red. Gratuita.

▼ **Feedly**[57]. Lector RSS para poder suscribirte a tus blogs y webs preferidas, para de esta forma recibir y leer sus publicaciones actualizadas sin tener que visitar estos sitios uno a uno. Gratuita.

▼ **Buffer**[58]. Excelente herramienta para programar el mejor momento para compartir tus publicaciones en las principales redes sociales (Twitter, Facebook, LinkedIn y Google+). Ideal para programar tuits de campaña o para aplazar publicaciones para cuando estés de viaje o no puedas estar *online*. Puedes analizar tus publicaciones, y te sugiere contenidos relacionados con tus intereses. Versiones *free* y de pago.

▼ **IFTTT**[59]. Otro servicio de automatización de tareas en línea que ofrece la posibilidad de programar contenido en tus canales sociales. IFTTT es la abreviación de *if this, then that*, que se podría traducir como "si ocurre esto, haz aquello", lo que significa que las tareas programadas se ejecutarán de forma automática solo si se cumple una determinada condición predeterminada por el usuario. Gratuita.

▼ **Evernote**[60]. Herramienta para almacenar y gestionar contenidos. Te permite archivar aquellas cosas de interés que encuentras en la web (páginas enteras, textos seleccionados, imágenes…) y que te pueden servir para consultar más adelante. Versiones *free* y *premium*.

---

55 *https://analytics.twitter.com/about*

56 *http://www.google.es/intl/es/webmasters/*

57 *http://feedly.com/*

58 *https://buffer.com/*

59 *https://ifttt.com/*

60 *https://evernote.com/*

▰ **Asana**[61]. Excelente plataforma *online* con la que el CM puede poner orden a su multitarea. Genial para trabajar en equipo. Permite gestionar tareas conjuntamente en tiempo real. Con versión gratuita y de pago.

▰ **Mitto**[62]. Herramienta para administrar las diferentes contraseñas de tus múltiples sitios. Almacena en la nube de forma segura todos tus *passwords*. Fácil de usar y gratuita.

▰ **Bitly**[63]. Herramienta para acortar enlaces y poder analizar su rendimiento. Gratuita.

▰ **MailChimp**[64]. Herramienta por excelencia para realizar campañas de *e-mail marketing*. Permite gestionar el envío de *e-mails* y hacer un seguimiento de los mismos (saber qué correos se han abierto, cuáles han acabado en la papelera, cuáles han sido marcados como *spam*...). Versiones *free* y *premium*.

▰ **Canva**[65]. Herramienta para diseñar y publicar imágenes en las redes sociales. Es como un Photoshop *online* superintuitivo. Gratuita, aunque ofrece algunos recursos especiales que son de pago.

A modo de conclusión, conviene aclarar, con respecto a las características de estas y otras herramientas, que son muy frecuentes las actualizaciones, así que algunas de las funciones aquí descritas cambiarán y evolucionarán con el paso del tiempo. Este es un mundo en continuo desarrollo, con nuevas características que se están desarrollando y se ofrecen en cualquier momento.

IDEAS CLAVE

▰ En el mercado existe una amplia variedad de herramientas *online* para que el CM pueda administrar con solvencia la vida de una marca en medios sociales.

---

61   *https://asana.com/*

62   *https://app.mitto.com/*

63   *https://bitly.com/*

64   *http://mailchimp.com/*

65   *https://www.canva.com/*

▼ Podemos usar una herramienta especializada para cada tema.

▼ Debemos dedicar tiempo a averiguar cuáles son las herramientas que más nos convienen, y a estudiarlas.

▼ Cada día nacen nuevas herramientas, así que tenemos que investigar permanentemente y estar al día.

▼ Este es un mundo en continua evolución, con nuevas características que se están desarrollando y se ofrecen en cualquier momento.

2.6 LAS REGLAS DEL JUEGO

2.6.1 El protocolo de comportamiento: la netiqueta

Toda comunidad virtual necesita unas normas de conducta básicas que permitan crear en su seno un clima favorable a la relación, la conversación y la participación, y que eviten disputas o "peleas de gallos".

El *social media manager* es el profesional encargado de establecer los códigos de conducta y pautas de comportamiento de la comunidad, conocidos en la jerga del *community management* como **netiqueta** (la etiqueta de Internet). Si bien será el CM el "árbitro" encargado de velar por el cumplimiento de estas reglas de juego. Y es que no hay nadie que pueda seguir tan de cerca las conversaciones como el responsable de la comunidad.

> *El social media manager es quien establece las políticas y reglas de las relaciones y la moderación; y el CM quien las hace cumplir.*

Esta netiqueta ha de estar visible y accesible a todos los miembros de la comunidad. En las situaciones de tensión, será "el reglamento" al que puedas acudir para esclarecer posibles problemas.

Aunque cada comunidad ha de tener sus propias reglas, y, de hecho, forman parte de su idiosincrasia, proponemos a continuación un decálogo de netiqueta genérico, con las diez normas que consideramos elementales para mantener el orden y la moderación en cualquier comunidad virtual:

1. **Respeto y tolerancia**. Respeta las opiniones vertidas por otros y la dignidad de las personas. Nunca olvides que la persona a quien va dirigido tu mensaje es un ser humano con sentimientos que pueden ser lastimados. No se aceptan los comentarios ofensivos, las descalificaciones, ni nada que tenga tintes difamatorios o insultantes. Los comentarios que incumplan estas normas pueden ser borrados. Por supuesto, son siempre bienvenidas las opiniones respetuosas, que aporten argumentos y ayuden a mantener el debate en un ambiente sano y educativo.

2. **Ética y legalidad**. Compórtate con los mismos estándares de ética que sigues en el mundo *offline*. No injuries, no calumnies, no difames, ni hagas pública información sobre otros sin su permiso. Tampoco acoses a otros miembros de la comunidad, ni los persigas o amenaces. No violes los derechos de propiedad intelectual o industrial de terceros. No suplantes la identidad de otros usuarios. En definitiva, no cometas delitos.

3. **Confianza y buena fe**. La confianza lo es todo para los que formamos parte de un colectivo, sin ella la comunidad está hueca. Por ello, se asume que al utilizar los servicios de la comunidad lo haces de buena fe, ajustando tu actuación a derecho, siendo responsable de tus actos y de los contenidos que publicas.

4. **Identifícate**. Participa siempre en primera persona y configura tu perfil identificándote de forma clara. Sé transparente y **muéstrate como una persona**, aunque en un momento dado escribas en nombre de una marca o empresa.

5. **Participa, colabora y comparte**. En la Web social cuanto más compartes, más recibes a cambio. Por lo tanto, sé útil y comparte tu conocimiento con la comunidad. Tus ideas, tus contenidos, tu colaboración, puede servir a otros, de la misma manera que las aportaciones de los demás te pueden ser de ayuda. Eso sí, deja de lado los comentarios *off topic* y, por favor, no satures a la comunidad: no hagas *spam*, y nada de publicidad encubierta.

6. **Privacidad**. No reveles información confidencial y respeta la privacidad de terceras personas. Cada usuario debe tener la opción de compartir solo lo que desea. No debes desvelar datos de un usuario que este no quiera mostrar, ni obligarle a hacerlo, ni coaccionarle, ni nada parecido.

7. **Paciencia**. Respeta siempre el tiempo de los demás. Asimismo, has de ser condescendiente con los nuevos usuarios llegados a la comunidad. Los recién llegados han de poder tener un aterrizaje suave en la comunidad.

8. **Nada de abusos**. No abuses de tu poder o estatus. Esto implica que no lo has de usar para dañar a terceros de la propia red. Tampoco se aceptará hacer grupo para ir contra una persona.

9. **Antes de preguntar, busca**. Es bastante habitual en las comunidades que a menudo se repitan una y otra vez cierto tipo de preguntas recurrentes. Así que antes de formular determinadas preguntas, consulta el histórico de conversaciones.

10. **Cuida el lenguaje y, por favor, no escribas con mayúsculas**. No es plato de buen gusto leer comentarios cargados de faltas de ortografía. Tampoco escribas todo en mayúsculas, pues en la Red se considera de mala educación, es como si se gritara; además, dificulta la lectura.

PARA SABER MÁS
Cómo hacer frente a un troll

En algún momento, te guste o no, te vas a tener que enfrentar a algún usuario que únicamente busca generar mal ambiente en la comunidad. Nos estamos refiriendo al *troll,* una expresión o término muy común en el universo de Internet y que hace mención a ese tipo de usuario molesto, normalmente anónimo, que solo quiere torpedear o crear controversia de forma gratuita.

Por desgracia, intentar reconducir a un *troll* con buenas palabras rara vez funciona. Por eso necesitas establecer una estrategia para hacer frente a estos individuos indeseables.

Una máxima ante este tipo de situaciones es **no alimentar al troll**. Ante sus embestidas indiscriminadas, que solo buscan hacer daño a la comunidad, no debes reaccionar impulsivamente respondiendo a sus provocaciones, entrando en su juego, poniéndote a su altura, y llegando a discutir con él en público. Atender al *troll* solo servirá para ayudarle a lograr sus objetivos.

En su lugar, ignóralo, y, en caso de que el tema se agrave, entonces lleva al susodicho a una comunicación privada y busca una aproximación para tratar de que poco a poco desaparezca su interés por molestar.

Si pese a todo el *troll* persiste y sigue en sus trece, entonces se puede considerar, si lo ves necesario y como última instancia, la expulsión de este usuario. El resto de la comunidad lo agradecerá.

2.6.2 Aspectos legales que debe conocer el community manager

El profesional de los medios sociales, el CM, debe conocer aspectos legales aplicables a su actividad, con el fin de trabajar en un clima de seguridad y evitar responsabilidades para la empresa a la que representa. Es, pues, elemental tener unos conocimientos básicos del **marco jurídico** relativo a las redes sociales, a saber:

▸ **Derecho al honor**. El derecho al honor, a la intimidad personal y familiar y a la propia imagen es uno de los principales derechos objeto de protección en la Web social, ya que puede afectar al ámbito personal del individuo a través de cierto tipo de comentarios, informaciones, opiniones, grabaciones... Por ejemplo, emplear imágenes de terceros sin su autorización puede comportar una reclamación por vulneración del derecho a la intimidad y a la propia imagen.

▸ **Protección de datos**. Manejamos datos de carácter personal de nuestros clientes, de usuarios, de visitantes, de proveedores... y todos estos datos deben ser protegidos, tal y como estipula la LOPD (Ley Orgánica de Protección de Datos). Por otro lado, conviene tener presente que las redes sociales, con Facebook a la cabeza, ofrecen al usuario sus servicios de manera "gratuita" a cambio de sus datos personales (el usuario paga con su privacidad: con la información que facilita al abrir su cuenta, los datos que va subiendo a su perfil, lo que va publicando, los comentarios...). Esto es legal, pues abrir la cuenta de una red social implica aceptar unas condiciones de uso que nos avisan de que tratarán nuestra información del modo que la red social considere oportuno. De hecho, por regla general la red social se reserva el derecho a explotar y difundir los contenidos que los usuarios compartimos en su plataforma.

▸ **Derechos de uso**. La utilización y difusión de un contenido debe respetar los derechos de uso, lo que implica explicitar bajo qué condiciones ese contenido puede ser compartido o utilizado por otros usuarios. El contenido en cuestión puede ser *libre* (el autor autoriza la libre utilización y difusión del mismo) o *bajo licencia* (el autor determina que para ciertos usos se han de tener en cuenta una serie de permisos o licencias). Sea como fuere, hay que tener mucho cuidado con no violar los derechos de autor, cumplir siempre las cláusulas que al contenido se le han atribuido, y citar la fuente original de la que provenga.

▸ **Derechos de propiedad intelectual e industrial**. Para publicar contenidos protegidos por derechos de propiedad intelectual o industrial (logos, marcas, artículos...), es necesario contar con la autorización del titular de los mismos y deben respetarse los derechos de propiedad intelectual e industrial de terceros que resulten de los contenidos que la empresa publicita en el sitio web o en la red social.

▶ **Ley de Servicios de la Sociedad de la Información (LSSI).** Los titulares de páginas web, blogs, redes sociales… son prestadores de servicios de la sociedad de la información y tienen que cumplir con las obligaciones que estipula la LSSI. Así, deben informar del nombre o identificación fiscal, NIF y datos de contacto, datos de inscripción en el Registro Mercantil o cualquier otro registro en el que se encuentre inscrito como persona jurídica. Por otro lado, las comunicaciones comerciales o promocionales han de estar perfectamente identificadas, y solo se deben enviar por vía electrónica a aquellos destinatarios que, con anterioridad, lo hayan pedido o autorizado expresamente. Si la página web utiliza *cookies* (información enviada por un sitio web y almacenada en el navegador del usuario, de manera que el sitio web puede consultar la actividad previa del usuario), es necesario informar de forma clara y completa al usuario y obtener su consentimiento.

Además del marco jurídico aplicable a las redes sociales y los principales derechos afectados, el CM también debe identificar los **principales riesgos jurídicos** asociados a la elaboración de una estrategia de *social media*.

Para empezar se han de conocer **las condiciones de uso de la red social** en la que la empresa ha decidido tener presencia activa. Cada plataforma tiene sus códigos. Sobre este particular, aquí tienes los vínculos a las normas y reglas que se deben cumplir en las principales plataformas sociales:

▶ **Condiciones de las páginas de Facebook**[66]

▶ **Las reglas de Twitter**[67]

▶ **Políticas y principios de Google+**[68]

▶ **Condiciones de uso de LinkedIn**[69]

▶ **Normas de la comunidad de YouTube**[70]

▶ **Normas comunitarias de Instagram**[71]

▶ **Condiciones de servicio para empresas de Pinterest**[72]

---

66   *https://www.facebook.com/page_guidelines.php*

67   *https://support.twitter.com/articles/72688*

68   *http://www.google.com/intl/es_ALL/+/policy/content.html*

69   *https://www.linkedin.com/legal/user-agreement*

70   *https://www.youtube.com/yt/policyandsafety/es/communityguidelines.html*

71   *https://help.instagram.com/477434105621119/*

72   *https://business.pinterest.com/es/business-terms-service*

Por otro lado, el respeto a la **privacidad** y a los datos personales debe ser una prioridad fundamental en toda acción que se siga en los medios sociales. Se deben establecer mecanismos para obtener el consentimiento de los clientes/usuarios antes de difundir sus datos personales en la red social. Por ejemplo, la gestión de concursos y sorteos comporta usar los datos personales de los participantes, tratamiento que deberá cumplir con la normativa aplicable de protección de datos. Es necesario disponer de una *política de privacidad* que claramente informe al usuario acerca del tratamiento que se va a dar a su información, así como los destinatarios de la misma. En este sentido, el CM ha de observar las políticas de privacidad y condiciones de uso de las propias redes sociales, habida cuenta de que, en caso de incumplimiento, puede existir el riesgo de que la página o perfil en cuestión sea cerrada por parte de la red social, lo que generaría trastornos a los seguidores de la marca y perjuicios a la empresa.

La **ciberseguridad**, o, mejor dicho, la inseguridad o falta de control sobre lo que sucede en nuestros espacios virtuales es uno de los riesgos que más destacan aquellos que no acaban de ver con suficiente claridad estar en Internet en general y en las redes sociales en particular. Los usuarios utilizan los medios sociales para intercambiar archivos, por consiguiente es el medio ideal para propagar *malware*, troyanos, virus, etc. Otro de los riesgos de seguridad más habituales en Internet es todo lo asociado a la suplantación de identidad: robo de contraseñas de cuentas, *phishing* que simula ser la web que no es y solicita información privilegiada, ingeniería social que hace que un usuario se confíe y clique sobre un enlace que proviene de un "amigo" de su red social, manipulación del perfil de usuarios ya sea para infectarlo con código malicioso o bien para hacer publicidad no deseada… El CM ha de ser consciente de todas estas vulnerabilidades y estar siempre vigilante.

PARA SABER MÁS
Los seguidores no se compran, se ganan

....

Aunque no es ilegal, está muy mal visto comprar "fans" o "seguidores" anónimos o falsos. Y además no sirve de nada que lo hagas, pues serán "usuarios" que, con toda seguridad, no se van a encontrar entre tu público objetivo y que, por tanto, nunca llegarán a estar interesados en nada de lo que les puedas ofrecer. Tu nivel de interacción y de *engagement* se verá afectado por esta mala praxis social.

Además, una vez se descubra que tienes grupos enormes de seguidores que son falsos y han sido comprados (y en la Red de Redes todo se descubre más pronto que tarde), tu credibilidad y reputación *online* se verán seriamente dañadas, e incluso puede que los pocos seguidores reales que poseas dejen de serlo por haber roto su confianza y sentirse engañados.

Así pues, jamás compres seguidores; ni siquiera te obsesiones por acumular fans. En su lugar, preocúpate por conseguir seguidores de verdad por méritos propios, brindando información útil a la comunidad. Una empresa debe intentar llegar a su público objetivo, y no desperdiciar el dinero intentando aparentar. Queremos un perfil de usuario que se convierta en potencial cliente.

IDEAS CLAVE

▸ Toda comunidad virtual necesita unas normas de conducta y pautas de comportamiento básicas que permitan crear en su seno un clima favorable a las relaciones. Es lo que se conoce como netiqueta (la etiqueta de Internet).

▸ En las situaciones de tensión, la netiqueta será "el reglamento" al que se puede acudir para esclarecer posibles problemas.

▸ Cada comunidad tendrá sus propias reglas, pero, a grandes rasgos, las normas elementales para mantener el orden y la moderación de una comunidad virtual son el respeto, la ética, la confianza, la identificación, la colaboración, la privacidad, la paciencia, la moderación y el lenguaje.

▸ Intentar reconducir a un *troll* con buenas palabras rara vez funciona. La mejor estrategia es no alimentarlo, esto es, ignorarlo o como mucho reconducirlo a la comunicación privada; en el peor de los casos, si lo ves necesario, expulsarlo de la comunidad.

▸ El CM debe conocer los aspectos legales aplicables a su actividad, con el fin de evitar responsabilidades para la empresa.

▸ El CM ha de tener conocimientos básicos sobre el derecho al honor, la protección de datos, derechos de autor y de propiedad, servicios de la sociedad de información…

▸ Asimismo, el CM debe identificar los principales riesgos jurídicos asociados a su trabajo: condiciones de uso de la red social donde la marca tenga presencia, políticas de privacidad, aspectos relativos a la seguridad en Internet…

▸ Los seguidores no se compran, se ganan.

3

MARKETING ONLINE

INTRODUCCIÓN

Toda empresa o negocio, con independencia de su tamaño o sector, debería realizar su propio plan de marketing *online*, ya sea para darse a conocer en la Red, crear marca, captar nuevos clientes, fidelizar o aumentar la facturación.

Cinco son las estrategias clave de marketing *online* que se han de trabajar para alcanzar estos objetivos:

- ▼ Marketing de contenidos.
- ▼ Marketing en buscadores (posicionamiento SEO).
- ▼ Social CRM (*customer relationship management*).
- ▼ Publicidad *online*.
- ▼ *Marketing analytics*.

Mediante el marketing de contenidos buscamos atraer a nuestro público, generar *engagement*, estimular las recomendaciones (boca a boca) y, también, por qué no, vender nuestros productos y servicios.

Con el marketing en buscadores lo que queremos es posicionar nuestra marca en Internet (conseguir visibilidad) y que nos puedan encontrar quienes estén buscando algo relacionado con nuestro nicho de mercado.

Por otra parte, trabajar el social CRM nos servirá para tener una mayor y mejor relación con nuestros clientes, actuales y potenciales.

Y para promocionar nuestra marca y llegar a esas personas que puedan estar interesadas en adquirir nuestros productos y servicios, pero que no saben de nosotros, habrá que invertir dinero en publicidad *online* (*banners*, publicidad en buscadores, en las redes sociales…).

En último lugar, recurrimos al marketing de métricas para analizar el comportamiento de nuestro público, medirlo, y saber, en definitiva, si estamos cumpliendo nuestros objetivos de marketing *online*.

3.1 MARKETING DE CONTENIDOS

3.1.1 El inbound marketing

El mundo ha cambiado una barbaridad en la última década: las personas ya no interactúan, trabajan o viven de la misma forma a como lo hacían hace diez o más años. Y sin embargo, siguen siendo mayoría las empresas empeñadas en hacer el mismo tipo de marketing y ventas del siglo pasado.

Las técnicas de marketing tradicional, basadas en interrumpir al público lanzándole mensajes unidireccionales, no responden a las necesidades de los consumidores de la era social 2.0, que han dejado de ser meros receptores pasivos y que están cada vez más y mejor informados.

PARA SABER MÁS
Las reglas del juego de la venta han cambiado

La venta ya no es lo que era. Antes el vendedor siempre tenía más información que el comprador sobre el producto o servicio, y eso daba lugar a "engaños" (la letra pequeña es un buen ejemplo).

Pero las reglas del juego han cambiado con la irrupción de Internet. Hoy la información está en todas partes, hasta el punto de que el comprador tiene tanta o más información que el vendedor, que ha perdido su posición dominante en la negociación. Ahora estamos en un nuevo contexto de papeles cambiados, donde ya no funciona la argucia vendedora ni la venta agresiva.

Es necesario un nuevo enfoque de marketing que dé respuesta a los cambios en el comportamiento del consumidor y que permita llegar a él de una forma más efectiva, sin ser molestos o intrusivos. Nace así lo que conocemos como **inbound marketing** o marketing de atracción.

El *inbound marketing* comprende todas aquellas **técnicas de marketing no intrusivas** basadas en la idea de que sea el mismo usuario y cliente potencial el que se acerque e interese por los productos o servicios que vende la empresa. Para lograrlo, la empresa ha de poner a su disposición, a través de Internet y los medios sociales, contenidos de calidad e interés destinados a atraer su atención de forma natural.

El inbound marketing consiste en hacer que sea el usuario y cliente potencial el que te encuentre a ti en Internet y conozca tus productos y servicios.

El inbound marketing es lo opuesto al tradicional outbound marketing basado en todas esas fuentes de tráfico que interrumpen al consumidor sin su permiso, como, por ejemplo, los anuncios de televisión que te cortan la película que estabas viendo, los *e-mails* que recibes sin que hayas solicitado ninguna información, o los *banners* de publicidad que saturan la pantalla de tu ordenador. Pero a diferencia del *outbound* (en castellano "saliente"), el *inbound* ("entrante") permite llegar al usuario de una manera no invasiva: como un imán, atraes su atención en vez de comprarla, te lo ganas en lugar de buscarlo y "presionarlo" para que te haga caso.

OUTBOUND: interrupción, publicidad, spam, centrado en el producto

INBOUND: permiso, atracción, contenidos, centrado en el cliente

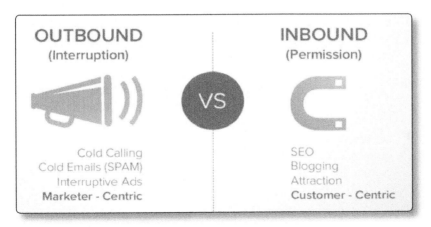

Fuente: *https://plus.google.com/+WidyJantiko/posts*

El *inbound* o marketing de atracción propone a las marcas que dejen de comportarse como meros anunciantes publicitarios para, en su lugar, centrarse en el cliente potencial, estudiar sus necesidades y ofrecerle soluciones a través de contenidos y experiencias de alto valor, creando así una relación estable con él hasta poder convertirlo en cliente.

> *"El secreto no es correr detrás de la mariposa… es cuidar el jardín para que ellas vengan a ti".*
>
> Mario Quintana, poeta

Esta nueva forma de hacer marketing crece a medida que las tácticas de marketing tradicional se hacen menos eficaces y que los consumidores acuden cada vez más a Internet para encontrar información y consejos sobre productos y servicios. En la actualidad, el inbound es una de las principales tendencias de marketing, posiblemente la estrategia más eficaz para hacer branding y dar visibilidad a las marcas en Internet.

> *El inbound marketing permite atraer al cliente potencial de un modo no invasivo, fidelizarlo y crear un canal de captación propio para la marca.*

El *inbound* se apoya en tres frentes principales:

▶ El **marketing de contenidos**: técnica de marketing que consiste en crear y distribuir contenido relevante y valioso para atraer al cliente potencial y convertirlo en cliente recurrente.

▶ El **SEO** o posicionamiento web: para que nuestro público objetivo encuentre fácilmente nuestra oferta en Google y en los demás buscadores.

▶ La **acción en social media**: escoger en qué medios sociales nos conviene estar presentes (blog, Facebook, Instagram…) para difundir nuestros contenidos y conversar con nuestro público.

> *Los tres componentes principales del inbound marketing: contenidos + posicionamiento + social media*

El contenido es la estrella sobre la que han de girar todas las acciones que se plantean en la estrategia *inbound*. Vamos, pues, a centrarnos ahora en el marketing de contenidos y en las posibilidades que nos ofrece.

3.1.2 Marketing de contenidos

Una vez hemos decidido apostar por el *inbound marketing* dentro de nuestra estrategia *online* de marca, lo primero que tenemos que cuidar son nuestros contenidos.

El marketing de contenidos es una parte fundamental, pero ¿qué es exactamente el marketing de contenidos? Pues básicamente se podría definir como el arte de crear y difundir contenido relevante y valioso para atraer a un público objetivo bien definido, con el objetivo de impulsarles a ser futuros clientes.

El marketing de contenidos se enmarca dentro del cambio de enfoque comunicativo del *inbound marketing*, basado en aportar valor antes de pedir nada a cambio, sin interrumpir y sin la intención primaria de la venta directa. En lugar de molestar a la gente con anuncios intrusivos, ganándonos su rechazo, regalaremos consistentemente piezas de información interesantes que puedan atraer, fidelizar y volver cliente recurrente a nuestro público objetivo.

El contenido no tiene que tratar de vender directamente (eso es publicidad), puede hacerlo pero el objetivo del *content marketing* es ofrecer contenido de valor para atraer a las personas adecuadas y empatizar con ellas. Si lo logramos, resultará mucho más sencillo que estas personas vengan después como clientes y adquieran lo que les ofrecemos y que incluso nos recomienden (boca a boca).

El marketing de contenidos no es promocional.

Se trata de contar algo (historias, información, conocimiento…) que ayude a nuestro público objetivo. La fórmula del éxito en un contenido es, pues, ayudar, educar, informar, entretener, inspirar…

"Deja de vender. Empieza a ayudar".

Zig Ziglar, escritor, vendedor y orador motivacional estadounidense

La idea de esta estrategia "altruista" de marketing es que si nosotros, como empresa, aportamos permanentemente contenido de valor a la comunidad, esta práctica aumentará nuestra visibilidad en el entorno digital y acabará por convertirse, a cambio, en conversiones, o sea, en generación de marca y ventas.

El objetivo de tu estrategia de content marketing es atraer
visitantes para transformarlos en clientes.

Pero no te creas que será todo tan fácil: en la Red la competencia es muy dura, hay muchísima información, así que tienes que conseguir destacar de alguna forma o nadie te prestará atención. Hay que ser originales, hacer cosas distintas, que llamen la atención y que a la vez te sean útiles para llegar a tus objetivos.

El **storytelling** funciona muy bien, esto es, contar historias o anécdotas con carga emocional (con *appealing*) que logren conectar con la gente. Dado que en las redes sociales no se debe vender descaradamente, sino dejar que te compren, se trata de saber contar historias que puedan llegar a tocar el corazón del cliente, para que te recuerde y luego tome la decisión de comprarte o recomendarte sin necesidad de pedírselo.

El storytelling es el arte de contar historias para crear una acción
o un sentimiento de tu audiencia hacia tu marca.

Tampoco se trata de simplemente crear contenido atractivo o entretenido porque sí. **Necesitas una estrategia de contenidos.** De entrada debemos analizar bien los gustos e intereses de nuestro público objetivo, saber qué le atrae realmente, y sobre ello crear una línea editorial de contenidos en distintos soportes *online*.

Identifica quién es tu público objetivo y qué es lo que le interesa,
para así decidir qué tipo y enfoque de contenidos crear.

Es muy importante saber asociar el contenido más acertado. El contenido es el rey solo si está en contexto, cuando consigue conectar con el *target* adecuado en el momento y lugar apropiados. Date cuenta de que no sirve coger el mismo contenido que hemos desarrollado para Facebook y llevarlo a Twitter, del mismo modo que no es lo mismo hacer un reportaje para televisión que para la radio. Cada entorno tiene sus peculiaridades y su particular manera de consumir contenidos. Un simple "volcado" de un canal a otro no funciona. Es necesario conocer las claves de cada medio e interpretar la manera más indicada para expresar el mensaje.

Recapitulemos, las tres partes necesarias en una estrategia de contenidos son:

▶ ¿Cuál es mi público objetivo?
▶ ¿Cómo voy a llegar a él?
▶ ¿Qué voy a comunicar?

PARA SABER MÁS
¿Por qué hacer marketing de contenidos?

Muchas son las razones por las que una empresa debe apostar por el content marketing:

- **Los usuarios rechazan, cada vez más, la publicidad intrusiva, y en su lugar demandan información útil** en torno a sus intereses.

- **Reconocimiento de marca.** Ofrecer contenido útil mejorará nuestra reputación y visibilidad.

- **Humaniza a la marca**, la hace más cercana y natural. Muestra preocupación por el cliente y vocación de prestar un servicio útil.

- **Mejora el posicionamiento en buscadores.** El *content marketing* es un potenciador de la visibilidad y el tráfico. Si creamos contenido de valor, Google y los demás buscadores lo tendrán en cuenta.

- **Nos permite diferenciarnos de la competencia**, posicionando nuestra empresa como un referente del sector.

- **Permite la interacción y contacto directo con nuestro público, con lo que podemos conocer mejor sus preferencias**, para así adaptar nuestros productos y servicios según sus gustos y necesidades.

- **Es mucho más económica y rentable que otras acciones de marketing basadas en la publicidad.** No hay que pagar por publicar contenido orgánico en medios sociales. Además, un contenido de calidad puede perdurar en el tiempo, con lo que su vida útil ha de superar con creces a las campañas publicitarias.

Como ya hemos señalado, en las redes sociales el contenido que se comparta tiene que ser conversacional, ha de ser el punto de partida de la conversación y el elemento de cohesión entre los miembros de la comunidad.

Si el contenido es el rey, la conversación es la reina.

Al crear contenidos conversacionales estarás incentivando a los miembros de tu comunidad para que también ellos elaboren y aporten sus propios contenidos. Estarás creando vínculos de afinidad y confianza. Y si quienes conforman tu comunidad están satisfechos, se sienten cómodos y la dinámica de contenidos y de conversación responde a sus expectativas, entonces es posible que quieran adquirir tus productos y servicios y te recomienden a sus amigos, con lo que tendrás "publicidad gratuita" que atraerá nuevos miembros y clientes potenciales.

PARA SABER MÁS
Caso de éxito: Red Bull

Pringles, Coca-Cola, Oreo, Starbucks o Adidas son algunas de las grandes marcas que están consiguiendo el éxito en marketing de contenidos. Pero por encima de todas ellas destacamos a Red Bull, el rey del *branded content*.

Red Bull es un claro ejemplo de estrategia de contenidos exitosa, que le ha llevado a conseguir un nivel de *engagement* con sus fans envidiable y a incrementar de forma espectacular la visibilidad de la marca en la Red y el tráfico hacia su web.

Pero ¿qué ha hecho exactamente Red Bull? Pues apostar decididamente por el marketing de contenidos en diferentes soportes y canales (vídeos *online*, Facebook, Instagram, Pinterest, Twitter, revista digital *The Red Bulletin*…) como parte de su estrategia de marketing.

Red Bull invierte más en contenidos que en publicidad.

Tanto es así que esta empresa austríaca es casi más conocida por sus acciones (como el salto al vacío de Felix Baumgartner, que en el 2012 batió récords de audiencia en YouTube) que por la bebida que comercializa. Así lo explicaba el presidente (CEO) de DaftFCB España, Pablo Muñoz, en una entrevista: "Red Bull es una productora de contenidos que se financia vendiendo bebidas energéticas".

3.1.3 Formatos de contenido para la Web social

De manera amplia y general, en la Web social se pueden difundir contenidos en tres formatos diferentes:

▶ Textual.
▶ Gráfico o fotográfico.
▶ Audiovisual.

3.1.3.1 TEXTUAL

El texto es uno de los formatos más efectivos para influir sobre nuestro público objetivo. Es un tipo de formato que podemos usar en multitud de elementos: blog, redes sociales, *e-mailing*, *e-books*, PDF descargables, etc.

Al margen de los *posts* escritos en Facebook, Twitter y otras redes sociales, el **blog** es el medio por excelencia de difusión de contenidos textuales y una poderosa arma de comunicación para particulares, profesionales y empresas. Una potente herramienta que te permite darte a conocer, conectar con tu audiencia, convertirte en referente de tu sector, mejorar tu posicionamiento SEO y, en definitiva, aumentar tu presencia *online*. El blog no solo no ha sido desplazado por las redes sociales, como predecían algunos agoreros, sino que se complementa a la perfección con ellas. El blog sirve como base de operaciones de tus contenidos, mientras que las redes sociales, como Facebook o Twitter, permiten promocionarlos y redirigir a los usuarios a que lo visiten. (Por su importancia para la creación de contenidos propios y para la comunicación corporativa, le dedicaremos al blog un tema íntegro en la segunda parte del libro).

Otros contenidos textuales importantes son los **e-books**, **whitepapers** y **PDF** gratuitos, que son excelentes formatos para captar *leads* (el usuario que quiera descargárselo ha de rellenar un formulario con sus datos personales) y conseguir una buena base de datos para más tarde trabajar sobre ella en campañas de *e-mail marketing*.

Precisamente, el **e-mail marketing**, y en concreto las *newsletters*, es, por su facilidad de uso y eficiencia, uno de los elementos más empleados por las empresas para realizar marketing de contenidos. Los usuarios que reciben este tipo de comunicaciones (que suelen ser textuales, pero a veces también gráficos y/o audiovisuales) son suscriptores que previamente han mostrado un interés por nuestra marca y que han dado su conformidad a recibir información por correo.

Podemos incluir también, dentro de este apartado dedicado al formato textual, los **enlaces** o hipervínculos. Los enlaces, que se suelen mostrar en texto de color azul (en texto púrpura cuando ya han sido visitados por el usuario), aportan información complementaria, porque son una manera de conectar unos contenidos con otros de forma rápida.

Y ya puestos, aprovechamos para incluir también el **hashtag** o etiqueta, una cadena de caracteres formada por una o varias palabras clave concatenadas y precedidas por una almohadilla (#). Los *hashtags* son muy útiles en el mundo de las redes sociales (especialmente en Twitter e Instagram) y sirven para que los usuarios puedan identificar y utilizar una información concreta. Cada vez más, los *hashtags* son usados por las marcas como eslóganes publicitarios.

3.1.3.2 GRÁFICO O FOTOGRÁFICO

Los humanos somos seres visuales. Almacenamos una enorme cantidad de información solo con los ojos. Se dice que el 90 % de lo que el cerebro recuerda se basa en impactos visuales, y el mundo del *social media*, consciente de ello, se hace cada día más visual. El éxito reciente de redes sociales como Instagram o Pinterest es un buen ejemplo de ello.

Las **imágenes** son los contenidos preferidos por los usuarios. Son mucho más fáciles de digerir que los textos. Por eso las marcas que en las redes sociales saben utilizar bien la técnica del *picture marketing* o "marketing mediante imágenes" consiguen más captación de fans y mayor *engagement* (más interacción entre marca y usuarios).

Las redes sociales mejor adaptadas a las campañas de picture marketing son Instagram, Pinterest, Facebook, Tumblr y Google+

Las imágenes las podemos subdividir en:

- ▶ Fotografías.
- ▶ Ilustraciones.
- ▶ Presentaciones.
- ▶ Infografías.
- ▶ Memes.
- ▶ GIF.
- ▶ …

Las **infografías** constituyen uno de los elementos más importantes hoy en la estrategia de *content marketing*, porque son una forma muy visual, gráfica e impactante de transmitir datos y contenidos. Su poder de *engagement* es incuestionable. Hoy, todas las marcas, sean grandes o pequeñas, son partidarias de usar infografías.

Tampoco desprecies el poder de otros elementos visuales más frívolos pero que se han convertido ya en pura cultura de Internet, como son los **memes** (idea o símbolo que se transmite de forma viral a través de la Red de Redes) y los **GIF** animados (repetición de imágenes en bucle). Ambos elementos funcionan para conectar con audiencias y ganar *viralidad*. Por ejemplo, vemos GIF a diario en los *banners* publicitarios. Y el *meme marketing* empieza a ser ya una práctica bastante habitual entre muchas marcas a la hora de promocionar sus productos.

Finalmente, es buena idea combinar imágenes con tus contenidos textuales (aprovechar tus *posts*, *e-books*, *whitepapers…*) y crear así presentaciones para subirlas a **SlideShare**[73], la comunidad *online* de alojamiento de diapositivas adquirida por LinkedIn en 2012. Las presentaciones tienen la capacidad de dar la información de manera visual, y si están colgadas en SlideShare favorecen el posicionamiento SEO de tu contenido y atraen tráfico cualificado.

3.1.3.3 AUDIOVISUAL

Hace no mucho el **contenido audiovisual** estaba reservado prácticamente en exclusiva a los profesionales. Pero el abaratamiento y la rápida evolución de los equipos de grabación audiovisual, unido a la llegada de la Red, las plataformas de alojamiento *online* de vídeo y los dispositivos móviles, ha permitido que registrar lo que tenemos a nuestro alrededor y distribuirlo por Internet sea cada vez más simple y esté al alcance de todo el mundo.

Dentro de este salto a lo audiovisual, el **vídeo** es el contenido que más espacio está encontrando en la Red para desarrollarse, y su consumo no para de crecer. Se habla de más de 300 horas de vídeo subidas cada minuto solo a cargo de una plataforma: YouTube. Y en Facebook ya se están reproduciendo más de 6.000 millones de vídeos diarios, al igual que en Snapchat.

El **vídeo** *online* es uno de los elementos de moda, es ya el contenido más consumido en las redes sociales, y, según los expertos, el formato del futuro, sobre todo gracias al imparable crecimiento del consumo móvil.

Si el contenido es el rey, el vídeo es su corona. Es el formato de contenido que más llama la atención, crea mayor *engagement*, es más fácil de *viralizar* y, lo más importante para las empresas, el que más ayuda a conseguir clientes.

El videomarketing es una oportunidad genial para una marca de darse a conocer (es su mejor carta de presentación), aumentar su credibilidad y conseguir clientes.

Una de las grandes virtudes del vídeo *online* es su faceta viral. Todas las marcas quieren crear ese **vídeo viral** que se propague de manera exponencial por las redes sociales y las televisiones de todo el mundo. El problema es que no podemos concebir un vídeo para que sea viral. La *viralidad* no se puede dar "de fábrica" ni planificar, sino que se consigue cuando los usuarios lo adoptan de forma espontánea

---

73 *http://es.slideshare.net/*

y lo distribuyen de manera rápida por la Red. Sí podemos, en cambio, seguir algunos consejos sobre cómo ha de ser un vídeo para ser más propenso a ser viralizado (suele ser un prerrequisito, por ejemplo, que el vídeo en cuestión sea divertido o impactante). Pero al final la clave del éxito de un vídeo viral es simplemente tener mucha suerte, porque lo cierto es que no existe una fórmula mágica para confeccionar un vídeo viral: si la hubiera, viviríamos constantemente acribillados por ellos.

PARA SABER MÁS
La clave del éxito de un vídeo viral es tener mucha suerte

En el año 2011 los caramelos Sugus volvieron a estar en boca de todos gracias a un **ingenioso vídeo viral**[74] realizado por un usuario que nada tenía que ver con la marca Sugus. El vídeo es un montaje parodia de una rueda prensa de Mourinho, el entonces entrenador del Real Madrid.

Nos podemos imaginar a los directivos de Sugus frotándose las manos. Un desconocido usuario les hizo, de forma involuntaria, la posiblemente mejor campaña publicitaria de su historia. ¡Y GRATIS!

Una cosa sí es cierta: los mejores vídeos virales suelen ser domésticos. Y es que el vídeo amateur o casero arrasa en Internet. En la Red, una gran calidad de producción puede ser incluso contraproducente. Si tu vídeo en Internet aparece demasiado trabajado o adornado, corres el riesgo de espantar a los usuarios, ya que el resultado no va a parecer auténtico, y sí, en cambio, se parecerá más a un anuncio promocional o de venta. Así que no te preocupes demasiado por la producción del vídeo. Ojo, no estamos diciendo que descuides tus vídeos. Solo decimos que lo que realmente importa aquí es el contenido, no tanto la producción.

Céntrate en el contenido de tu vídeo más que en su producción.

La realidad es que no necesitas realizar producciones excepcionales ni elaborar vídeos virales, tan solo necesitas vídeos que tu público objetivo encuentre interesantes. El contenido del vídeo debe ser útil para tu audiencia. Puedes, por ejemplo, crear vídeos tutoriales que muestren a tus clientes cómo funcionan tus productos. También puedes mostrar vídeos con testimonios de clientes o con el ambiente de trabajo en el interior de tu empresa. Con la imaginación las posibilidades son infinitas.

---

74   *https://youtu.be/4ZWTQMgTJVw*

PARA SABER MÁS
¿Cuánto deben durar mis vídeos?

No hay consenso sobre cuánto tiempo debe durar un vídeo *online*. La mayoría te dirá que hagas vídeos muy cortos y que nunca publiques uno de más de cinco minutos. No les falta razón, máxime si tenemos en cuenta que hoy la mayor parte del vídeo *online* se consume en dispositivos móviles. Tampoco es casualidad que las redes sociales limiten el tiempo de un vídeo: Vine solo permite hasta seis segundos, Instagram 15 segundos, Twitter 30, y Facebook recomienda que los vídeos no superen los tres minutos.

Sin embargo, el vídeo más viral del año 2012 fue una pieza de 30 minutos sobre Joseph Kony, el líder fanático de Uganda.

Entonces, ¿quién tiene razón sobre la duración óptima del vídeo *online*? Nadie la tiene realmente. Lo suyo, su punto, es decir lo justo en el tiempo adecuado. No te molestes en hacer introducciones redundantes ni te recrees con el bla bla bla. Ve directo al grano. Si eso te va a llevar cinco minutos, entonces es que esos cinco minutos enteros han de ser útiles y relevantes; por lo tanto, que tu vídeo sea de cinco minutos.

Lo bueno es que siempre puedes analizar tus vídeos online para saber si fallan en su duración (y en otras cosas).

La última sensación en videomarketing es el **vídeo social streaming**. Aplicaciones que permiten transmitir vídeo en directo, como **Periscope**[75] o **Meerkat**[76] (para usar dentro de Twitter) y **Live**[77] (para Facebook). Pensadas para que marcas y profesionales pueden interactuar con su público en tiempo real, compartiendo experiencias en el mismo momento que suceden. Por ejemplo, una marca puede hacer demostraciones de sus productos o servicios en tiempo real, retransmitir eventos exclusivos para sus seguidores, realizar sesiones en directo de preguntas y respuestas, etc.

Por último, no podemos olvidarnos de los **webinars** o seminarios interactivos transmitidos *online* sobre un tema específico, otro elemento muy práctico para promover contenidos, enganchar a tu audiencia y captar *leads*.

---

75 *https://www.periscope.tv/*

76 *http://meerkatapp.co/*

77 *https://www.facebook.com/about/mentions/*

3.1.4 Herramientas de marketing de contenidos

En el mercado existen multitud de herramientas *inbound* muy útiles y con múltiples posibilidades para sacar el máximo partido a tu marketing de contenidos. Es importante conocer las más importantes y escoger aquellas que mejor se adapten a tus necesidades. Veamos algunas de las más utilizadas actualmente.

- **Portent's Content Idea Generator**[78]. Herramienta gratuita útil para generar títulos virales para contenidos, para crear títulos para tus *posts* (en inglés).

- **Hubspot Blog Topic Generator**[79]. Parecida a la anterior, es ideal para fomentar la inspiración y saber sobre qué crear tus contenidos. Escribes palabras clave acerca del tema sobre el que te gustaría escribir, la herramienta te muestra al momento diferentes titulares que pueden ayudarte a enfocar tus contenidos. Gratuita.

- **Feedly**[80]. Excelente agregador de contenido que te permite leer todos los blogs y webs que te interesan. Gratuito.

- **Bundlr**[81]. Herramienta para la curación de contenidos. En un único panel de control puedes investigar, recopilar, organizar y filtrar cualquier contenido que encuentres en la Red y compartirlo en tus redes sociales favoritas. Muy visual. Versiones *free* y de pago.

- **Quicksprout**[82]. Herramienta gratuita para analizar de forma interna tu blog y los de la competencia. Te da información sobre el impacto de tus *posts* y de los de la competencia en las redes sociales.

- **BuzzSumo**[83]. Gracias a esta herramienta gratuita de escucha activa puedes saber qué contenidos son más virales y compartidos en la Web social en relación con un tema determinado. Muy práctica para analizar tu competencia y buscar *influencers*.

---

78 *http://www.portent.com/tools/title-maker*

79 *http://www.hubspot.com/blog-topic-generator*

80 *http://feedly.com/%22%20%5Co%20%22Feel.ly*

81 *http://bundlr.com/*

82 *http://www.quicksprout.com/*

83 *http://buzzsumo.com/*

- **Hashtagify**[84]. Sirve para analizar *hashtags* y buscar nuevos relacionados. Te permite analizar el impacto de tu campaña en Twitter. Versiones gratuita y de pago.
- **MailChimp**[85]. Herramienta para hacer tus campañas de *e-mail* marketing. Gratuita, sencilla y muy intuitiva.
- **Canva**[86]. Es un editor *online* de fotografías que permite crear diseños y presentaciones atractivas para, por ejemplo, la portada de tu página de Facebook o tu cuenta de Twitter, gráficos para tu blog corporativo, folletos, tarjetas de visita, etc. Muy sencilla y fácil de utilizar. Es gratuita, pero si quieres optar a algunos elementos extra tienes que pagar algo.
- **Infogr.am**[87]. Herramienta gratuita que te permite crear tus propias infografías de forma sencilla, sin necesidad de tener conocimientos técnicos en diseño gráfico. Te ofrece 30 tipos de gráficos diferentes. Puedes editar fácilmente los datos que desees insertar en el gráfico; te permite descargar tus diseños tanto en formato PNG como en PDF.
- **Notegraphy**[88]. Herramienta para transformar tus textos en imágenes artísticas. Introduce una frase concreta, elige un estilo y publícala en tus redes sociales. Gratuita.
- **Memegenerator**[89]. Página web que te permite crear tu propio meme de forma muy sencilla y ver cuáles son tendencia. Gratuita.
- **Vine**[90]. Plataforma gratuita de enorme éxito que sirve para ver, crear y compartir minivídeos de solo seis segundos. Muy práctica para ser compartida y consumida en Twitter, y muy sencilla de utilizar.
- **PowToon**[91]. Herramienta muy útil para crear vídeos *online* sencillos. Permite crear demos, presentaciones, tutoriales y vídeos animados para incrustrar en tus sitios web o compartirlos en las redes sociales. Gratuita y de pago.

---

84 *http://hashtagify.me/*

85 *http://mailchimp.com/*

86 *https://www.canva.com/*

87 *https://infogr.am/*

88 *https://notegraphy.com/*

89 *http://www.memegenerator.es/*

90 *https://vine.co/*

91 *http://www.powtoon.com/*

IDEAS CLAVE

▶ El *inbound marketing* consiste en hacer que sea el usuario y cliente potencial el que te encuentre a ti en Internet y conozca tus productos y servicios.

▶ Los tres componentes principales del *inbound marketing*: contenidos + posicionamiento + *social media*.

▶ El contenido es la estrella y sobre él giran todas las acciones que se plantean en la estrategia *inbound*.

▶ Marketing de contenidos (o *content marketing* en inglés) es el arte de crear y difundir contenido relevante y valioso para atraer a tu público, con el objetivo de impulsarles a ser futuros clientes.

▶ El marketing de contenidos no es promocional.

▶ En las redes sociales funciona muy bien el *storytelling*, es decir, contar historias que lleguen a tocar el corazón de tu público.

▶ Cada red social tiene sus peculiaridades y su particular manera de consumir contenidos. Lo que en un medio funciona no es necesariamente lo que funciona en otro.

▶ Si el contenido es el rey, la conversación es la reina.

▶ En la Web social podemos difundir contenidos en tres formatos diferentes: textual, gráfico y audiovisual.

▶ El blog es el medio por excelencia de difusión de contenidos textuales.

▶ Con las imágenes, las marcas consiguen mayor *engagement* y más captación de seguidores.

▶ El vídeo *online* es el contenido de moda, el más consumido en las redes sociales y el formato del futuro, gracias, sobre todo, al imparable crecimiento del consumo móvil.

▶ El videomarketing es una oportunidad genial para una marca de darse a conocer, aumentar su credibilidad y conseguir clientes.

▶ No existe una fórmula mágica para confeccionar un vídeo viral.

▶ Céntrate en el contenido de tu vídeo (que sea útil para tu audiencia) más que en su producción.

▶ En el mercado existen multitud de herramientas *inbound* muy útiles y con múltiples posibilidades para sacar el máximo partido a tu marketing de contenidos.

3.2 MARKETING EN BUSCADORES. POSICIONAMIENTO

3.2.1 Posicionamiento SEO: concepto y buscadores

El objetivo número uno de nuestra estrategia de marketing *online* es darnos a conocer en el sector de la actividad a la que nos dedicamos y atraer a nuestro público objetivo.

Y para que pueda conocernos el público que nos interesa es esencial tener visibilidad en Internet. En otras palabras, necesitamos que los diferentes *sites* de nuestra marca –página web, tienda *online*, redes sociales, blog…– estén bien posicionados en Google y otros buscadores como Yahoo y Bing, porque los buscadores son la puerta de entrada a Internet, los principales medios que utilizan los usuarios/clientes para llegar a los sitios donde se informan y realizan sus consultas.

La idea es construir nuestros sitios para ser encontrados fácilmente en los buscadores, lo que se conoce como **posicionamiento SEO**. Las técnicas SEO nos ayudarán a estar mejor situados en los motores de búsqueda y, en consecuencia, a aumentar nuestra visibilidad.

El término SEO procede del inglés *search engine optimization*, esto es, optimización para motores de búsqueda, o, lo que es lo mismo, optimizar nuestros sitios web para tratar de aparecer lo más arriba posible en los buscadores de Internet cuando un usuario haga una determinada búsqueda relacionada con nuestra actividad. Pongamos que vendes zapatillas deportivas, por ejemplo. Pues bien, te interesa que cuando alguien busque "comprar zapatillas" en Google salgas bien visible en los primeros puestos de la página de resultados del buscador.

Para conseguir esa ansiada primera página de resultados en los buscadores, podemos recurrir a tres estrategias diferentes de posicionamiento:

▼ **Posicionamiento orgánico SEO**. Se trata del posicionamiento web natural que se consigue por varias acciones, entre las que destacan el trabajo realizado en el contenido publicado, los términos de búsqueda más interesante para nosotros (las palabras clave), la optimización interna en nuestros *websites*, la obtención de enlaces externos y las conversaciones generadas.

▶ **Posicionamiento de pago SEM**. Consiste en realizar publicidad para estar más visibles en los resultados de buscadores. Esto lo hacemos colocando anuncios patrocinados para las palabras clave de nuestro interés. SEM viene de *search engine marketing*.

▶ **Posicionamiento SEO local**. Posicionar los negocios cercanos al usuario que disponen de una dirección física o área de servicio.

Para entender mejor el posicionamiento SEO, que es el que ahora mismo nos ocupa, nos viene bien entender cuáles son los objetivos de los buscadores y cómo funcionan, ya que será el contexto en el que trabajaremos este posicionamiento.

Pues bien, el principal **objetivo de los buscadores** es ofrecer a sus usuarios contenido relevante que responda a su búsqueda. Gracias a los buscadores, cualquier usuario puede encontrar en Internet aquello que le interesa de una forma muy rápida e intuitiva. El usuario introduce el dato que desea encontrar y un eficiente algoritmo del buscador le devuelve al instante una lista de resultados de la búsqueda realizada.

Un usuario da plena credibilidad a la calidad de los resultados de búsqueda del algoritmo (el de Google es admirable), que obedece principalmente a tres criterios:

▶ **Autoridad y relevancia**. Puede entenderse como la valoración que recibe tu sitio web por parte de los usuarios. Cuanta más gente acceda, cuanto más y mejor lo enlacen, cuantos más "votos" tenga, mejor lo posicionará Google, pues lo considerará más relevante para el tema del que trata o para la búsqueda del usuario.

▶ **Accesibilidad**. Que le sea fácil al buscador acceder y moverse por las URL de tu sitio web, que pueda entender sobre qué trata cada página, para así poder mostrarla en los resultados.

▶ **Indexabilidad**. Para que un sitio web de Internet pueda aparecer como resultado en un motor de búsqueda, este debe haber sido *indexado* previamente. De ahí que lo primero que debemos hacer en nuestra estrategia SEO sea asegurarnos de que nuestra web es *indexable*, es decir, que reúne las características necesarias (etiquetas, palabras clave, enlaces…) para que los buscadores puedan leer su contenido.

PARA SABER MÁS

Informa a los buscadores de tu sitio web para acelerar su indexación

El proceso de indexación que realizan los buscadores suele llevar un tiempo. Si quieres acelerar el proceso puedes dar de alta tu página web en los buscadores manualmente:

- Para Google[92]
- Para Bing y Yahoo[93]

También es conveniente crear y enviar un archivo *sitemap.xml* de tu sitio a Google y a otros motores de búsqueda, para que puedan rastrear e indexar más fácilmente las páginas y contenidos de tu *website*. Un sitemap es un mapa de las páginas que contiene tu sitio web, esto es, un mapa sobre cómo está organizado el contenido de tu sitio. En la siguiente página de ayuda de Google tienes explicado **cómo crear y enviar un sitemap**[94].

3.2.2 Posicionamiento SEO: factores de ranking

Conseguir un buen posicionamiento orgánico (no pagado) en buscadores lleva su tiempo. Pero si conocemos bien los factores de *ranking* de posicionamiento y somos constantes en nuestro trabajo, los usuarios nos visitarán más y los buscadores nos indexarán más y, por lo tanto, saldremos más en las búsquedas.

> *Hacer SEO es un trabajo constante y a largo plazo. No busques el éxito rápido y, si lo tienes, no te duermas en los laureles.*

En la consecución de un buen posicionamiento en los buscadores influyen muchos factores, tanto **on-page** (acciones que realizamos en nuestra propia web para mejorar su optimización) como **off-page** (acciones que realizamos fuera de la web para aumentar su presencia en la Red). Los siguientes son los más importantes:

▸ La calidad del **contenido** del sitio (texto, imágenes, perfil…).

▸ Saber qué **palabras clave** nos conviene utilizar para captar tráfico cualificado.

---

92   *https://www.google.com/webmasters/tools/submit-url?pli=1*

93   *http://www.bing.com/toolbox/submit-site-url*

94   *https://support.google.com/webmasters/answer/183668?hl=es*

▼ **Factores técnicos de la web** (el dominio, las etiquetas, las URL…).

▼ La **experiencia de usuario** (el diseño, la usabilidad, las *señales de usuario*…).

▼ El número y calidad de los **enlaces entrantes**.

▼ Las **señales sociales** (interacción, recomendaciones, Me gustas, retuits, +1s…).

3.2.2.1 CONTENIDO

El principal factor que incide en el posicionamiento en buscadores es el contenido de tu sitio.

Ofrecer contenidos que aporten valor y proporcionen información útil para los usuarios es la llave para ser visitados y posicionar nuestra marca en Internet.

A continuación, algunos *tips* para optimizar tu contenido en buscadores:

▼ Recuerda siempre que el lector es lo primero y que luego están los buscadores. Escribe para personas, no para un algoritmo de Google. Para mejorar el posicionamiento orgánico de tus sitios web, nada mejor que el SEO natural.

▼ Dirígete a tu público. Enfoca el contenido en el nicho del negocio y en la temática que interesa.

▼ El contenido ha de ser original, fácil de digerir y legible. Escribe de una manera natural (como si no existiera el SEO), porque lo que prima es la fácil lectura, no fatigar a los usuarios, sino entretenerlos.

▼ Sé constante en la publicación de contenidos. Si actualizas con frecuencia, Google te visitará más, te indexará más y, por lo tanto, saldrás más en las búsquedas. Así pues, hay que hacer actualizaciones periódicas, lo que implica dedicación continua.

▼ Redacta titulares rompedores y empáticos (por ejemplo, "Cómo triunfar en los negocios" en lugar de "El éxito en los negocios").

▼ Promueve la participación y el intercambio. Haz preguntas a la comunidad, y que tu contenido sea fácilmente editable y *embebible* para permitir su *viralidad*.

3.2.2.2 PALABRAS CLAVE

Por palabras clave o *keywords* nos referimos al conjunto de palabras que los usuarios introducen en un buscador para encontrar respuestas a sus dudas y necesidades.

Las palabras clave han de ser términos relacionados con nuestro nicho de mercado que faciliten a los buscadores identificar la temática de nuestros contenidos para luego ofrecérselos al público objetivo que está buscándonos.

> *Las palabras clave han de ser aquellas que mejor definan la esencia de nuestros sitios, servicios o productos.*

Estas palabras clave deben estar presentes no solo en los contenidos sino también en el dominio, las URL, el menú, los títulos, las metaetiquetas... Hay que colocar las *keywords* en lugares estratégicos de nuestra web, de tal manera que los motores de búsqueda puedan encontrarlas fácilmente.

La elección de estas palabras clave es fundamental. Debes elegir las palabras o frases adecuadas que más interesen a tu público objetivo, las susceptibles de reportar tráfico cualificado. Ponte en el lugar del usuario, en las palabras determinadas que puede llegar a teclear a la hora de hacer su búsqueda.

> *La correcta elección de las palabras clave con las que interactuar con tu público es fundamental para lograr un buen posicionamiento web.*

Las palabras clave de un solo término son las que suelen aportar más tráfico, pero también son las que más competencia van a encontrar y las que peor convierten. Por eso, te conviene utilizar palabras de **long tail** (expresiones con combinaciones de varias palabras), que aunque pueden tener menos tráfico, estas han de ser de mayor calidad por el hecho de ser más concretas.

> *Es bueno que tus palabras clave estén compuestas por varias palabras, pues de este modo puedes afinar más tu mercado y los visitantes que quieres que entren en tu página web.*

La tendencia es hacia una disminución de la importancia de las palabras clave como factor SEO. El abuso en la densidad de palabras clave no sirve. En su lugar, la semántica va ganando peso, esto es: textos con palabras relacionadas, *keyword sets* con combinaciones de palabras, sinónimos, etc.

3.2.2.3 FACTORES TÉCNICOS DE LA WEB

Nos estamos refiriendo ahora a todos esos factores técnicos *on-page* de estructura del sitio web que ayudan a mejorar su indexación y acceso a buscadores, como por ejemplo el dominio, URL amigables, etiquetas y metadescripciones, etc.

De entrada, elegir un buen **dominio web** es muy importante para estar bien posicionados en los buscadores. El dominio es el nombre por el que se nos conocerá en Internet, así que debemos preocuparnos por que sea único, simple y corto, fácil de recordar, y que refleje nuestra actividad principal (que contenga *keywords* descriptivas). En cuanto a la extensión del dominio, la mejor opción es *.com* o las de cada país (*.es*, si la empresa es española), y después otras extensiones más comunes como *.org*, *.net*.

Nuestro nombre de dominio ha de decir muchas cosas acerca de nosotros mismos, debería reflejar lo que nuestra empresa es, hace y vende.

A continuación, debemos preocuparnos de que nuestras páginas tengan **URL amigables** para que sean fácilmente localizadas e identificadas. Estas URL deben ser descriptivas y contener las *keywords* que queramos posicionar. Cuanto más larga sea la URL, peor es para posicionarse.

Otro factor importante del SEO *on-page* es añadir a nuestro sitio **etiquetas meta** o *meta tags*, que es la información de ayuda dirigida a los buscadores y navegadores web para que entiendan fácilmente el contenido de nuestro sitio web. Estas etiquetas HTML se integran en el código, en el interior del *<head>* de cada una de tus páginas. Hay que destacar aquí la *meta description tag* destinada a describir el sitio, y las etiquetas de encabezado o *headings* para los titulares de las diferentes páginas de nuestro sitio web.

PARA SABER MÁS
Fragmentos de información (snippets)

El título de la página y la descripción, junto con la dirección URL, influyen en la cantidad de visitas que recibamos desde los buscadores, pues son los fragmentos de información (snippets) que se muestran directamente en la página de resultados; es decir, son el "escaparate" de nuestro sitio web que verá el usuario, así que han de ser atractivos y descriptivos para que pinche antes en nuestro resultado que en otro de la misma página.

> **Tortilla de patatas - Wikipedia, la enciclopedia libre**
> https://es.wikipedia.org/wiki/Tortilla_de_patatas ▾
> La **tortilla de patata, tortilla de patatas** o tortilla española —también llamada tortilla de papas en Hispanoamérica y Canarias— es una tortilla (es decir, huevo ...
>
> **Tortilla de patatas - Receta de cocina española - YouTube**
> https://www.youtube.com/watch?v=pvIkYYdIBV0
> ▶ 3:18 6 sept. 2011 - Subido por Recetas de Cocina
> En este vídeo vamos a aprender cómo hacer una auténtica **tortilla de patatas** con cebolla, una receta de la ...
>
> **Trucos para Preparar una Deliciosa Tortilla de Patata , Pag. 1**
> www.palacios.es/.../trucos-para-preparar-una-deliciosa-**tortilla-de-patata** ▾
> Preparar una **tortilla de patata** es un reto al que todo aquel que le guste cocinar se debe enfrentar, pero debe saber que hacer una **tortilla de patata** es sencillo ...

Fragmentos de información

Puedes enriquecer esta presentación de tu sitio en los resultados de búsquedas con los fragmentos enriquecidos (rich snippets). De este modo, se puede mostrar en el resultado de búsqueda, además del título, la URL y la descripción de tu sitio, una pequeña foto o vídeo de tu negocio o la valoración (estrellas) otorgada por los usuarios. Para colocar el fragmento enriquecido primero debes ir a Webmaster Tools[95] para dar de alta esta funcionalidad y luego sigue los pasos del asistente de marcado de datos estructurado[96]. Sé paciente, puede tardar semanas o incluso meses en aparecer en los resultados de los buscadores.

> *El título, la URL, la descripción y el fragmento enriquecido son muy importantes en SEO, porque es lo único que ve el usuario de nuestro sitio web en la página de resultados para juzgar si es lo suficientemente interesante como para clicar sobre él.*

---

95 *https://www.google.com/webmasters/tools/home?hl=es*
96 *https://www.google.com/webmasters/markup-helper/?hl=es*

Por último, recordemos optimizar para buscadores las diferentes **imágenes** que tengamos en nuestros sitios. La imagen se posicionará mejor si el nombre del archivo y de la etiqueta ALT (que encontraremos en el código de la imagen) reflejan el tema del que se trata. Con el nombre de archivo y el atributo ATL, los buscadores podrán entender mejor la imagen para así mostrarla en los resultados de imágenes.

3.2.2.4 EXPERIENCIA DE USUARIO

Tenemos claro que debemos diseñar nuestros *sites* siguiendo los criterios de búsqueda de Google, y en menor medida los de Yahoo y Bing. Pero por encima de todo debemos diseñar para el usuario. Piensa en el usuario, en el primer impacto que tendrá cuando te visite. Y piensa en la funcionalidad.

Para empezar, ten muy presente la **velocidad de carga web**, un aspecto muy valorado por los usuarios (la lentitud en la navegación web es el principal motivo de abandono). Es requisito imprescindible que la página se cargue rápidamente. El tiempo de carga óptimo es inferior a tres segundos.

Una vez accedan a la web, las páginas de aterrizaje o *landing pages* deben ser intuitivas, con botones, menús y funciones que ayuden a la estructura del contenido del sitio y faciliten la navegación del usuario de una forma lógica.

Por descontado, debemos tener un **diseño responsive** que mejore la experiencia en dispositivos móviles. Es muy alta la valoración que dan Google y los usuarios a un diseño adaptado a cada dispositivo.

Por otro lado, un buen **interlinkado** (enlaces internos que referencian a otras páginas web) facilita la conectividad. Aquí lo que prima no es el número de enlaces internos que pongas sino la estructura interna de los mismos y la información que muestran (como el *anchor text*, que es el texto visible de un enlace), para que los motores de búsqueda y los invitados sean guiados, lo cual da lugar a una mejor experiencia de usuario.

Porque de esto se trata precisamente, de la **experiencia de usuario**, de si encontró la información que buscaba y si esta cumplía sus expectativas. A Google le importan mucho las *señales de usuario* (proporción de clics en relación al número de impresiones, páginas vistas, tasa de rebote, tiempo consumido en el *website…*) que miden y valoran si un contenido web es relevante para el usuario.

3.2.2.5 ENLACES ENTRANTES

Gracias a los enlaces podemos navegar por Internet y movernos de un sitio web a otro. No es de extrañar que Google, y la Red en general, mire con buenos ojos la *enlazabilidad*. Los buscadores valoran el número y la calidad de los enlaces que dirigen hacia una página web.

Los enlaces entrantes que apuntan a nuestra web son un indicador de nuestra reputación en Internet, pues dicen si estamos ofreciendo contenido que aporte el suficiente valor como para ser enlazado y compartido por otros usuarios. Si gustas es muy posible que te enlacen (que te recomienden).

Nuestra reputación, nuestro posicionamiento, será mayor cuantos más enlaces tengamos apuntando a nuestro sitio web.

Por lo tanto, importa el número de páginas web que nos enlacen. Pero sobre todo importa la calidad de estos enlaces entrantes. Cuanta más autoridad tenga el sitio desde donde parte el enlace, mayor valor (mayor *page rank*) se otorga a ese enlace. Los buscadores valoran, además, la coherencia temática, esto es, que los enlaces vengan de sitios de temática parecida.

3.2.2.6 SEÑALES SOCIALES

Hasta hace no mucho los buscadores no tenían en cuenta a las redes sociales de manera directa; sin embargo, ahora se reconoce su influencia por el enorme tráfico que generan en la Red y por la calidad que pueden aportar. De hecho, Facebook ya ha adelantado a Google como fuente de tráfico de referencia.

Las redes sociales son proveedoras de contenidos.

Por esta razón, aunque no se reconoce oficialmente, sí se observa que los buscadores tienen en cuenta los contenidos y las interacciones en las redes sociales, y su peso va a más. Entienden que las opiniones y recomendaciones de los usuarios aportan valor y actualidad a la Red.

Los buscadores están dando cada vez más importancia a la información que reciben desde las redes sociales.

Buen ejemplo es que Google incluye los tuits en los resultados de búsqueda. Cuando buscamos en Google, podemos encontrarnos tuits relevantes relacionados con el término o el tema sobre el que estamos buscando información. Google incluye también los *hashtags* a sus resultados de búsqueda. Así que podemos escribir un *hashtag* determinado como término de búsqueda y obtener resultados relevantes sobre el tema.

El caso es que al final, entre una cosa y otra, el contenido que es valorado, mencionado, compartido y comentado en las redes sociales se posiciona mucho mejor. En otras palabras, ser socialmente reconocidos ayuda a mejorar nuestro posicionamiento orgánico en los buscadores.

En definitiva, las redes sociales son cada vez más influyentes en lo que al posicionamiento web se refiere.

3.2.3 Posicionamiento de pago SEM

Para posicionar nuestra web en los primeros lugares de buscadores no solo existe el SEO, también tenemos el **SEM**, del inglés *search engine marketing*. A diferencia del SEO, que se refiere al posicionamiento orgánico o natural, el SEM consiste en aparecer en los primeros lugares de los buscadores pagando con anuncios publicitarios o enlaces patrocinados.

El SEM define los anuncios pagados en buscadores como Google. Es el sistema de anuncios pagados en Internet más usado.

La plataforma por excelencia de posicionamiento SEM en buscadores es AdWords[97], sistema de publicidad online de Google que permite a las empresas mostrar sus anuncios en el buscador cuando un usuario formula una consulta relacionada con sus productos o servicios. Así, cuando uno busca en Google no solo aparecen los resultados orgánicos por posicionamiento derivado del SEO, sino que simultáneamente aparecen en pantalla, en la zona superior o lateral derecha, otros resultados que corresponden a publicidad o a lo que Google llama **enlaces patrocinados**. Estos resultados van acompañados de un pequeño indicador en color amarillo que dice "Anuncio" para diferenciarlos sutilmente de los resultados orgánicos.

---

97 *https://www.google.es/adwords/*

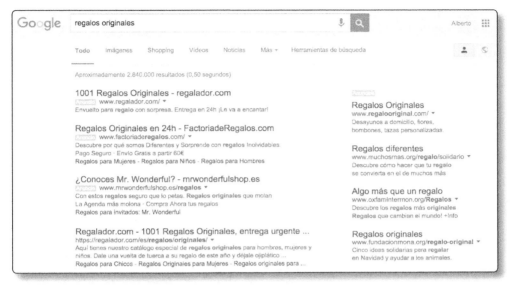

Enlaces patrocinados de Google AdWords

El SEM es muy útil, puesto que la publicidad que se muestra es siempre pertinente, es decir, siempre tiene que ver con el concepto buscado por los usuarios, por lo que llegas a las personas adecuadas. Por ejemplo, si el usuario busca en Google "regalos originales", en la página de resultados, arriba y a la derecha, aparecerán anuncios referentes a "regalos originales" y afines.

Una ventaja importante es que solo pagas cuando tu publicidad funciona (**sistema de pago por clic**). Por ejemplo, con AdWords solo se te cobrará cuando alguien haga clic en tu anuncio para visitar tu página web, es decir, pagas únicamente por los resultados; si no hay visitas, no hay coste (registrarse en Google AdWords es gratis). Tú, como anunciante, decides cuánto estás dispuesto a pagar por cada clic, en qué zona geográfica quieres mostrar tu publicidad, y qué palabras clave han de activar tus anuncios en el buscador de Google cuando un usuario realice una búsqueda.

*Date de alta en Google AdWords, crea tu anuncio, elige la ciudad
o país donde quieres que se muestre y escoge las palabras clave o
frases que lo activen.*

Tanto el SEO como el SEM son opciones válidas y perfectamente complementarias, pero si tu SEO es tan bueno que siempre apareces en los primeros resultados de las búsquedas, entonces no debería ser necesario pagar por aparecer en enlaces patrocinados. Pero como quiera que esto no suele ser lo habitual, y que al SEO orgánico le lleva tiempo conseguir resultados, lo mejor es empezar combinando SEO con SEM.

Resultados orgánicos que lleva su tiempo conseguir: SEO.

Resultados de pago para llegar al primer tráfico por el camino más corto: SEM.

El gasto en publicidad SEM va a ser más alto si te mueves en un mercado con competencia alta (el que paga más aparece mejor posicionado), así que vas a necesitar presupuesto para conseguir resultados visibles. Habrá que calcular la oferta máxima de CPC (coste por clic), que es la puja máxima que estamos dispuestos a pagar por cada clic del usuario. Requiere de un cierto entrenamiento, así que es buena idea ir poco a poco en tu campaña SEM, aprendiendo sobre la marcha e invirtiendo con cabeza. Puedes empezar con un pequeño presupuesto e ir ajustándolo según te convenga.

Para optimizar tu campaña en AdWords te recomendamos consultar su **centro de ayuda**[98].

PARA SABER MÁS
Nivel de calidad de tu anuncio en AdWords

El **nivel de calidad** del anuncio es un aspecto importante para la posición en la que se muestre. Cuanta más calidad tenga el anuncio (cuanto más idóneo y relevante sea para los usuarios), más te diferenciarás de la competencia y menos puja necesitarás para optar a las primeras posiciones.

Habrá que trabajar bien las palabras clave por las que deseas que aparezca tu anuncio. Utiliza las opciones de concordancia de palabra clave para limitar los términos por los que tu anuncio será publicado (cuanto más se parezcan tus *keywords* a la búsqueda de los usuarios, más relevante será tu anuncio y más cualificadas las visitas). Usa el **planificador de palabras clave**[99], que es la herramienta oficial de AdWords para localizar las palabras clave e ideas

---

98   *https://support.google.com/adwords/*

99   *https://adwords.google.com/KeywordPlanner*

para tu anuncio, y luego puedes cruzarlas en **Google Trends**[100] para determinar cuáles de estas tienen un mayor volumen de tráfico.

En cuanto al formato del anuncio, en la mayoría de los casos se compondrá de texto organizado en un título (25 caracteres máximo), dos líneas (35 caracteres máximo cada una), una URL visible (35 caracteres como máximo) y una URL de destino no visible por el usuario adonde dirigiremos los clics que obtengamos con el anuncio. Tu anuncio debe llamar a la acción (*call to action*).

3.2.4 SEO local. Geoposicionamiento

Haber hecho los deberes para conseguir un buen posicionamiento SEO y SEM no lleva aparejado un buen posicionamiento a nivel local. Debemos tener en cuenta que son muchos, muchísimos, los negocios que tienen presencia física (empresas, comercios, almacenes, profesionales…), y que desarrollan sus actividades en un local o en una zona geográfica determinada. A todos estos negocios les interesa optimizar su presencia en los resultados de búsqueda local para estar visibles ante los consumidores más cercanos a ellos. Es lo que se conoce como **posicionamiento SEO local**.

El hecho es que Internet se vuelve local. ¿Sabías que casi el 50 % de las búsquedas de hoy son locales cuando se realizan desde un ordenador de escritorio, y que llega al 80 % si provienen de dispositivos móviles? El consumidor valora cada vez más la información y las ofertas que tienen lugar cerca de él. Por esta razón, los buscadores priorizan los contenidos cercanos y personalizados. Google quiere que los usuarios encuentren lo más adecuado para ellos, y esto implica mostrarles la información más relevante en función de su posición o ubicación actual.

Google da preferencia a las búsquedas locales frente a las globales.

Así, si en Google buscamos "pediatra" nos aparecerán los pediatras más cercanos a nuestra posición. Quiere esto decir que un profesional independiente o un pequeño comercio que sepa trabajar bien el SEO local puede posicionarse en los resultados de búsqueda de Google por delante de grandes marcas. Así que si tienes un negocio local, no lo dudes, te interesa tener optimizado el SEO de proximidad de tu negocio al 100 %.

El SEO local importa mucho, y va a más.

---

100 *https://www.google.es/trends/*

Tu negocio local tiene un excelente posicionamiento SEO local cuando consigue aparecer en las primeras posiciones de la página de resultados de búsquedas en Google por partida doble: como resultado orgánico y en el "mapa de chinchetas" que se muestra en la parte superior. Lo mejor es aparecer en posición privilegiada con el nombre, dirección, horario de atención, reseñas y dos iconos, uno de enlace a tu sitio web (o perfil de Google) y el otro enlace con la ruta hasta tu negocio.

PARA SABER MÁS
También puedes anunciarte de forma local en AdWords

En efecto, puedes mostrar tu anuncio de AdWords localmente, solo a clientes de tu ciudad, región o país, o dentro de un radio específico en torno a tu negocio o establecimiento.

Queda claro que debes posicionar tu negocio local en Google. Ahora bien, también te interesa geoposicionarte en los medios sociales, en directorios locales y en portales de geolocalización. Cualquier negocio local que tenga una dirección física puede aumentar su visibilidad en Internet en general (y no solo en los buscadores) mostrando en sus páginas sociales información sobre la ubicación local (cómo llegar), el número de teléfono y el *e-mail* de contacto, los horarios de apertura, además de valoraciones y opiniones de otros usuarios sobre el establecimiento y productos o servicios ofertados.

Lo primero que debes hacer en tu estrategia de geoposicionamiento es trabajar el SEO on-page local de tu sitio web. Es muy importante incluir el nombre de la ciudad de tu negocio en la estructura de tu web (en el título, en la descripción, encabezados, URL, imágenes, contenido…), para que los buscadores tengan claro dónde estás ubicado y cómo legar hasta ahí. Incluye también un mapa de Google embebido en tu web, y que incorpore tu página de empresa en Google+, si ya la tienes.

Sí o sí, da de alta tu negocio local en Google. Debes hacerlo a través de **Google My Business**[101], un servicio que permite a los negocios o comercios locales estar geolocalizados en la gran G. Google My Business incluye la información que tu negocio necesita para que tus clientes puedan encontrarte, tanto si te buscan a través del buscador de Google, en Google Maps o en Google+. Así que cumplimenta aquí la categoría de tu negocio local y toda la información que quieras que se muestre.

---

101 *https://www.google.com/business/*

Es imprescindible que tu negocio local tenga su sitio web y Google My Business perfectamente optimizados para el SEO local.

Google My Business es, además, social y reputacional, pues permite a tus clientes expresar opiniones con valoraciones y reseñas sobre tu negocio. Las reseñas son una parte muy importante del SEO local, el algoritmo de Google las tiene muy en cuenta para el posicionamiento en el "mapa de chinchetas", sobre todo si son *reviews* con buena valoración (cuatro o cinco estrellas). Además, te interesa tener reseñas positivas porque los usuarios las leerán antes de ver cualquier otra información sobre tu negocio. Así que necesitas tener muchas y buenas reseñas. Puedes pedírselas a amigos y a clientes de confianza, e incluso ofrecer incentivos o descuentos a cambio de ellas. Pero ni se te ocurra comprarlas, ya que Google puede descubrirte fácilmente, y penalizarte.

Por otra parte, si tienes **página en Facebook** y tu negocio es local, te interesa registrar tu página con la categoría de *local business* y añadir la dirección postal. De este modo indicas que tienes un negocio local y en tu página se mostrará un mapa con la ubicación del mismo. Además, una vez que has registrado tu página como negocio local, los usuarios pueden puntuar y opinar sobre tu establecimiento a través de "las cinco estrellas de Facebook", lo que incidirá directamente en tu reputación *online* y posicionamiento.

PARA SABER MÁS
Local Awareness Ads

Puedes mostrar anuncios a quienes se encuentren cerca de tu local, a través de la herramienta de *geopublicidad* de Facebook **Anuncios de Difusión Local**[102].

Por último, resulta muy útil dar de alta tu negocio en los principales directorios locales de empresas del sector al que pertenece y en portales de geolocalización social, como por ejemplo **Yelp**[103], **Páginas Amarillas**[104], **QDQ**[105] o **Foursquare**[106]. Sirven para mejorar todavía más el geoposicionamiento de tu negocio local y aumentar las posibilidades de que te encuentren.

---

102 *https://www.facebook.com/business/a/local-awareness-ads*

103 *https://biz.yelp.es/support/what_is_yelp*

104 *http://www.paginasamarillas.es/anunciate/inserciones*

105 *http://es.qdq.com/*

106 *https://es.foursquare.com/venue/claim*

3.2.5 Herramientas para el posicionamiento

Para conseguir un posicionamiento web eficaz necesitas buenas herramientas. Vamos a ver algunas de las principales.

▼ **Google Search Console**[107]. Conocida hasta hace poco como Webmaster Tools, es la plataforma oficial de Google para optimizar sitios web y aplicaciones según los requerimientos de este buscador. Indispensable si quieres estar visible en la Red y que te encuentren. Permite ver el estado de indexación de tu sitio, te indica qué enlaces apuntan hacia tu web, las *keywords* mejor posicionadas, e incluso te dice si tu sitio es o no es *responsive* y maneras de optimizar esta adaptación a móvil, lo que sumará puntos en el SEO de tu web. Gratuita.

▼ **Bing Webmaster Center**[108]. ¿Quieres comunicarte bien con el buscador Bing? Esta es la herramienta que necesitas. Es el equivalente a Google Webmaster Tools pero para el motor de búsqueda Bing de la empresa Microsoft. Gratuita.

▼ **Yahoo Search Submission**[109]. Envía la URL de tu sitio a este servicio para indexarlo en el buscador de Yahoo más rápidamente. Gratuita.

▼ **Planificador de palabras clave de Google AdWords**[110]. Es la herramienta de palabras clave de Google. Gratuita e imprescindible para estudiar las *keywords* que más te convienen para posicionar mejor tu negocio. Puedes segmentar tus palabras clave por localización de la búsqueda, por idioma, por términos… Te sugiere ideas de otras palabras clave relacionadas que están buscando los usuarios.

▼ **Google AdWords**[111]. Programa que utiliza Google para ofrecer publicidad patrocinada a potenciales anunciantes. Es una plataforma imprescindible para conseguir un correcto y rápido posicionamiento web. Te permite dirigir tu anuncio a un segmento específico mediante la utilización de palabras clave. Perfecta para ayudar a lanzar cualquier negocio *online*. Gratuita.

---

107 *https://www.google.com/webmasters/*

108 *http://www.bing.com/toolbox/webmaster*

109 *https://search.yahoo.com/info/submit.html*

110 *https://adwords.google.com/KeywordPlanner*

111 *https://www.google.es/adwords/*

▼ **SEMrush**[112]. Herramienta altamente recomendable para la estrategia de palabras clave de tu negocio. Te permite medir y mejorar el rendimiento de tu *website*. Puedes crear listas con las *keywords* más adecuadas para tu web, ver los enlaces y tener información detallada del tráfico orgánico. Pero lo mejor es que puedes analizar a la competencia al detalle, saber quiénes son tus principales competidores en SEO y SEM, conocer que palabras clave están llevando tráfico pagado a tu competencia y, en definitiva, encontrar las *keywords* que tu negocio necesita. Versiones *free* y de pago.

▼ **Google Analytics**[113]. Herramienta de analítica web para controlar el acceso y la interacción de los usuarios con tu sitio web, lo que te permite observar si estás cumpliendo con los objetivos planteados en tu estrategia SEO. Gratuita.

▼ **Keywordtool.io**[114]. Servicio web parecido al Keyword Planner de Google, pero más específico y descriptivo a la hora de conseguir palabras clave para tu negocio. Gratuita.

▼ **Ubersuggest**[115]. Herramienta gratuita que te ayuda a encontrar palabras clave. Te sugiere diferentes keywords a partir de las que tú introduzcas.

▼ **Traffic Travis**[116]. Software gratuito (con versión profesional de pago) para gestionar el posicionamiento de tu sitio web. Muy completo y funcional: SEO, SEM, PPC, análisis de la competencia, estudio de palabras clave, *sitemaps*…

▼ **Free Monitor For Google**[117]. Software 100 % gratuito que te permite descubrir en qué posición aparece tu *website* en Google con las palabras clave que le hayas proporcionado. Para ver el resultado solo tienes que colocar la URL de tu sitio y las *keywords* que desees monitorear. Además, Free Monitor te propone palabras clave que debes utilizar para mejorar en los resultados de búsqueda de Google.

▼ **Google Trends**[118]. Herramienta que permite detectar y analizar tendencias de búsqueda en Google. Te ayuda a definir mejor tu estrategia de

112 *http://es.semrush.com/*

113 *http://www.google.com/analytics/*

114 *http://keywordtool.io/*

115 *http://ubersuggest.org/*

116 *http://www.traffictravis.com/*

117 *http://www.cleverstat.com/es/google-monitor-query.htm*

118 *https://www.google.es/trends/*

posicionamiento en buscadores. Cruza tus palabras clave en Google Trends para determinar cuáles de estas tienen un mayor volumen de tráfico. Las gráficas representan con cuánta frecuencia se busca un término particular en varias regiones del mundo y en varios idiomas. Gratuita.

▶ **Google Think Insights**[119]. Parecida a la anterior, permite comparar la tendencia de las búsquedas de términos concretos y comparar esos términos entre sí en diferentes períodos y áreas geográficas. Gratuita.

▶ **Woorank**[120]. Con solo ingresar la dirección de tu web, realiza un examen a fondo de todos los puntos que has de mejorar en tu estrategia SEO y en su optimización, y establece una puntuación. Versiones *free* y *premium*.

▶ **Ahrefs**[121]. Herramienta para mejorar en tu estrategia de enlaces entrantes, además de espiar lo que tu competencia está haciendo para posicionar su sitio web. Te permite analizar los enlaces que te apuntan. Versiones *free* y de pago.

▶ **Pingdom**[122]. Herramienta gratuita para medir la velocidad de carga de un sitio web. Otorga una puntuación general de 1 a 100 en comparación con otros sitios.

IDEAS CLAVE

▶ Los buscadores son la puerta de entrada a Internet, los principales medios que utilizan los usuarios/clientes para llegar a los sitios donde se informan y realizan sus consultas.

▶ Hacer SEO (del inglés *search engine optimization*) es optimizar nuestros sitios web para tratar de aparecer lo más arriba posible en los buscadores de Internet.

▶ Los principales criterios de posicionamiento de un buscador son la autoridad y relevancia (la popularidad de la web entre los usuarios), la accesibilidad (que al buscador le sea fácil acceder a y moverse por las URl del sitio) y la indexabilidad (que el buscador pueda leer el contenido del sitio).

---

119 *https://www.thinkwithgoogle.com/intl/es-419/*

120 *https://www.woorank.com/es/*

121 *https://ahrefs.com/*

122 *http://tools.pingdom.com/fpt/*

▼ En la consecución de un buen posicionamiento en buscadores influyen muchos factores, tanto *on-page* (acciones que realizamos en nuestra propia web para mejorar su optimización) como *off-page* (acciones que realizamos fuera de la web para aumentar su presencia en la Red).

▼ El principal factor que incide en el posicionamiento en buscadores es el contenido de tu sitio.

▼ Otro factor clave para conseguir un buen posicionamiento en buscadores es saber qué palabras clave nos conviene utilizar para captar tráfico cualificado.

▼ Para nuestro posicionamiento en buscadores también cuentan los factores técnicos de la web (el dominio, las etiquetas, las URL...).

▼ La experiencia de usuario también es un factor que incide en el posicionamiento de una web. Se trata de crear una estructura óptima (diseño, usabilidad...) para que el usuario pueda encontrar fácilmente en nuestro *website* la información que busca sobre nuestros productos o servicios.

▼ En nuestro posicionamiento web importa el número y calidad de páginas web que nos enlacen, lo que se conoce como enlaces entrantes.

▼ Las señales sociales (interacción, recomendaciones, Me gustas, retuits, +1s...) ganan peso en el posicionamiento.

▼ El SEM (del inglés *search engine marketing*) consiste en aparecer en los primeros lugares de los buscadores pagando con anuncios publicitarios o enlaces patrocinados.

▼ La plataforma por excelencia de posicionamiento SEM en buscadores es AdWords, sistema de publicidad online de Google.

▼ Te interesa hacer SEO local si tu negocio cuenta con una localización física o zona de servicio y quieres atraer a clientes potenciales ubicados cerca.

▼ Debes posicionar tu negocio local en Google, pero también te interesa geoposicionarlo en las redes sociales, en directorios locales y en portales de geolocalización.

▼ En el mercado hay muchas herramientas gratuitas y de pago que te ayudan a posicionar tu sitio web en buscadores.

3.3 SOCIAL CRM

3.3.1 El social CRM: construir relaciones con el cliente

La Web social ha empoderado a los usuarios, hasta el punto de transformar radicalmente el modo en que las empresas deben relacionarse con sus clientes.

En el entorno social los discursos y las interrupciones publicitarias de siempre no funcionan, y en su lugar lo que se lleva es una dinámica de relación y vinculación con el cliente. Este cambio de paradigma genera en las empresas la necesidad de abordar una verdadera transformación estratégica orientada a situar al cliente en el centro del proceso.

Pero no basta con simplemente tener presencia en las redes sociales y conversar. Hay que ampliar el foco. Hay que saber integrar y monitorizar el *social media* con todas las capas de interacción con el cliente: desde las relaciones públicas, a los contenidos y la gestión de la comunidad, pasando por la atención al cliente y la fidelización, y llegando también, como no, a la publicidad y las ventas. Se trata, en definitiva, de desarrollar una estrategia **social CRM** (CRM, del inglés *customer relationship management*).

En realidad, el social CRM hace lo mismo que el tradicional CRM, entendido como el modelo de gestión de las relaciones con el cliente, pero incorpora la parte social de estas relaciones: **la conversación**.

> *El social CRM es una disciplina específica del CRM pero basada en la conversación con el cliente a través de los medios sociales.*

En el CRM tradicional, aunque se propone colocar al cliente en el centro de la acción, este en realidad no es más que un mero receptor pasivo de mensajes o, como mucho, elemento que "protesta" o "se queja" a través de los dispositivos de atención al cliente. Sin embargo, el social CRM pone al cliente en el centro de todo empleando los social media, de tal manera que la relación con él pasa de ser unidireccional (la empresa emite, el cliente recibe) a bidireccional (ambos emiten y reciben). Así pues, el social CRM sí que sitúa como es debido al cliente en el centro del proceso, porque aquí es él quien realmente marca la pauta: exige ser escuchado y respondido en todo momento. Como bien dice el autor y experto en la materia, Paul Greenberg: "El *social* CRM es la respuesta de la compañía al hecho de que ahora la conversación pertenece al cliente".

La diferencia fundamental del social CRM frente al CRM
tradicional es la existencia de una mayor bidireccionalidad en la
comunicación con el cliente.

En realidad, el social CRM es una evolución mejorada del CRM tradicional, pues permite a la marca conocer de forma más íntima a sus clientes (qué es lo que quieren realmente), al incorporar su información proveniente de las redes sociales (gustos, intereses, inquietudes, experiencias, intenciones, sentimientos…) a los datos transaccionales (*call center*, *newsletters*, información web, ventas…), enriqueciendo así la relación con el cliente. Así pues, el social CRM proporciona una verdadera visión única y global de los clientes, un enfoque de 360°.

Al final, de lo que se trata con el social CRM es de que nuestra marca pueda desplegar, desde un punto de vista metodológico, una estrategia integral de relación con el cliente en torno a tres vertientes clave:

▼ **Marketing y conocimiento del mercado.**

▼ **Ventas y fidelización.**

▼ **Atención al cliente.**

Con todo ello, la idea es construir una comunidad de seguidores activos con nuestra marca, que puede que no compren nuestros productos o servicios a la primera de cambio, pero que, si se sienten a gusto, tendrán ganas de volver a menudo y pueden llegar a convertirse más adelante en clientes habituales (que nos compren de forma recurrente), e incluso recomendarnos por la Red. Se trata, en definitiva, de construir y mantener con el cliente una relación sostenible a largo plazo.

PARA SABER MÁS
Hacia dónde va el social CRM

Podemos saber mucho del cliente (de sus preferencias, motivaciones de compra, patrones de conducta…) rastreando su vida social. El ADN social del usuario es una mina de información. La gente –a través de sus blogs, redes sociales y comentarios– pone de manifiesto sus gustos e inquietudes.

El social CRM, combinado con el *big data* (proceso por el cual se recopilan y analizan cantidades ingentes de datos) y con la web semántica (información web dotada de un significado bien definido que puede ser interpretado), permitirán crear contenidos y experiencias cada vez más *customizadas* y personalizadas en función de las necesidades particulares de cada uno.

Casi sin darnos cuenta, los usuarios nos encaminamos hacia un entorno *online* donde más que buscar información en la web, será la información la que nos encuentre a nosotros.

3.3.2 La primera pata de la estrategia social CRM: conocer el mercado

Lo primero que debemos tener en cuenta en nuestra estrategia social CRM es conocer al dedillo nuestro mercado. Para ello necesitamos establecer un sistema de recogida de datos relacionados con nuestros clientes, actuales y potenciales. Veamos la información clave que debemos conseguir sobre este particular.

▸ **Definir a nuestro público objetivo.** Antes de nada, debemos designar al destinatario de nuestros contenidos, productos o servicios. ¿A quién le puede interesar aquello que ofrecemos? Debemos tener muy claros aquí los rasgos que mejor definen a nuestro cliente habitual, y a partir de ellos buscaremos y localizaremos en la Red a nuestros clientes potenciales.

▸ **Identificar el perfil de nuestros clientes y qué les distingue del resto.** Una vez definido nuestro público objetivo, debemos especificar los rasgos distintivos de nuestros clientes, actuales y potenciales (sexo, edad, localización geográfica, nivel socioeconómico, grado de uso de Internet…). El mar de datos que hay en la Web social nos permite conocer (o al menos aproximarnos) esta información destinada a tipificar nuestro público.

▸ **Establecer una lista de rasgos clave de nuestros clientes.** Necesitamos generar una base de datos (nombres, apellidos, vías de contacto…) con la práctica totalidad de los clientes. Pero hay que ir más allá de simplemente hacer una lista de todos nuestros clientes y tenerla almacenada. Hay que *caracterizar* a nuestro público objetivo describiendo sus rasgos fundamentales: ¿en qué canales (redes sociales, webs, foros…) se relacionan y se informan nuestros clientes actuales y potenciales?, ¿cuántos de nuestros clientes registrados son seguidores de nuestra marca en las redes sociales?, ¿quiénes de entre nuestros seguidores no son todavía clientes?

▸ **Identificar clientes especialmente relevantes para nuestra marca.** ¿Qué grupos de clientes destacan especialmente, ya sea por su "poder de compra" (clientes habituales) o por su capacidad de influencia (perfiles específicos, que puede que no sean clientes nuestros pero que son especialmente influyentes, para bien o para mal, sobre nuestra comunidad)? Debemos identificar a estos grupos o clientes VIP y hacerles un seguimiento especial, dándoles (por qué no decirlo claramente) un trato relativamente preferente (aunque no excesivo).

▶ **Identificar los espacios de interacción de nuestros clientes**. Finalmente, debemos determinar el ámbito de actuación e interacción con nuestro público, ya sea a través de nuestros propios canales o en espacios de discusión en la Red en los que no estemos presentes (redes sociales, foros, blogs y webs de discusión especializadas en nuestro sector). Esto implica establecer un sistema de *escucha activa* sistemática, para estar atento a todo lo que se dice no solo sobre nosotros sino también sobre cuestiones asociadas a nuestro negocio en donde ha de haber clientes potenciales, y tal vez reales.

Es clave la relevancia de la información que podamos recoger en torno a todas estas cuestiones destinadas a conocer mejor a nuestros clientes, saber dónde están, escucharles y entender cuáles son sus necesidades, para, de esta manera, poder ofrecerles lo que realmente quieren.

3.3.3 La segunda pata de la estrategia de social CRM: ventas y fidelización

El *social* CRM es una parte fundamental del marketing *online* porque nos permite conocer a nuestro público y, también, porque sirve para comunicar nuestra oferta de productos y servicios. Este es precisamente el fin último de nuestra estrategia de *social* CRM: comunicarnos con nuestros clientes, reales y potenciales, para poder aumentar las ventas. Para ello necesitamos diseñar una estrategia de venta que variará en función del tipo de cliente al que nos enfoquemos.

Don Peppers y Martha Rogers sugieren en su libro *The one to one future* (1993) que solo hay cuatro tipos de clientes: potenciales, actuales, fieles, y antiguos.

▶ **Potenciales**: aquellos (personas o empresas) que no son clientes, pero son susceptibles de serlo en algún momento.

▶ **Actuales**: aquellos que han sido recientemente clientes de nuestra empresa.

▶ **Fieles**: también son clientes actuales, pero nos compran con frecuencia e incluso pueden llegar a recomendarnos; es decir, son clientes fidelizados con quienes tenemos una relación duradera y casi exclusiva.

▼ **Antiguos**: son aquellos que han dejado expresamente de ser clientes, bien sea porque no precisan ya de nuestros servicios, porque han padecido alguna mala experiencia con nosotros, o, simplemente, porque la competencia nos ha ganado la partida.

Hoy, con la revolución que ha supuesto la Web social, podemos añadir a esta clasificación un quinto tipo: los **críticos activos**, que son aquellos consumidores que, con independencia de que hayan sido o no alguna vez clientes, ejercen por la Red una actividad de crítica constante y sistemática hacia la empresa.

Como decíamos, debemos establecer estrategias de social CRM distintas para cada grupo de clientes (por ejemplo, no debemos tratar por igual a un cliente que nos suele comprar a menudo que a otro que nunca nos ha comprado). Definiremos en cada caso la **intensidad de comunicación** (número de interacciones directas), el grado de **personalización** en el trato y los **incentivos** para conseguir su atención.

3.3.3.1 CLIENTE POTENCIAL

Con este cliente, con quien no tenemos relación, nuestra intensidad de comunicación ha de ser alta en frecuencia y basada, fundamentalmente, en informar sobre nuestros productos o servicios con el fin de persuadirle. Esta comunicación difícilmente puede ser personalizada por la dificultad operativa de delimitar el *target*. Como incentivo le podemos ofrecer descuentos sobre nuestros productos o servicios de venta para que los conozca, y, de este modo, pueda convertirse en cliente.

3.3.3.2 CLIENTE ACTUAL

El ritmo de comunicación con este tipo de cliente ha de ser continuado, pues lo que buscamos es fidelizarlo, pero no excesivamente alto para no saturarlo. El trato ha de ser personalizado y cercano, haciéndole ver que en el mercado no existe otra marca tan atenta como nosotros. Por lo que respecta al incentivo, lo adecuado es ofrecerle valor añadido (información útil) e intentar generar identidad con los valores que transmite nuestra marca. De esta manera será más difícil que se vaya a la competencia.

3.3.3.3 CLIENTE LEAL

Con este cliente, ya fidelizado, la intensidad de comunicación ha de ser baja, pero se ha de mantener una relación de calidad altamente personalizada, para que pueda llegar a actuar como prescriptor de nuestra marca y recomendar nuestros productos o servicios. El incentivo aquí ha de estar más enfocado a la complicidad y cercanía que a un regalo material.

3.3.3.4 CLIENTE ANTIGUO

Lo adecuado con este tipo de cliente, con quien tuvimos relación pero ya no la tenemos, es que la intensidad de comunicación sea baja, la estrategia personalizada, y los incentivos sean materiales de nuestros productos (descuentos, muestras), sobre todo si ha habido una mejora en los mismos.

3.3.3.5 CRÍTICO

En este caso el contacto ha de ser de baja intensidad, y solo es recomendable si la persona que critica es un *influencer*, pues, si no lo es, corremos el riesgo de amplificar el problema. Por lo que respecta al trato, este ha de ser directo, es decir, totalmente personalizado. El incentivo ha de ser aportar contenido de valor. En caso de que la respuesta sea positiva, debemos ofrecer algún incentivo material (oferta, descuento…) para tratar de animarle a probar nuestro producto o servicio.

3.3.4 La tercera pata de la estrategia de social CRM: la atención al cliente

Es imprescindible dar un buen servicio para poder conseguir clientes fieles a nuestra marca (clientes que nos compren con frecuencia y que lleguen a quedar tan satisfechos con nosotros que decidan recomendarnos). Para ello es crítico saber resolver los problemas de nuestro público, es decir, dar un buen servicio de atención al cliente.

El cliente, actual y potencial, necesita sentir que nos preocupamos por él, que le escuchamos y que vamos a ayudarle en caso de que tenga algún problema con nosotros.

Queremos que el cliente se quede con nosotros, que nos recomiende. Eso exige asistirle en todo momento (antes, durante y después de la compra), lo que implica proporcionarle un sistema de comunicación que le permita contactar con nosotros de una manera eficiente.

Las redes sociales se están convirtiendo en el canal de comunicación preferido por los usuarios para reclamar, exigir o solicitar alguna inquietud sobre una marca o servicio.

La atención al cliente se está mudando a las redes sociales.

Para la empresa, por su parte, una buena atención al cliente a través de las redes sociales no solo genera confianza para ganar ventas, sino que también, quizá, pueda convertir al cliente en prescriptor de la marca.

Por todo ello, **las redes sociales se han convertido en un excelente sistema de atención al cliente.**

PARA SABER MÁS
La atención al cliente del Banco Sabadell

El Banco Sabadell es un referente en Internet, fundamentalmente gracias a sus buenas prácticas en la atención al público a través de las redes sociales.

En la actualidad cuenta con un **equipo de atención al cliente**[123] de 13 profesionales que dan un **servicio 24/7**, es decir, atienden al público las 24 horas del día los siete días de la semana.

Para ser más cercano al cliente, su filosofía es que cada respuesta que se da al usuario en el *social media* viene identificada por la persona que la ha atendido.

Veamos a continuación cuáles son los puntos clave para definir nuestro sistema de atención al cliente dentro de una estrategia global de *social* CRM:

▶ **Rapidez en la respuesta** es lo que espera el "impaciente" cliente en su conversación con la empresa. Y es justamente la inmediatez que imprime el *social media* una de sus principales cualidades. Las redes sociales permiten a las empresas atender rápidamente (a un clic de distancia) cualquier requerimiento o queja por parte de un usuario antes de que el daño se vuelva irreparable. El horario de atención 2.0 dependerá de nuestro producto o servicio. Si somos una operadora de telefonía móvil o una línea aérea, lo suyo es dar un servicio de atención permanente 24/7. Pero un horario tan amplio no será necesario si somos, por ejemplo, una empresa que vende productos electrónicos.

---

123 *http://blog.bancsabadell.com/equipo-oficina-directa-redes-sociales.html*

▼ **Trato personalizado**. Para fidelizar a un cliente pocas cosas hay más efectivas que el tratamiento individualizado. El usuario ya no quiere respuestas genéricas, desea sentirse único e importante para nosotros. Y las redes sociales son los canales idóneos para tratar a cada usuario/cliente como si fuera único. En efecto, el *social* CRM nos permite tener un mayor conocimiento del cliente, escuchar lo que realmente necesita, de manera que podemos ofrecerle soluciones personalizadas.

▼ **Cercanía**. Redes sociales como Twitter y Facebook son muy eficientes como canales de *customer service*, pues permiten a la marca estar donde ya están los clientes y atender sus dudas en espacios en los que se sienten a gusto. Por medio de estas redes sociales resulta relativamente fácil mantener una relación uno a uno y proyectar una imagen humana de la marca.

▼ **Transparencia**. A algunas empresas les preocupa el hecho de que en las redes sociales como Twitter la marca no está sola ante el cliente que se está quejando; el mundo entero (y no solo el cliente) puede ver cómo se le atiende y responde. Aprovecha la ocasión, y toma cada comentario negativo como una oportunidad para mostrar a todos los demás en la "sala" cómo eres y cómo tratas a tus clientes.

▼ **Eficiencia**. Es muy importante tener unificados todos los canales de atención al cliente de la empresa (*call center*, *e-mail*, chat *online*, redes sociales…). Tener aglutinado en un único lugar el histórico de todo lo acontecido con el cliente, y poder acceder a él con facilidad (trazabilidad), permitirá agilizar la conversación con el cliente y optimizar la solución de su incidencia.

▼ **Venta cruzada**. Un buen social CRM nos ha de permitir hacer un análisis del histórico de consumo del cliente y sugerirle productos semejantes o complementarios, tal cual el famoso algoritmo de Amazon que dice "los clientes que compraron este producto también compraron". Este tipo de venta cruzada, si no es abusiva o intrusiva, mejora notablemente la experiencia de compra de los usuarios al mismo tiempo que ayuda a incrementar las ventas.

PARA SABER MÁS

Atención al cliente: reactiva, pero no tanto

Se dice que la atención al cliente es, en esencia, reactiva: recibimos una reclamación y proporcionamos feedback. Lo que se pretende con esta aclaración es evitar confundir atención al cliente con marketing o ventas. Una buena atención es aquella que ayuda al cliente a solucionar su problema, no la que pretende venderle algo.

No obstante, la atención al cliente también puede y debe ser proactiva. Así, se recomienda enviar al cliente una breve encuesta de satisfacción para saber qué opina sobre nosotros, cómo sintió el proceso de atención, qué es lo que más le ha gustado o disgustado de nuestro servicio, qué cambiaría o mejoraría... De este modo podemos saber, por ejemplo, si un cliente está descontento con la experiencia con nosotros, con lo que todavía estaremos a tiempo de solucionarlo y proporcionarle un servicio adecuado. No queremos perder un cliente que pueda, además, hacer público su malestar.

3.3.5 Herramientas de social CRM

Podemos analizar la relación con nuestros clientes (recogida de datos, análisis de información, segmentación, indicadores de conversación...) mediante herramientas *online* de *social* CRM.

En el mercado hay infinidad de herramientas de *social* CRM, lamentablemente, casi todas de pago. Antes de ver algunas de las principales, conviene aclarar lo compleja que puede llegar a ser la analítica de *social* CRM, pues –a diferencia del CRM clásico, que, básicamente, lidia con datos– el *social* CRM trabaja, además, con conversaciones, y las conversaciones no son indicadores tangibles fácilmente almacenables y medibles.

Pero dejémonos de rodeos y veamos las herramientas que podemos emplear para gestionar la relación con nuestros clientes.

- **Salesforce**[124]. Es el software de CRM más utilizado hoy. Una herramienta muy potente pero que, quizá, está demasiado enfocada a los sistemas de bases de datos y a la comunicación unidireccional, es decir, es más CRM tradicional que *social* CRM. Si bien es cierto que últimamente está añadiendo funcionalidades sociales entre las que destaca la integración

124 *http://www.salesforce.com/*

con Hootsuite (la herramienta reina para la gestión de nuestra actividad en las redes sociales) y Radian6.

▼ **Radian6**[125]. Potente herramienta para monitorizar las menciones a nuestra marca. Perfectamente conectada a Salesforce (Radian6 fue adquirida por Salesforce recientemente). Ideal para la supervisión y captura de datos. Rastrea fuentes de datos y conversaciones de redes sociales, blogs, foros…

▼ **SproutSocial**[126]. Herramienta para administrar las relaciones con los clientes mediante un CRM integrado en las redes sociales. Proporciona un historial completo de las conversaciones con cada cliente y una gran cantidad de estadísticas.

▼ **SugarCRM**[127]. Programa *open source* de gestión de la relación con el cliente. Permite centralizar en una única interfaz la información de todas las actividades de un cliente. Proporciona información para gestionar gráficos e informes de ventas.

▼ **Highrise**[128]. Plataforma que permite hacer un seguimiento de todas las conversaciones con nuestros clientes. Se integra en las redes sociales (especialmente en LinkedIn) y en nuestra cuenta de correo electrónico. Fácil de manejar.

▼ **Nimble**[129]. Solución de *social* CRM que permite gestionar las relaciones sociales de una marca desde una única plataforma en la nube. Se integra con Twitter, LinkedIn, Facebook y Gmail.

▼ **SumAll**[130]. Agregador de métricas que nos ayuda a analizar e interpretar los datos (de Twitter, Facebook, MailChimp, WordPress, AdSense…) de manera fácil y rápida desde una única interfaz.

▼ **Followerwonk**[131]. Potente herramienta de análisis y segmentación de Twitter. Nos permite saber más sobre nuestra comunidad: quiénes son, dónde se encuentran, cuándo se conectan, su influencia…

---

125 *http://www.radian6.com/*

126 *http://sproutsocial.com/*

127 *http://www.sugarcrm.com/es*

128 *https://highrisehq.com/*

129 *http://www.nimble.com/*

130 *https://sumall.com/*

131 *http://followerwonk.com/*

IDEAS CLAVE

▼ Las empresas deben evolucionar desde un enfoque unidireccional e intrusivo a una dinámica de relación y vinculación con el cliente.

▼ El *social* CRM es una disciplina específica del CRM (*customer relationship management*, es decir, gestión de la relación con el cliente) pero basada en la conversación con el cliente a través de los medios sociales.

▼ La diferencia fundamental del *social* CRM frente al CRM tradicional es la existencia de una mayor bidireccionalidad en la comunicación con el cliente.

▼ Desde un punto de vista metodológico, toda estrategia de *social* CRM ha de girar en torno a tres vertientes clave: marketing y conocimiento del mercado, ventas y fidelización, atención al cliente.

▼ Lo primero que debemos tener en cuenta en nuestra estrategia de *social* CRM es conocer al dedillo nuestro mercado. Para ello debemos definir a nuestro público objetivo, especificar los rasgos distintivos de nuestros clientes, identificar a clientes especialmente relevantes para nuestro negocio, e identificar todos los espacios de interacción con nuestros clientes.

▼ Luego necesitamos diseñar una estrategia de venta que variará en función del tipo de cliente al que nos enfoquemos. Hay cinco tipos de clientes: potenciales, actuales, fieles, antiguos y críticos activos.

▼ Para cada grupo de clientes, habrá que definir en cada caso la intensidad de comunicación, el grado de personalización en el trato y los incentivos.

▼ La tercera pata de la estrategia de *social* CRM es la atención al cliente. Queremos que el cliente se quede con nosotros, que nos recomiende. Eso exige asistirle en todo momento (antes, durante y después de la compra), lo que implica proporcionarle un sistema de comunicación que le permita contactar con nosotros de una manera eficiente.

▼ Las redes sociales se han convertido en un excelente sistema de atención al cliente, por su inmediatez, trato personalizado, cercanía, transparencia y eficiencia.

▼ En el mercado hay infinidad de herramientas de *social* CRM que podemos emplear para gestionar la relación con nuestros clientes, lamentablemente, casi todas de pago.

3.4 PUBLICIDAD ONLINE

3.4.1 La evolución de la publicidad en Internet

La publicidad es el modelo de negocio estándar en Internet. Todo empezó en 1994 con el formato publicitario del **banner**, que consiste, más o menos, en una pieza publicitaria dentro de una página web. Este tipo de publicidad *online* tuvo su época dorada a partir de 1998, hasta que en el año 2001 explotó la *burbuja puntocom*.

Aunque el *banner* nunca se ha dejado de utilizar, fue Google quien a partir de entonces cogió el timón y abrió el camino para la nueva era de la publicidad en Internet, al inventar un modelo de negocios inteligente que vende publicidad "clicada" a los resultados de las búsquedas en Internet. Una **publicidad en buscadores** (SEM) que no tenía ni tiene normalmente formato de *banner*, sino de puro texto con enlace, pero que presenta como principal ventaja el ser **publicidad contextual** poco o nada intrusiva, dado que los anuncios se muestran al usuario en función de lo que ha introducido en la caja de búsqueda.

La publicidad en buscadores es pertinente, tanto que algunos incluso la consideran parte del contenido más que mera publicidad.

La publicidad contextual no ha dejado de evolucionar desde entonces, y ahora emergen nuevas fórmulas, como el **remarketing** o **retargeting**, que lo que hace es "perseguir" clientes que visitaron anteriormente tu sitio web o que han estado navegando en la web en busca de productos o servicios relacionados con tu marca. Para entender cómo funciona el *remarketing* debes saber que las *cookies* de navegador de tu ordenador van dejando pistas a los anunciantes de aquello en lo que estás interesado. De ahí que, a raíz de buscar una información concreta en la Red, digamos un viaje a París, posteriormente, en algunas páginas web o redes sociales como Facebook recibes anuncios con viajes a París.

De aquí hemos ido evolucionando a técnicas contextuales más sofisticadas. Ahora mismo la publicidad *online* que más está creciendo es la llamada **RTB (real-time bidding)**, una subasta en tiempo real, y la **publicidad programática**. ¿En qué consisten? Veamos. Cada vez que entras en una página web, tu perfil de usuario (que tiene unos rasgos determinados en cuanto a sexo, edad, zona geográfica… y unos intereses concretos definidos por tu navegación por la Red) es subastado en tiempo real entre los distintos anunciantes que compiten pujando por tu perfil, y el que gana pone su anuncio. Se trata de un proceso algorítmico (máquinas negociando entre sí) y automático. Un sistema publicitario ventajoso tanto para el usuario (puedes estar tranquilo, no se revela tu identidad, solo los rasgos de tu perfil) como para el anunciante, porque se trata de publicidad contextual relacionada, en principio, con los gustos o intereses del usuario; en consecuencia, existe cierta probabilidad de que este haga clic sobre el anuncio.

La compra programática sirve para mostrarle la publicidad a las personas indicadas.

Comprobamos que la publicidad en Internet no ha dejado de crecer y expandirse. En la actualidad tenemos decenas, si no centenas, de modelos diferentes de publicidad *online*, y cada uno de ellos cambiando de un día para otro. Tenemos el **e-mailing** (que lleva con nosotros ya desde los 90)*,* la **publicidad display** generalmente en forma de *banners* en sitios web, la **publicidad en vídeo online**, y, por supuesto, **la publicidad en las redes sociales**, que es una de las últimas sensaciones del negocio publicitario, pues se trata de una publicidad muy atractiva para marcas y anunciantes ya que les permite dirigirse a segmentos de usuarios específicos.

Una de las grandes fortalezas de la publicidad en las redes sociales son sus altísimas posibilidades de segmentación, no por palabras clave o por cookies, sino por la tipología de usuario (edad, sexo, localización, intereses…).

Añadamos a todo este repertorio de publicidad *online* la variedad de formatos que se ofrece (texto, vídeo, animación, audio, videojuegos…) y la **explosión de los dispositivos móviles**, y podremos hacernos una idea de cuánto está cambiando el mundo de la publicidad desde que se ha hecho *online* y, especialmente, en los últimos diez años.

Ya sea a través del móvil o del ordenador, es en Internet donde las personas pasan la mayor parte de su tiempo (lugar al que de media dedican más de seis horas diarias), así que no es de extrañar que la inversión publicitaria en Internet sea mayor cada día, hasta el punto de ser ya el segundo medio publicitario, solo por detrás de la publicidad en televisión (que se mantiene), y por encima de la publicidad en prensa escrita (que sigue en caída libre).

Internet es, hoy, el segundo medio más utilizado por las empresas para dar a conocer sus productos.

PARA SABER MÁS
La publicidad online, una apuesta de valor

La publicidad *online* es muy efectiva porque:

- Permite impulsar y dar a conocer tu marca, productos y servicios a millones de personas.
- Puedes segmentar muy bien el *target* al que diriges tu campaña publicitaria.
- Requiere poca inversión en comparación con la publicidad tradicional (televisión, radio, prensa…).
- Resulta muy fácil para medir y seguir los resultados de tus campañas.

El problema para el usuario llega cuando la publicidad *online* se convierte en una molestia. Como ya hemos repetido en más de una ocasión, la publicidad entendida desde un punto de vista tradicional, "nosotros lanzamos nuestros impactos publicitarios y ellos los absorben", simplemente no funciona bien, e incluso crea rechazo, bajo la lógica bidireccional de la Web social. La **publicidad intrusiva** responde a esquemas ya en desuso; sin embargo, en Internet siguen proliferando formatos que los usuarios consideran molestos, como por ejemplo los *pop-ups*, los desplegables, los intersticiales o el *pre-roll* de vídeo, que anteponen el anuncio por encima de la información que quieren ver y les hace esperar unos segundos.

De ahí que entre los usuarios gane adeptos el uso de los llamados **bloqueadores de publicidad**, unas herramientas muy sencillas de instalar en el ordenador y que bloquean los anuncios intrusivos mientras navegamos. Alrededor de 200 millones de usuarios se han descargado algunos de los programas (*plugins* de navegador) que existen para ello, y la cifra crece a un ritmo imparable. AdBlock y AdBlock Plus son los más utilizados, y los dos son de código abierto, por lo que son muy eficaces contra los anuncios intrusivos. AdBlock bloquea toda la publicidad y AdBlock Plus bloquea toda menos la de los anunciantes de sus listas blancas, que sí deja mostrar a cambio de un dinero.

Como en el caso de las descargas "ilegales", la del bloqueo publicitario es una batalla que la industria de la publicidad en Internet no puede ganar. La posición de poder está del lado del usuario.

¿Solución para que los anunciantes eviten el *ad-pocalipsis*? Optar por modelos publicitarios que no resulten agresivos, molestos o abusivos. No se puede frenar el software de *adblocking*, pero se puede mejorar la publicidad *online* para que los usuarios no sientan la necesidad de bloquearla. Otra opción es desplazar parte de su inversión publicitaria desde la web abierta a plataformas tecnológicas más cerradas, como las redes sociales y las *apps* móviles.

3.4.2 Modelos de pago online

Antes de exponer los diferentes formatos de publicidad *online*, es importante conocer los cuatro principales modelos de pago *online* que existen, lo que nos permitirá saber cuál se adecúa mejor a nuestra campaña.

▶ Coste por mil (CPM): impresiones

También conocido como **coste por impresión (CPI)**, indica que tú, como anunciante, pagas según el número de impresiones, es decir, pagas por las veces que se ve tu anuncio en cada visita, hagan o no hagan clic sobre él. Se le llama coste por mil porque calcula el coste de 1.000 impresiones (impactos) de un anuncio. Se trata del modelo de pago más utilizado para generar *brand awareness*, donde no importa tanto el clic (la visita a la web) como la visibilidad o presencia de marca.

CPM es el coste que se aplica cada vez que tu anuncio se muestra mil veces en un website.

▶ Coste por clic (CPC): visitas

También llamado **pago por clic (PPC)**, aquí el anunciante solo paga el precio acordado a la plataforma en la que está el anuncio cuando alguien hace clic sobre el mismo, con independencia de las impresiones que hayan sido generadas. Es el modelo de pago por excelencia de Google en AdWords y AdSense, y del sistema de anuncios de Facebook (Facebook Ads), y es la puja máxima que estamos dispuestos a pagar por cada clic del usuario. Esta modalidad de pago permite exponer nuestros productos y servicios sin coste hasta el momento en que el usuario hace el clic. El objetivo del modelo de CPC es **captar tráfico** hacia nuestro sitio.

PARA SABER MÁS
El CTR (click through rate)

El modelo de pago CPC está directamente relacionado con la métrica CTR, en inglés *click through rate,* que es una ratio que indica la proporción de clics obtenidos entre las veces que se ha mostrado tu anuncio. Es decir, es el porcentaje que se obtiene al dividir el número de clics que recibe un anuncio entre el número de impresiones o veces que se muestra.

CTR = número de clics / número de impresiones

El CTR es un buen indicador para medir el interés que despierta tu anuncio entre los usuarios; mejor cuanto más alto sea.

▼ Coste por lead (CPL): registros

Por *leads* o prospectos se entiende la captación de contactos de clientes potenciales para nuestro negocio. Así, el modelo de coste por *lead* (CPL), también conocido como coste por contacto, es aquel en el que el anunciante paga una cantidad fija cada vez que se le envía un contacto cualificado. Aunque hay muchas variables, normalmente se trata de un formulario cumplimentado (registrado) con datos del contacto (edad, código postal, *e-mail*, teléfono…), el paso previo para luego poder contactar con él y tratar de convertirlo en cliente real.

▼ Coste por acción (CPA): conversiones

Conocido también como coste por conversión, implica que el anunciante paga únicamente por acciones de conversión específicas, que van desde permanecer un tiempo determinado en el *website* hasta realizar un registro de formulario o incluso efectuar una compra en el sitio. Un formato más concreto es el **coste por adquisición**, también llamado coste por venta, en el cual el anunciante solo paga por cada cliente potencial que se convierte en cliente real al hacer una compra (adquisición). El modelo de CPA se utiliza, como es de suponer, en los *e-commerce*, ya que permite, entre otras cosas, medir fácilmente el número de conversiones que genera el anuncio.

Acabamos de ver los principales formatos de gestión de costes que pueden aplicarse a cualquiera de los tipos de publicidad *online* que explicaremos a continuación.

3.4.3 Banners

El **banner** es el formato por excelencia de la publicidad en Internet, tanto es así que hasta cierto punto se ha convertido en el nombre genérico con el que se conoce a la publicidad *online*.

Se trata de un anuncio publicitario en forma de imagen de un tamaño determinado (el estándar es de 468×60 píxeles, pero hay gran variedad de tamaños y formas), integrada en un área concreta de un sitio web (puede estar en la parte superior, inferior, en los laterales, o incluso por el medio), en la que normalmente se muestra una llamada a la acción (*call to action*) con un eslogan o *claim*, un elemento gráfico, y el producto o servicio que promocionamos.

> *El banner es una forma de publicidad online que consiste en incluir una pieza publicitaria dentro de una web.*

El objetivo principal del *banner* es captar la atención del espectador, conseguir que haga clic y llevarlo hacia el sitio web de la empresa anunciante.

El primer *banner* de Internet (1994)
Fuente: *http://thefirstbannerad.com/*

En sus inicios, el *banner* era simplemente una imagen estática, pero ha ido evolucionando y hoy tenemos una amplia variedad de *banners* enriquecidos, animados e interactivos. Con estos nuevos formatos **rich media** más llamativos se pretende atraer la esquiva atención de los usuarios, quienes, debido a la saturación de *banners*, ya están tan acostumbrados a su existencia que los ignoran casi por completo. Es lo que se conoce como **efecto ceguera**.

Esta es posiblemente la gran desventaja del *banner*, su poca eficacia en términos de respuesta directa por parte de los usuarios. Por el contrario, entre sus principales ventajas destacamos su precio relativamente económico (más asequible que la publicidad convencional en televisión, radio y prensa), y que es muy fácil de cuantificar su retorno de la inversión (ROI) a través de la analítica web.

En cuanto a las formas, tamaños y posibilidades, existen diferentes tipos de *banner* pensados para adaptarse a las medidas de cada *website* y a las necesidades de comunicación particulares de cada uno. Veamos a continuación los principales formatos de banner.

▼ **Banner rectangular**

Es el formato estándar de *banner*, con forma rectangular y orientación horizontal, se suele colocar en la parte superior de la página web. Hay varios tamaños que podemos diferenciar en *banner* (468×60 píxeles), medio *banner* (234×60) y *megabanner* (728×90).

▼ **Robapáginas**

Es un tipo de *banner* rectangular (300×250) de orientación vertical o cuadrado (200×200 o 400×400), que suele colocarse en las zonas más visibles de la página web (de ahí viene su nombre), pero sin interrumpir el campo de visión de las noticias o artículos.

▼ **Rascacielos**

Formato muy vertical, que suele ocupar todo un lateral de la página web, normalmente el lado derecho. Es, pues, llamativo (pero no invasivo) y apropiado para campañas de *branding*.

▼ **Botones**

Son los *banners* de menor tamaño, generalmente cuadrados (90×90 o 125×125) y rectangulares (88×31 o 120×60). Están en desuso por su poca efectividad.

▼ **Intersticial**

También conocido como cortinilla o anuncio de transición, es un tipo de *banner* emergente que generalmente aparece antes de cargar la página web que hemos solicitado, y que durante unos pocos segundos ocupa la practica totalidad de la pantalla del navegador. Aunque ofrece al usuario la opción de saltarse el anuncio, lo cierto es que no deja de ser un formato molesto que interrumpe, aunque solo sea por unos pocos segundos, el flujo de navegación. Formato que puede ser válido para lanzar campañas puntuales que requieran de un gran despliegue durante poco tiempo.

▼ **Pop-up y pop-under**

El **pop-up** es un formato publicitario que, sin acción previa (sin hacer clic), nos aparece como ventana emergente en un primer plano cuando navegamos por un sitio web. Mientras que el **pop-under** en lugar de abrirse en primer plano, lo hace por detrás, quedando oculto provisionalmente hasta que cerramos o minimizamos la ventana abierta en el navegador. Estas ventanas emergentes son bastante intrusivas, especialmente los *pop-ups*, y, por lo tanto, generan rechazo entre los usuarios, por lo que es una forma de publicidad poco o nada recomendable para la marca anunciante (fácilmente puede dañar su imagen de marca).

3.4.4 Publicidad por correo electrónico

El *e-mailing* es probablemente la modalidad de publicidad *online* más universal y la que más se usa, entre otras cosas porque es prácticamente gratuita. Básicamente, consiste en el uso del *e-mail* para enviar comunicaciones comerciales a los usuarios que así lo han solicitado.

El *e-mailing* puede ser una excelente herramienta de marketing *online* para atraer, fidelizar y mejorar las compras recurrentes. Una campaña bien enfocada de envío directo de correos electrónicos puede dirigir hacia nuestro sitio web un número considerable de tráfico cualificado interesado en adquirir nuestros productos o contratar nuestros servicios.

Para ello, lo primero que tenemos que hacer es construir una base de datos propia y de calidad. No recomendamos comprar una base de cuentas de correos electrónicos, porque lo que nos interesa es tener o ir generando nuestra propia lista blanca de usuarios bien definida, de la que sepamos o intuyamos que los usuarios estarán interesados en lo que les vayamos a ofrecer y, por lo tanto, tengamos más probabilidades de que nos vayan a prestar su atención. Construir una base de correos electrónicos propia suele ser largo y costoso, pero merece la pena.

Una vez disponemos de una buena base de datos, el siguiente paso será enviar a nuestros suscriptores newsletters que informen acerca de novedades, ofertas y promociones exclusivas. Es muy importante aquí crear una comunicación bien segmentada, incluso personalizada, que aporte valor y que no sea intrusiva o abusiva. No hagamos *spam*, identifiquémonos de forma clara, cuidemos el diseño de nuestro *e-mail* y pensemos en móvil (lo más probable es que el destinatario consulte el *e-mail* desde su móvil).

Para nuestras campañas de *e-mailing* nada mejor y más profesional que la herramienta de **MailChimp**[132]. Su problema es que actualmente no está disponible en español (solamente en inglés). La alternativa en castellano a MailChimp es **Mailrelay**[133].

3.4.5 Publicidad en buscadores

Ya hemos hablado anteriormente de posicionamiento de pago en buscadores SEM, así que no vamos a extendernos mucho más ahora. Como dijimos, la publicidad en buscadores (Google, Yahoo, Bing…) ofrece resultados relacionados con las palabras clave de la búsqueda (es, pues, publicidad contextual), y de manera patrocinada, lo que quiere decir que quien más paga sale de forma primordial o destacada.

Más de la mitad de la inversión publicitaria en Internet se dedica a buscadores, con **Google AdWords**[134] como sistema más utilizado. Como se ha señalado, AdWords funciona bajo el modelo de pago *online* de coste por clic, es decir, solo cobra al cliente por cada clic que un usuario realiza en su anuncio. El precio de cada clic no es fijo sino que se establece mediante subasta y nivel de calidad. Al final, el anunciante decide cuánto está dispuesto a pagar por cada uno de los clics, además de con qué palabras clave actuar y en qué zonas geográficas quiere que se activen sus anuncios.

Entre las principales ventajas de la publicidad en buscadores podemos destacar sus elevadas ratios de conversión (al contextualizar el anuncio, afinamos mucho más con nuestro público objetivo, por lo que es más factible conseguir la atención del usuario, dado que le estaremos ofreciendo algo pertinente que, en principio, le ha de interesar), y su facilidad para medir los resultados y ROI destinado a este gasto publicitario.

Por otra parte, su precio suele ser asequible (es un tipo de publicidad relativamente económico), pero hay que tener en cuenta que para ciertas palabras clave puede haber mucha demanda, lo que nos obligaría a una mayor inversión en las subastas para poder posicionarnos por delante de la competencia.

---

132 *http://mailchimp.com/*

133 *http://mailrelay.com/*

134 *https://www.google.es/adwords/*

PARA SABER MÁS
AdWords también para la Red de Display

Los anuncios patrocinados de AdWords pueden aparecer no solo en los resultados del buscador de Google y de sus socios (Red de Búsqueda), sino también en forma de *banners* en millones de webs o blogs asociados a Google mediante **AdSense**[135] (Google comparte los ingresos de este tipo de publicidad con los propietarios de los sitios web), en sitios del propio Google (Gmail, YouTube, Blogger, Google Play Store) y en Apple App Store. Es lo que se conoce como Red de *Display*.

Te conviene anunciarte en la Red de Búsqueda si quieres obtener resultados de forma rápida (por ejemplo, conseguir más visitas o registros) o tienes un presupuesto limitado (la Red de Búsqueda ofrece mejores ratios de conversión que la Red de *Display*). Te interesa anunciarte en la Red de *Display* cuando lo que buscas es ganar visibilidad en Internet (*branding*) o "perseguir" a tus clientes potenciales haciendo *remarketing*.

Dado que lo que más nos puede interesar en la Red de *Display* es que muchas personas vean nuestro anuncio (y no tanto recibir clics), podemos elegir, si lo deseamos, pagar a AdWords por impresiones (coste por impresión [CPI]) en lugar de por clic, es decir, pagaríamos por el número de veces que se publica nuestro anuncio (cuando el *display* se imprima). En el caso de vídeos en YouTube pagaríamos por visualización (coste por visualización [CPC]).

3.4.6 Publicidad en vídeo online

El éxito del vídeo en Internet, auspiciado por el incremento del ancho de banda y por el imparable aumento de la reproducción de vídeo desde dispositivos móviles, está llevando a las marcas a multiplicar el presupuesto que destinan a campañas de publicidad en vídeo *online*.

Las ventajas de la publicidad *online* en vídeo son muchas, entre las que podemos destacar su impacto visual, amplias posibilidades de segmentación, ratio de conversión elevado y, por supuesto, la viralidad. Por el contrario, su principal inconveniente es el coste, más alto que el de otros formatos publicitarios *online*.

Existen varios formatos publicitarios de vídeo *online*. Lo más utilizado hoy son los anuncios que se insertan en los vídeos *online*: la **publicidad de vídeo in-stream**. Dentro de estos anuncios *in-stream* los formatos más habituales son:

---

135 *https://www.google.com/adsense/start/*

- **Pre-roll, mid-roll y post-roll**
  Cuando un usuario inicia la reproducción del vídeo, el anuncio puede aparecer al principio (*pre-roll*), en algún punto intermedio (*mid-roll*) o al final del vídeo (*post-roll*). El anuncio insertado ocupa la pantalla completa del *videoplayer*, por lo que es visible al 100 %. Suele durar menos de 20 segundos y en muchas ocasiones puede incluir un botón de **Skip Ad** que permite al usuario saltárselo a los cinco segundos. La ventaja es que al menos una parte del anuncio es inevitable, y gratis (no se te cargará coste alguno si el usuario se lo salta). El inconveniente es que el anuncio es intrusivo porque, salvo en el caso del *post-roll*, interrumpe el contenido del vídeo que estamos viendo. Se trata, pues, de un formato similar a los cortes publicitarios de cualquier cadena de televisión.

- **Overlay**
  En el formato *overlay* (por capas superpuestas) el anuncio se muestra directamente sobre el propio contenido del vídeo principal que el usuario está visualizando, normalmente en la parte inferior y en formato texto o de *banner* como si de una notificación se tratase. A diferencia del *pre-roll*, el *overlay* es concurrente al contenido del vídeo y no interrumpe el flujo normal de navegación. La superposición del anuncio puede durar entre 5 y 15 segundos o incluso ser permanente, si bien suele permitir al usuario poder cerrarlo con un simple clic.

Por otra parte, dentro de la publicidad en vídeo *online* están empezando a tener una buena acogida por parte de anunciantes y usuarios los formatos de vídeo **out-stream autoplay**, que consiste en ubicar el anuncio de vídeo dentro del contenido editorial entre párrafos de una noticia o *post*; y el **banner vídeo**, que no es más que un *banner* normal al cual se le inserta un vídeo, generalmente con el audio desactivado.

PARA SABER MÁS

YouTube contra Facebook

Cuando hablamos de vídeo en la Red, la asociación inmediata que todos tendemos a hacer es con YouTube, el rey del vídeo en Internet. Sin embargo, su imperio empieza a verse amenazado ahora por Facebook, que se ha cansado de ser un mero intermediario del contenido audiovisual de YouTube. Facebook se está convirtiendo también en protagonista destacado, al haber facilitado a los usuarios poder alojar vídeos en su propia plataforma. De este modo, Facebook puede sentar sus propias reglas sobre estos vídeos y aprovecharlos para monetizarlos con publicidad.

3.4.7 Publicidad en las redes sociales

Casi todo el mundo está en las redes sociales. Esto supone una verdadera mina para los anunciantes y marcas.

Sin embargo, hacer publicidad en las redes sociales no es tan simple como parece. El problema es que los usuarios están en las redes sociales para relacionarse y para compartir información de manera activa, y no tienen la actitud de buscar nada concreto fuera de la interacción social, así que en principio la publicidad no les interesa lo más mínimo, no la esperan encontrar ahí y, por lo tanto, tienden a ignorarla. En otras palabras, el *efecto ceguera* del *banner* se agudiza todavía más en las plataformas sociales.

> *En las redes sociales el usuario va directo a lo que le interesa, la conversación, y la publicidad display simplemente no la ve.*

Así pues, el *banner*, por definición, no funciona en las redes sociales. De hecho, no se pueden usar normalmente formatos publicitarios demasiado llamativos o intrusivos, pues las propias plataformas sociales lo impiden, ya que lo último que ellas quieren es que sus usuarios las abandonen.

Por eso, los anunciantes han tenido que replantearse su estrategia de publicidad en social media. La solución a su problema pasa por dejar a un lado los carteles propagandísticos de la publicidad clásica, y apostar, en su lugar, por un modelo de publicidad contextual basado en tratar de conseguir la interacción social con el usuario. Es decir, en las redes sociales las marcas deben esforzarse por **socializar la publicidad**, por crear una publicidad customizada que forme parte de la actividad cotidiana del usuario, que entre en relación con él e invite a conversar y compartir**.**

La buena noticia es que es factible esta publicidad social tan personalizada, porque las redes sociales, como Facebook, proporcionan una valiosísima información sobre la **tipología de usuario** (sobre su edad, sexo, ciudad de residencia, intereses, gustos, hábitos y costumbres…), lo que permite a las marcas hipersegmentar y teledirigir sus promociones publicitarias directamente al perfil de usuario al que más le pueda interesar su oferta.

> *Se dice que Facebook te conoce mejor que tu madre.*

Nunca antes hubo semejantes posibilidades de personalización en la publicidad. Una marca puede segmentar los usuarios que más le interesen para sus campañas publicitarias, y ofrecerles anuncios pensados específicamente para ellos. Estos usuarios, a su vez, van a tener posiblemente una mayor predisposición a prestar atención a aquello que se les está anunciando, porque sus contenidos se alinean con lo que pueden esperar recibir.

Una buena campaña publicitaria en las redes sociales no solo debe estar segmentada, también debe hacerse a conciencia y de forma creativa, para que sea realmente útil al usuario. Con una campaña bien segmentada y diseñada podemos llegar a nuestro *target* ideal con un tipo de publicidad que es contextual y aporta valor (pues va dirigida a uno en función de sus intereses); y que, además, es social (puede ser comentada, recomendada y compartida). De este modo, podemos llegar a conseguir que la publicidad pase de ser impuesta a recomendada, multiplicando así su eficiencia.

Es de esta manera como Facebook, a través de su servicio **Facebook Ads**[136], se está convirtiendo para las marcas en una más que atractiva opción de inversión en publicidad *online*. Tanto es así que Facebook Ads se está haciendo con una porción cada vez más grande de la tarta publicitaria que antes acaparaba Google AdWords.

PARA SABER MÁS
Facebook y su jugada con Instant Articles

Facebook tiene sobre el tapete una oferta que los medios de comunicación difícilmente pueden rechazar. Se llama Instant Articles y la oferta es la siguiente: si tu alojas tu contenido en mis servidores y en mi aplicación, en lugar de simplemente ofrecer enlaces a tu página web, yo a cambio serviré ese contenido de una manera fácil y especialmente atractiva de consumir a los más de mil quinientos millones de usuarios de mi plataforma.

Tus noticias se podrán ver mejor que nunca, tu tráfico y tu *branding* crecerán, y podrás cobrar el 100 % de la publicidad que tengas ya integrada en tus contenidos, y si no tienes publicidad (o quieres tener más), te la pondré yo mismo e iremos tú al 70 % y yo al 30 %.

---

136 *https://www.facebook.com/business/products/ads/*

3.4.8 Publicidad en blogs

La publicidad en blog es, en realidad, igual que en cualquier otra página web: el autor del blog vende espacio publicitario en el mismo mediante Google AdSense, espacio donde se podrán colocar anuncios *display* que pueden ser *banners*, de texto plano, vídeos, etc.

La diferencia esencial con respecto al *website* es que el contenido del blog suele ser generado por una persona reconocible (el *bloguero*), habitualmente en torno a un tema muy específico, de tal manera que lo que el lector busca en el blog es su opinión autorizada e independiente sobre un tema, producto o servicio. En otras palabras, quien acude a un blog lo hace en cierto modo huyendo de las valoraciones sesgadas de la publicidad tradicional. Así que se trata de un perfil de público poco o nada predispuesto a los anuncios.

En cualquier caso, como quiera que los blogs presentan un alto grado de contextualización, la publicidad en estas plataformas puede ser especialmente útil para productos de nicho muy concretos relacionados con el tema del blog en cuestión. Por ejemplo, si nos dedicamos a la venta del material necesario para practicar triatlón y queremos realizar publicidad *online* para promocionar nuestros productos y marca, nos puede interesar comprar un espacio en el blog más relevante de triatlón.

Con todo, las marcas pueden llevar a cabo en los blogs otras formas de promoción más sutiles que la publicidad *display*, como por ejemplo:

▶ **Mantener un contacto permanente con los blogueros más importantes de su sector**, e incentivarlos con ofertas, quedadas y "regalos" para tratar de convertirlos en apóstoles de la marca.

▶ Pagar a estos blogueros influentes para que en sus *posts* hablen bien de la marca. Francamente, no recomendamos esta práctica de **posts patrocinados**, pues entra en conflicto directo con lo que comentábamos antes de que los usuarios buscan en un blog una opinión independiente.

▶ Crear un **blog específico destinado a un producto o servicio determinado** con el fin de promocionarlo.

En otro orden de cosas, el autor del blog siempre puede *pop-upear* una pequeña ventana emergente en su blog para suscripciones y envío posterior de *newsletters* por *e-mail*. Si estás al otro lado de la barrera, si eres usuario habitual de Internet, estarás acostumbrado a entregar tu dirección de correo electrónico cada vez que te registras en una página web o realizas una compra *online*.

3.4.9 Publicidad móvil

Las empresas están obligadas a adaptarse a sus clientes, a cómo acceden por la Red a sus productos y servicios. Por eso **el mobile first es hoy un imperativo**. La página web o tienda *online* adaptada a todos los dispositivos móviles (*responsive*) deja de ser una opción para convertirse en una necesidad.

Pues bien, lo mismo podemos decir de la publicidad *online*: está obligada a adaptarse a los *smartphones* y a las tabletas.

La publicidad móvil ya figura en un lugar preferente dentro de la estrategia de marketing de las empresas. Si bien es cierto que al tratarse de una tendencia relativamente nueva es un territorio virgen, y en muchos casos se desconoce cuál va a ser la respuesta de los usuarios a los anuncios móviles.

El móvil es un terreno de juego nuevo y diferente, que requiere gestionar la publicidad *online* de forma distinta a como se viene haciendo. No conviene servir la publicidad en móvil exactamente igual a como se ofrece en su versión para escritorio, porque la experiencia de usuario difiere mucho en función del soporte.

No se deben trasplantar exactamente los mismos formatos
publicitarios del escritorio al móvil, porque son soportes con
diferentes experiencias de usuario.

Los terminales móviles consiguen que los usuarios se centren más en lo que están viendo en su pantalla, ya que es más pequeña y con menos elementos que puedan distraer su atención. Quiere esto decir que los anuncios móviles pueden tener, a priori, un mayor impacto visual. A ello debemos añadir que los *smartphones* y las tabletas son terminales que admiten una gran variedad de formatos *rich media*, de *banner*s, vídeo, juegos… con prestaciones cada vez más potentes que no hacen más que avanzar y mejorar.

Pero no todo vale en los terminales móviles. No en vano muchos expertos consideran que la publicidad móvil puede resultar todavía más intrusiva que la publicidad a través del escritorio, especialmente los formatos que asaltan al usuario con ventanas emergentes (*pop-ups* e intersticiales) y ocupan toda la pantalla de su terminal, ofreciendo una experiencia especialmente nefasta en un móvil, porque su estructura está pensada para pantallas de escritorio mucho más grandes.

Así que los formatos publicitarios tienen que adaptarse al móvil, y aquí nos estamos refiriendo no solo a la navegación web, también a las **apps móviles**. Interesa invertir en publicidad a través de *apps*, pues la mayor parte del tiempo que pasa un usuario en el móvil tiene lugar delante de ellas, y esta tendencia va a más año tras año.

Cierto es que la publicidad dentro de las aplicaciones móviles es más cara que para escritorio, pero también lo es que permite una segmentación mucho más eficiente de los usuarios. Las apps permiten controlar mejor lo que ocurre con tus campañas publicitarias. Puedes manejar de forma más adecuada los formatos y también controlar mucho mejor lo que los consumidores hacen, ya que todo se realiza en un entorno cerrado y controlable. Esto implica que la publicidad en *apps* podría llegar a estar cuidadosamente personalizada.

IDEAS CLAVE

▼ La publicidad en Internet empezó con el *banner* en 1994.

▼ La publicidad en buscadores es de texto con enlace, pero tiene como principal ventaja el ser publicidad contextual poco o nada intrusiva, dado que los anuncios que se muestran al usuario van en función de lo que ha introducido en la caja de búsqueda.

▼ El remarketing te permite "perseguir" clientes que visitaron anteriormente tu sitio web o que han estado navegando en la web en busca de productos o servicios relacionados con tu marca.

▼ La compra programática sirve para mostrarle la publicidad a las personas indicadas.

▼ Internet es, hoy, el segundo medio más utilizado por las empresas para dar a conocer sus productos.

▼ Entre los usuarios gana adeptos el uso de los llamados bloqueadores de publicidad, unas herramientas muy sencillas de instalar en el ordenador que bloquean los anuncios intrusivos mientras navegamos.

▼ La forma más popular de publicidad display es el *banner*. Los usuarios están tan acostumbrados a su existencia que los ignoran casi por completo. Es lo que se conoce como efecto ceguera.

▼ El *e-mailing* puede ser una excelente herramienta de marketing *online* para atraer, fidelizar y mejorar las compras recurrentes.

▼ Más de la mitad de la inversión publicitaria en Internet se dedica a buscadores. Google AdWords es el sistema más utilizado.

▼ AdWords está formada tanto por la Red de Búsqueda como por la Red de Display.

▼ El vídeo *online* se está convirtiendo en uno de los formatos publicitarios más importantes de Internet.

▼ En las redes sociales las marcas deben esforzarse por socializar la publicidad, por crear una publicidad contextual que forme parte de la actividad cotidiana del usuario, que entre en relación con él e invite a conversar y compartir.

▼ Las redes sociales proporcionan una valiosísima información de los usuarios, lo que permite a las marcas hipersegmentar y teledirigir sus promociones publicitarias directamente al perfil de usuario al que más le pueda interesar su oferta.

▼ Facebook Ads se está haciendo con una porción cada vez más grande de la tarta publicitaria que antes acaparaba Google AdWords

▼ Los usuarios buscan en un blog una opinión independiente, por lo que aquí están poco o nada predispuestos a los anuncios.

▼ El móvil es la pantalla publicitaria del futuro inmediato. Pero al tratarse de una tendencia nueva, se desconoce cuál va a ser la respuesta de los usuarios a los anuncios móviles.

▼ Los formatos publicitarios tienen que adaptarse al móvil.

▼ Interesa invertir en publicidad a través de *apps*, pues la mayor parte del tiempo que pasa un usuario en el móvil tiene lugar delante de ellas.

3.5 MARKETING ANALYTICS

3.5.1 ¿Qué es la analítica?

Hemos visto la importancia que para una marca tiene el conseguir visibilidad en Internet, cuidar su reputación *online*, generar *engagement*, conseguir tráfico, etc. Pues bien, todas estas acciones de marketing *online* las podemos seguir y medir sobre la marcha para saber si están o no funcionando.

Para esto es para lo que sirve el marketing analítico (**analítica web** o simplemente "analítica"), para decirnos dónde estamos teniendo resultados o dónde podemos estar teniendo problemas.

La analítica es como tener un mapa y una brújula para tu negocio. Una excelente herramienta que, por medio de la recopilación y medición de datos digitales, nos aporta una información sumamente valiosa para tomar decisiones, para saber qué cosas deberíamos hacer y qué no deberíamos hacer más. La analítica explica y entiende los datos, es decir, transforma los datos en información.

La analítica permite tomar decisiones a partir de datos.

A diferencia de lo que muchos pueden creer, la analítica web no analiza sitios (páginas web, perfiles y páginas de redes sociales, vídeos…), sino el comportamiento de los usuarios dentro de esos *sites* (estudia el rastro que deja cada usuario durante su visita). Así, da respuesta a:

▶ ¿Cuánta gente atraemos?
▶ ¿Cómo llegan los usuarios a nuestros espacios (fuentes de tráfico)?
▶ ¿Por qué palabras clave nos encuentran?
▶ ¿Qué hacen los usuarios en nuestros sitios?
▶ ¿Qué problemas tienen dentro de nuestros sitios?
▶ ¿Qué contenido les gusta más (páginas más vistas, tiempo de estancia…)?
▶ ¿Cuál les gusta menos?
▶ ¿Qué intereses tienen?

La analítica digital da respuesta a estas y otras preguntas clave para cualquier negocio *online*; respuestas que permiten conocer mejor a la audiencia (lo que quiere) para, así, poder darle lo que realmente necesita.

Con la analítica big data puedes conocer al dedillo el patrón de comportamiento de cada usuario, y de este modo personalizar la relación.

Por lo tanto, la analítica sirve para hacer campañas de marketing online más eficientes. Nos ayudan a entender los motivos que hacen que un producto se haya vendido mejor que otro en nuestra tienda *online*, las causas por las que un *post* ha sido más leído que otro en nuestro blog, o los argumentos para apostar por una acción determinada en Instagram en lugar de en Twitter.

En resumidas cuentas, el marketing analítico nos ayuda a saber si vamos en la buena dirección o no, y nos ofrece las claves para encontrar soluciones. Así que la analítica, más que una herramienta de tráfico web, es una herramienta de negocio. Imprescindible para cualquier marca que trabaje *online*.

PARA SABER MÁS
El perfil profesional del analista digital

No todo el mundo vale para ser analista digital. De entrada te tiene que gustar Internet, el marketing, los números, las estadísticas, las gráficas, pasarte horas delante de un ordenador, investigar y estudiar para estar al día...

Explorar, recolectar y estudiar datos web es necesario para hacer este trabajo. Pero quizá lo más importante para ser un buen analista digital es tener visión de negocio, entender que los recursos y las acciones deben orientarse a conseguir unos resultados: el retorno de la inversión (ROI).

Capacidad analítica, conocimiento de Internet y visión de negocio son las tres claves principales para ser un buen analista digital.

Un último apunte importante que conviene mencionar aquí y ahora es que hoy el público ya no solo nos llega desde un ordenador tradicional. El *smartphone* y las tabletas han entrado a formar parte en los hábitos de navegación, y esto influye, y mucho, en la analítica web. Porque no es lo mismo obtener datos de conducta procedentes de un escritorio que desde un dispositivo móvil. Las conclusiones que podamos sacar difieren según sea el soporte desde el que el usuario accede a nuestro sitio. Así que en cierto modo cada soporte ha de tener su propia analítica.

3.5.2 Marcar objetivos y medirlos

Antes de ponernos a medir a lo loco, debemos fijarnos unos objetivos claros sobre qué pretendemos conseguir con nuestra presencia *online*.

> *El primer reto de la analítica es preguntarnos sobre los propósitos esenciales de nuestra estrategia online.*

Tus objetivos pueden ser de lo más variado: vender más, aumentar el tráfico web (más visitas), conseguir más suscriptores, disminuir la tasa de abandono (que quienes nos visiten se sientan a gusto), conseguir más interacción en Facebook, etc.

Sean cuales sean, nuestros objetivos han de ser reales y razonables (que sean retos, no utopías), para después poder evaluar y comparar si los estamos cumpliendo, y, si fuera necesario corregir, las posibles desviaciones.

Supongamos que ya tenemos definidos nuestros objetivos web. Bien, ahora lo que debemos hacer es valorar cómo medir estos objetivos para saber si se están cumpliendo. Se trata de reducir nuestros objetivos a un conjunto de **indicadores clave de desempeño o KPI** (del inglés *key performance indicators*) que nos van a decir cuán cerca o lejos nos encontramos de nuestros objetivos prefijados.

> *Los KPI son indicadores que nos ayudarán a saber qué es lo que está funcionando y lo que no de nuestra estrategia online*

La elección de los KPI dependerá del tipo de negocio y objetivos que se quieran alcanzar. Podemos avanzar, no obstante, algunos parámetros "genéricos" que nos ayudarán a entender el uso que de nuestro sitio web hacen los usuarios o visitantes. En este sentido, vamos a ver a continuación las **métricas generales** del cuadro de mandos o *dashboard* predeterminado de **Google Analytics**, la herramienta por excelencia de la analítica web.

▼ **Sesiones**

Las sesiones son lo que Google Analytics llamaba antes "visitas", es decir, cuántas veces un usuario ha llegado a nuestra web en el período de tiempo analizado. Representa el conjunto de interacciones realizadas por un mismo usuario en nuestro sitio web. Es decir, una única sesión incluye todo lo que un usuario haga en nuestra web antes de irse. Por ejemplo: Acceder por la *home* > Visitar otra página > Pinchar en un enlace > Mirar un vídeo…

▼ **Usuarios**

Los usuarios son lo que antes Analytics denominaba "visitantes únicos", es decir, el número de usuarios únicos que han visitado nuestra web. Conviene aclarar que Analytics no entiende a los usuarios como personas, sino como un dispositivo conectado a la Red. Así, un mismo usuario puede visitar nuestra web desde, digamos, tres dispositivos y navegadores diferentes, en cuyo caso se contaría como tres usuarios en lugar de uno.

▼ **Número de páginas vistas**

Nos dice la cantidad de páginas a las que accedieron los visitantes. Un KPI apropiado para, por ejemplo, calcular el número de "impresiones" de tus anuncios o contenidos.

▼ **Páginas/sesión**

Refleja la cantidad de páginas promedio que los usuarios visitan por cada sesión. Nos da una idea de lo *user friendly* que resulta nuestro *website* para navegar por él.

▼ **Duración media de la sesión**

Mide cuánto tiempo, en promedio, permanece un usuario en nuestra web. Mejor que el valor sea alto, porque eso significa que los contenidos de nuestra web interesan.

▼ **Porcentaje de rebote**

Esta métrica nos indica la proporción de usuarios que han entrado en nuestra web y que la han abandonado sin haber visitado ninguna otra página de nuestro sitio. Evidentemente, nos interesa tener una tasa de rebote (de abandono) baja.

▼ **Porcentaje de nuevas sesiones**

Es el porcentaje estimado de usuarios que visitan nuestra web por primera vez. Es una métrica que nos da una idea de nuestro grado de captación/fidelización. Si por ejemplo buscamos captar nuevos usuarios, entonces nos interesa que el porcentaje de nuevas sesiones sea alto; pero si lo que queremos es fidelizar, mejor que este porcentaje sea bajo.

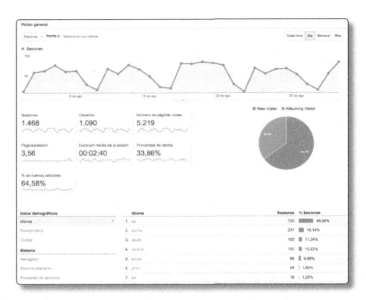

Dashboard principal de Google Analytics

Además de las métricas básicas mencionadas, el *dashboard* predeterminado de Google Analytics nos ofrece la siguiente información de interés sobre nuestras visitas:

▶ **Datos demográficos**: nos dice de qué países, ciudades e idioma provienen nuestras visitas.

▶ **Sistema**: nos permite saber desde qué navegador, sistema operativo y proveedor de servicios acceden los usuarios a nuestra web.

▶ **Móvil**: nos indica el sistema operativo móvil, el proveedor de servicios y hasta la resolución de pantalla.

PARA SABER MÁS
Diseña tu dashboard

Un cuadro de mando o *dashboard* es una representación gráfica para seguir las principales métricas de nuestro negocio y su evolución en el tiempo.

Podemos diseñar nuestro propio *dashboard* con nuestras KPI particulares, para lo cual damos tres consejos:

- Diseña un *dashboard* sintético, con pocos indicadores, limpio y ordenado. Más vale cinco o diez KPI útiles para tu negocio (que aporten valor para la consecución de los objetivos planteados) que 20 que no se aplican.

- Representa la información de forma gráfica y visual, que permita entender y contextualizar con claridad meridiana los datos de la interfaz que estamos viendo.

- Igualmente es recomendable aglutinar toda esta información en una única "foto", para que se pueda apreciar su contexto a golpe de vista.

Los KPI del *dashboard* nos han de ayudar a saber quién es nuestro público y si estamos yendo o no por el buen camino, si estamos alcanzado los objetivos planteados. Para interpretarlas de forma correcta, habrá que comparar datos con los de períodos anteriores y correlacionar algunas métricas.

3.5.3 Métricas para redes sociales

Las redes sociales han cambiado la forma de medir las audiencias. Ahora continuamente se producen conversaciones sobre las marcas en Facebook, Twitter, blogs… Esto exige un nuevo tipo de métricas que van más allá de los parámetros web convencionales.

Como primera aproximación, tenemos tres métricas básicas que podemos aplicar en las redes sociales, y que hacen referencia tanto al volumen de usuarios que manejamos como a su grado de participación: la **reputación**, la **popularidad** y la **influencia**.

3.5.3.1 REPUTACIÓN O PERCEPCIÓN DE LA MARCA

Implica practicar la *escucha activa* para tratar de averiguar en relación a qué temas se nos menciona y qué imagen reflejan de nuestra marca.

3.5.3.2 POPULARIDAD DE LA MARCA

Mide el impacto que tiene nuestra presencia en los medios sociales, es decir:

▼ Alcance de nuestras publicaciones (a cuántas personas llegan).

▼ Número de *likes* recibidos.

▼ Menciones y respuestas obtenidas.

▼ Promedio de comentarios sobre nuestros contenidos.

▼ Número de suscriptores.

▼ Número de enlaces entrantes.

3.5.3.3 INFLUENCIA DE MARCA

Analiza cómo se expanden nuestros mensajes, es decir, en qué medida nuestro círculo de seguidores lleva nuestros mensajes a su propia red:

▼ Las veces que una URL nuestra recibe clics o ha sido compartida en las redes sociales.

▼ Las menciones que nuestro contenido obtiene.

También interesa analizar:

▼ La mejor hora para publicar en las redes sociales.

▼ El formato de contenido (o combinación de contenidos) con mejor respuesta: texto, imagen, vídeo, enlace…

▼ La temática de contenidos con mayor alcance: de producto, noticias, concursos…

Con la información que nos proporcionan estas métricas sociales, podemos averiguar muchas cosas, como por ejemplo el sentimiento que genera nuestra marca (si los usuarios están diciendo de nosotros cosas positivas, negativas o neutras), nuestros contenidos que mejor y peor funcionan en cada red social, qué red social dirige más tráfico a nuestro *website*, etc.

3.5.4 Del ROI al IOR

De todas las métricas que existen, posiblemente la más importante sea el ROI (*return on investment* o retorno de la inversión). Y es que lo primero que quiere saber el cliente es si su inversión en marketing *online* tiene un retorno positivo.

La métrica del ROI permite medir el rendimiento económico de una inversión, es decir, permite saber si se ha perdido o ganado dinero con una campaña.

El ROI calcula qué beneficios estamos recibiendo del dinero invertido.

Pero ¿cómo se calcula el ROI? **El ROI es una fórmula matemática que hace el cálculo directo de los beneficios obtenidos en función de la inversión establecida**. Así, la fórmula básica para calcular el ROI es la siguiente:

ROI = ingresos − inversión / inversión × 100 %.

Supongamos que hemos hecho una inversión de 1.000 € en una campaña publicitaria en Google AdWords, y que esta ha generado unos ingresos de 5.000 €, de tal manera que el ROI sería 5.000 − 1.000 / 1.000 × 100 = 4 %. Es decir, de cada euro invertido estaríamos obteniendo un retorno de 4 € (descontado el coste de la inversión). (Aunque esta fórmula es muy sencilla, su cálculo real no lo es tanto, ya que habría que haber contemplado todos los gastos que se producen con esta acción).

Como es de suponer, cuanto mayor sea el ROI, más rentable será nuestra campaña; por el contrario, un ROI negativo nos indicará que estamos perdiendo dinero con nuestra inversión.

Es fácil cuantificar el ROI de campañas publicitarias online y conocer la efectividad de nuestros anuncios: impresiones o clics en *banners*, resultados de campañas de *e-mail* marketing…

Sin embargo, el ROI es un modelo matemático que solo hace referencia al retorno de la inversión en términos económicos, y no contempla otras métricas de retorno indirecto como por ejemplo el *engagement* (nivel de implicación) de los usuarios. El ROI, al ser una medición meramente cuantitativa, no es un indicador válido para medir la complejidad de las conversaciones en medios sociales.

Con la fórmula clásica del ROI podemos calcular el retorno de la inversión de banners publicitarios, pero no nos permite saber cuáles son los beneficios tangibles (números en mano) de las relaciones con nuestro público.

Cierto es que el *social media* genera algunos retornos que sí se pueden cuantificar de manera tangible, como por ejemplo los provenientes de la publicidad social (clics en anuncios en Facebook Ads o Twitter Ads) o el gasto que las empresas pueden ahorrarse en estudios de mercado y testeo de productos por el uso de las redes sociales. Pero en líneas generales calcular el ROI del *social media* es realmente complejo, porque es muy difícil, por no decir imposible, asignar el impacto económico (inversión/beneficio) de intangibles basados en relaciones y conversaciones.

De acuerdo, pero entonces, ¿cómo podemos calcular el retorno de la inversión de nuestras acciones en los medios sociales? Como respuesta a esta pregunta surge el IOR, cuyo acrónimo es un giro de 180 grados de las siglas del ROI. El IOR (del inglés *impact of relationship*) mide el impacto de nuestras relaciones en medios sociales. En otras palabras, mide la efectividad de las acciones sociales (contenidos orgánicos, conversación…) que realizamos en Facebook, Twitter, Instagram, Google+, YouTube, Pinterest, blog…

> *El IOR, al tratarse de una medida cualitativa, permite medir el impacto de nuestra presencia en los medios sociales.*

El IOR cuantifica las acciones y relaciones de una marca en los medios sociales aplicando rangos de valores a cuatro variables: **autoridad**, **influencia**, **participación** y **tráfico**.

3.5.4.1 AUTORIDAD

Se refiere a la autoridad del contenido de nuestra marca, es decir, a las referencias y menciones sobre la presencia y contenido de nuestra marca realizadas por otros fuera de nuestros perfiles y medios. Tendremos autoridad si tenemos visibilidad y presencia en canales externos a los nuestros.

3.5.4.2 INFLUENCIA

Indica la influencia de nuestra marca en la Red, que se da por el número de seguidores que tenemos en los distintos medios sociales en los que estamos presentes. En realidad lo que esta variable analiza son las causas (las acciones sociales) que generan un aumento o disminución de seguidores.

PARA SABER MÁS
Más vale tener 100 fans fidelizados que no 1.000 "fans" de pacotilla

Hasta hace no mucho, un concepto equivocado y lamentablemente demasiado extendido ha sido pensar que el objetivo estratégico en las redes sociales era conseguir un gran número de fans o seguidores. Sin embargo, esta obsesión por acumular fans, por buscar volumen a toda costa, es un error de bulto.

Por supuesto que está bien conseguir una gran comunidad con masa crítica, llegar a tener miles de fans o seguidores, pero de NADA sirve si luego resulta que la inmensa mayoría no se encuentra entre nuestro público objetivo y, en consecuencia, nunca estarán interesados en nada de lo que les ofrezcamos ni acabarán por convertirse en clientes.

Todos estos "seguidores" sobrantes serán solo números muertos que no generarán valor alguno a nuestra marca: ni interacción, ni *engagement*, ni reputación, ni ventas, ni nada de nada.

A la postre es mucho mejor tener pocos seguidores, pero fieles a nuestra marca (que interactúen y participen), que no miles de "seguidores" anónimos o falsos.

Preocúpate, pues, por conseguir fans y *likes* de verdad. **Atrae a seguidores de calidad que realmente interesen a tu marca y negocio.**

3.5.4.3 PARTICIPACIÓN

Se refiere al grado de interacción que mantenemos con nuestros seguidores: número de **Me gusta**, de comentarios, de compartidos, de menciones y valoraciones. Nos permite analizar la relación que tenemos con nuestros seguidores y comprobar el interés que en los medios sociales generan nuestros contenidos. Está directamente relacionada con el *engagement* y, por lo tanto, seguramente es la variable más importante.

3.5.4.4 TRÁFICO

La variable del tráfico mide la capacidad para atraer seguidores a la parte más comercial de nuestro negocio: la web o tienda *online*. Aquí debemos ir más allá de simplemente medir el tráfico web generado a través de nuestra presencia en los medios sociales (que se puede calcular fácilmente con Google Analytics), y hay que centrarse en analizar qué acciones sociales han generado ese aumento en el número de visitantes. ¿Desde qué acción social ha venido más tráfico y más cualificado?

Con toda esta información, **el IOR nos permite saber si nuestra estrategia de social media va por el buen camino**, si nuestras acciones sociales permanecen alineadas con nuestros objetivos y si, en definitiva, estamos invirtiendo bien nuestro tiempo y dinero destinado a los medios sociales.

3.5.5 Herramientas para la analítica

A continuación vamos a ver algunas herramientas de "marketing de métricas" dignas de mención.

▼ **Google Analytics**[137]. Es la herramienta por excelencia de la analítica web. Gratuita y la más extendida, Analytics permite medir los resultados de lo que se hace en nuestra web y tomar decisiones objetivas basadas en esta información. Imprescindible para tener un histórico de visitas, poder medir el comportamiento de los usuarios en nuestro sitio web y comprobar si a nuestro público le gusta lo que ve. Analytics es, en definitiva, una herramienta de negocio que nos ayuda a tomar decisiones inteligentes basadas en información.

▼ **Estadísticas de la página de Facebook**[138]. Si tienes página en Facebook debes manejar correctamente su propia herramienta de analítica. Se trata de un excelente sistema de estadísticas para conocer lo que hacen los visitantes en tu página. Es decir, analiza el grado de *engagement* de tu comunidad de Facebook. Gratuita.

▼ **Twitter Analytics**[139]. Herramienta gratuita básica para analizar tu Twitter. Proporciona información sobre el impacto que han causado tus tuits, tasa de interacción, seguidores más relevantes… O sea, te permite conocer a tu comunidad tuitera y lo que le gusta.

▼ **Google Webmasters**[140]. También conocido como Google Search Console, es un servicio gratuito de Google que ofrece datos, herramientas y diagnósticos para supervisar y mantener la presencia de tu sitio. ¿Quieres comunicarte muy bien con Google? Esta es la herramienta.

▼ **Alexa**[141]. Proporciona el ranking de la página web que introduzcas. Da una idea de la relevancia e influencia del sitio web seleccionado. De pago.

▼ **Woorank**[142]. Herramienta muy completa y funcional de analítica web y optimización SEO. Permite mejorar la calidad de tu web, pues valora aspectos importantes de tu sitio (como, por ejemplo, el tiempo de carga, con qué palabras clave te encuentran, o de qué zona geográfica proceden tus visitas), y recomienda acciones para optimizar tu SEO *on-page*. De pago.

---

137 *http://www.google.com/analytics/*

138 *https://www.facebook.com/business/learn/facebook-ads-measuring-results/*

139 *https://analytics.twitter.com/about*

140 *https://www.google.com/webmasters/*

141 *http://www.alexa.com/*

142 *https://www.woorank.com/es/*

▼ **Kissmetrics**[143]. Su eslogan lo dice todo: "Google Analytics analiza lo que está pasando, y Kissmetrics analiza quién lo está haciendo". Es, pues, una herramienta que se enfoca en el comportamiento individual de cada usuario, sus movimientos dentro de nuestro sitio. Nos ayuda a conocer y entender mejor a nuestros usuarios. De pago.

▼ **Similar Web**[144]. Podemos ver las estadísticas de sitios web de la competencia (conocer cuánto tráfico tienen, su tipología de usuarios, sus palabras clave de acceso, etc.) y compararla con la nuestra. De pago.

▼ **Cyfe**[145]. Excelente herramienta para construir nuestro cuadro de mandos analítico y poder tomar, de un simple vistazo, las mejores decisiones con rapidez. Gratuita y de pago.

▼ **Klout**[146]. Herramienta gratuita que mide tu influencia social. Evalúa tu habilidad para influenciar a los demás usuarios, gracias al análisis detallado que hace de cada interacción que tienes en los medios sociales (tiene en cuenta datos de Twitter, Facebook, Google+, LinkedIn, Foursquare, YouTube, Instagram, Blogger y WordPress).

PARA SABER MÁS

¿Cómo instalar Google Analytics?

Solo necesitamos dar tres pasos para habilitar Google Analytics en nuestro sitio web:

• Paso 1. **Registrarnos con una cuenta de Google Analytics**

La cuenta es el punto de acceso a Analytics. Para poder registrarnos es necesario, antes de nada, tener al menos una cuenta en Google (de Gmail, Google+, Blogger...). Luego debemos ir al **sitio web de Google Analytics**[147] y creamos una cuenta para nuestro *website*, indicando el nombre de nuestro sitio, la URL, la categoría del sector y la zona horaria.

143 *https://www.kissmetrics.com/*

144 *http://www.similarweb.com/*

145 *http://www.cyfe.com/*

146 *http://klout.com/*

147 *http://www.google.com/analytics/*

- Paso 2. **Configurar las propiedades web de nuestra cuenta**

Al crear nuestra cuenta en Analytics, automáticamente hemos creado una propiedad de la que podemos recopilar datos. Se pueden crear múltiples propiedades dentro de una cuenta. Por ejemplo, una propiedad para el sitio web, otra propiedad para la aplicación móvil, otra para la tienda *online*, etc. Así pues, con una sola cuenta de Analytics podemos monitorizar muchos dominios web. Iniciemos sesión en nuestra cuenta y **configuremos las propiedades**[148] que nos interesan.

- Paso 3. **Configurar e instalar el código de seguimiento**

Al crear una propiedad, Analytics genera un código de seguimiento Javascript. El código lo encontraremos en la opción **Administrador,** situada en la parte superior del menú, seleccionamos una **Propiedad** y hacemos clic en Información **de seguimiento – Código de seguimiento.** Ahora copiamos todo el código y lo pegamos en el HTML de la página web que deseemos monitorizar (lo insertamos justo antes de la etiqueta de cierre *</head>*). En la siguiente página de ayuda de Analytics se explica cómo **configurar el código de seguimiento web**[149].

Si todo ha ido bien, tendremos creada una cuenta en Google Analytics. A partir de ahora la herramienta empezará a recopilar datos, y en pocas horas podremos empezar a analizar nuestra web.

IDEAS CLAVE

▼ La analítica explica y entiende los datos, es decir, transforma los datos en información.

▼ La analítica no analiza sitios (páginas web, perfiles y páginas de redes sociales, vídeos…), sino el comportamiento de los usuarios dentro de esos sitios.

▼ La analítica sirve para hacer campañas de marketing *online* más eficientes.

▼ Antes de ponernos a medir, debemos fijarnos unos objetivos claros sobre qué pretendemos conseguir con nuestra presencia *online*.

---

148 *https://support.google.com/analytics/answer/1042508?hl=es*

149 *https://support.google.com/analytics/answer/1008080?hl=es*

▼ Primero definimos los objetivos que queremos alcanzar, y luego determinamos los indicadores clave de desempeño o KPI adecuados para medir y cuantificar su consecución.

▼ Un cuadro de mando (*dashboard*) es una representación gráfica para seguir las principales métricas de nuestro negocio y su evolución en el tiempo.

▼ Tenemos tres métricas básicas que podemos aplicar en las redes sociales, hacen referencia tanto al volumen de usuarios que manejamos como a su grado de participación: reputación, popularidad e influencia.

▼ EL ROI (*return on investment* o retorno de la inversión) nos permite cuantificar si nuestra campaña ha sido rentable o no. Cuanto mayor sea el ROI, más rentable será nuestra campaña.

▼ El ROI, al ser una medición meramente cuantitativa, no es un indicador válido para medir la complejidad de las conversaciones en los medios sociales. Para calcular el retorno de la inversión de nuestras acciones en los medios sociales recurrimos al IOR (del inglés *impact of relationship*).

▼ El IOR nos permite saber si nuestra estrategia de social media va por el buen camino. Para ello cuantifica las acciones y relaciones de una marca en los medios sociales aplicando rangos de valores a cuatro variables: autoridad, influencia, participación y tráfico.

▼ Más vale tener 100 fans fidelizados que 1.000 "fans" de pacotilla.

▼ Existen muchas herramientas de "marketing de métricas" que nos permiten enfocar acciones a resultados concretos para nuestro negocio. Google Analytics es la herramienta por excelencia de la analítica web.

PARTE II.

LA CONSTRUCCIÓN.
LA ESTRATEGIA PARA CADA
RED SOCIAL

4

CREA TU ESTRATEGIA DE SOCIAL MEDIA

INTRODUCCIÓN

Sin una estrategia de Red clara, sin saber para qué estás en las redes sociales, ¿cómo pretendes tener éxito con ellas y llegar a tu público?

Esto es lo que pretendemos explicar en este capítulo: lo importante que es tener una hoja de ruta en las redes sociales. Sí o sí, has de crear un plan estratégico de comunicación en los *social media* que integre las cuatro grandes áreas de todo buen plan: la observación, la definición, la ejecución y la evaluación.

▶ ¿Para qué quieres estar en los medios sociales?

▶ ¿Qué objetivos quieres conseguir?

▶ ¿A qué público quieres dirigirte?

▶ ¿En qué canales debes estar?

▶ ¿Qué tipo de contenido te conviene publicar?

▶ ¿Con qué herramientas vas a medir tu estrategia de *social media*?

▶ ¿Cuánto te va a costar todo esto?

Antes de dar el salto a la Web social, es fundamental tener respuesta clara a estas y otras preguntas estratégicas. Veamos, pues, como diseñar una estrategia en medios sociales efectiva desde cero.

4.1 LA IMPORTANCIA DE TENER UNA ESTRATEGIA DE SOCIAL MEDIA

4.1.1 El error de "estar por estar"

En la actualidad la mayoría de las empresas ya tiene presencia en las redes sociales, pero lo que quizás no sabías es que la inmensa mayoría de estas empresas no tiene definido plan estratégico alguno para su uso.

Así, según un estudio publicado en mayo de 2013 por la revista *online Social Media Examiner*, el 86 % de las empresas admite que las redes sociales son muy importantes para su negocio, por eso están en ellas; sin embargo, el 88 % reconoce que no tiene una estrategia al respecto, y que, de hecho, no sabe cómo debe actuar en las redes sociales.

Por nuestra experiencia profesional, lo más habitual es encontrarse con directivos o emprendedores con prisas por publicar en las redes sociales, con las cuentas ya creadas y posteando en ellas al buen tuntún, sin antes haber pensado o planificado lo que quieren conseguir con su presencia en la Web social.

> *Las empresas se apresuran por tener una presencia en la Web social sin haber decidido antes lo que pretenden conseguir con ella.*

Este es el principal error en el que suelen incurrir las empresas en las redes sociales: "estar por estar", y luego a ver qué pasa. Están en las redes sociales porque les han dicho que se han vuelto muy importantes y que estando en ellas estarán a la última. "Lo importante es estar en las redes sociales", se dicen, "no vayamos a parecer antiguos", recalcan.

> *Son muchas las empresas que están en las redes sociales porque les han dicho que están de moda.*

Así que están en las redes sociales simplemente porque hay que estar, y, claro, luego lo que hacen es publicar chorradas en Facebook que a nadie importan, esa es toda su "estrategia". Al cabo de un tiempo comprueban que eso no da resultados, así que abandonan su página de Facebook y se quedan con la idea de que esto de las redes sociales no vale para nada, que es una pérdida de tiempo, cuando la realidad es que simple y sencillamente no saben usarlas, pues llevan a cabo acciones anárquicas y aisladas o directamente absurdas y, por lo tanto, inútiles y hasta contraproducentes… Si no sabes conducir, ¿para qué llevas un Ferrari?

Las empresas que piensan que el social media no es eficaz, es porque no saben usarlo.

El problema, su problema, es pretender "estar" en la Web social sin "ser" realmente social. No entienden la filosofía 2.0, no la interiorizan, no creen en la cultura de la escucha y el diálogo, y así es imposible aprovechar el enorme potencial de las redes sociales. Esta es posiblemente la razón número uno por la que el *social media* está fallando en muchos negocios.

Ya es hora de que se den cuenta de que promover un negocio en la Red es mucho más complejo que simplemente tener unos amigos en Facebook. Entrando en el universo de la Web social obtendrás beneficios, sin duda, pero también una serie de compromisos, retos y manejo de conflictos que deberás gestionar como cualquier otra área de la empresa; si la dejas sola, tu estrategia de Red estará abocada al fracaso.

Así que no te metas en este mundo de las redes sociales si no crees en él, si sigues siendo 1.0 y no tienes claro por qué estar. Sin convicción y sin saber para qué estás en las redes sociales, mejor no te metas en ellas

4.1.2 Por qué tu empresa necesita una estrategia en las redes sociales

Demos por hecho que estamos convencidos. Pues bien, ahora lo que necesitamos es **tener una hoja de ruta**. Necesitamos tener razonablemente claro a dónde queremos ir con nuestra presencia en los medios sociales. Eso es lo prioritario: dedicar tiempo a definir lo que en verdad hay que hacer, y luego hacer lo que tengamos que hacer.

Estar presentes en las redes sociales no es una finalidad en sí misma, sino una herramienta para conseguir una serie de retornos.

Antes de estar en los medios sociales debemos valorar qué nos pueden aportar y qué implicación nos van a exigir. Así que tenemos que crear un plan estratégico de comunicación en social media que recoja las intenciones que nuestra empresa tiene con su presencia en los medios sociales y que también defina cómo vamos a lograr los objetivos que en ese plan se reflejen.

¿**Para qué queremos estar en los medios sociales?** ¿Cómo debemos usar las redes sociales para llegar a nuestro público? ¿Qué estrategia de contenidos y de conversación deberíamos llevar a cabo? ¿Cuánto nos va a costar todo esto y qué retorno esperamos obtener de ello?

Necesitamos, pues, una **net strategy** o estrategia de presencia *online* sobre cómo vamos a sacar provecho de la comunicación en los *social media,* y, por descontado, toda acción que llevemos a cabo en medios sociales ha de responder a esta estrategia.

De acuerdo, pero ¿cuál es la estrategia de *social media* que debo seguir para mi empresa en particular? Pues siento decirte que no existe una fórmula mágica para encontrar la respuesta a tus objetivos en la Web social. El diseño de tu estrategia de Red dependerá de los objetivos particulares que tengas, que pueden ser de lo más variado: desde atraer tráfico a tu sitio web o tienda *online* hasta abrir vías de diálogo para atender al cliente real y potencial, pasando por dar a conocer tu marca con *branded content* y *brand advocate*, etc.

Sean cuales sean tus propósitos, necesitas un documento base: un **briefing** con tres pasos elementales:

▼ Un **diagnóstico de situación online**. Es decir, un análisis de tu presencia en la Red, de la competencia y del *target*.

▼ La **definición de la estrategia de Red** propiamente dicha, donde nos marcarnos el rumbo que hemos de seguir: ¿Qué objetivos estratégicos de marketing y comunicación *online* pretendemos alcanzar (el qué)? ¿Qué acciones concretas proponemos para alcanzar dichos objetivos (el cómo)?

▼ Finalmente debemos **medir nuestra estrategia**, para saber si realmente está funcionando o no lo que nos hemos planteado hacer.

4.1.3 Decálogo para elaborar un plan estratégico de comunicación en los social media

Un plan de comunicación para los *social media* es igual que un plan de comunicación tradicional, pero aplicado a los nuevos medios *online*. Así, tendrá su apartado de análisis, su propuesta de estrategia, el planteamiento de las tácticas y operaciones más adecuadas, y su medición. Todo ello lo desmenuzamos en los siguientes **diez pasos clave** que han de servir de guía a la hora de elaborar un plan estratégico de comunicación para los social media.

1. **Haz un diagnóstico de la situación**

   Lo primero que hay que hacer es determinar nuestro punto de partida, nuestra situación en la Red: ¿quiénes somos?, ¿qué hacemos y no hacemos?, ¿dónde estamos?, ¿cómo nos comportamos?, ¿qué percepción se tiene de nuestra marca y de la competencia?, ¿dónde queremos estar en el futuro? Debemos autoevaluarnos, estudiar la situación de nuestros diferentes sitios web, conocer nuestro posicionamiento SEO y hacer un análisis DAFO 2.0.

2. **Identifica y segmenta a tu público objetivo**

   A continuación, debemos centrarnos en conocer a fondo a nuestra audiencia. Hay que identificar y entender bien a nuestro *target*, y segmentarlo todo lo que nos sea posible: ¿a qué público objetivo nos queremos dirigir?, ¿dónde está?, ¿cómo es y cómo interactúa?, ¿qué es lo que le interesa y qué puede esperar de nosotros?, ¿quiénes son nuestros grupos de interés?… Aquí, una buena estrategia de social CRM nos permitirá identificar con gran efectividad el perfil exacto del cliente que buscamos.

3. **Márcate unos objetivos claros**

   Es esencial tener unos objetivos bien definidos. No queremos estar disparando al aire sin ton ni son. Así que pregúntate: ¿por qué quiero estar en las redes sociales?, ¿qué pretendo conseguir con ello?, ¿cuáles son mis objetivos? Una vez tengamos claros los objetivos, plantearemos nuestra estrategia de Red.

4. **Selecciona los medios que vas a utilizar**

   Ahora toca escoger qué canales sociales vamos a usar: ¿en qué redes sociales debe estar presente mi empresa?, ¿qué medios de comunicación social son los más apropiados para dar a conocer nuestra marca e interactuar con nuestro público?

5. **Elabora la estrategia de contenidos/dinamización/conversación**

   Una vez hemos escogido qué medios sociales vamos a usar, debemos definir qué misión va a cumplir cada uno, porque no todo es para todo y no se hace lo mismo en Facebook que en Twitter. Cada red social necesita su propia estrategia de contenidos y acciones bien definida: ¿qué tipo de contenido necesitamos y cómo vamos a interactuar con los usuarios en cada red social?

6. Detalla un cronograma de implementación

Es importante planificar bien el lanzamiento y todas las fases de implementación y adaptación de nuestra estrategia de *social media*: ¿cuáles son los pasos que debemos seguir?

7. Selecciona el equipo humano necesario

Harán falta profesionales capaces de gestionar la estrategia de *social media*: ¿qué expertos de Red necesitamos para llevar a cabo el plan?, ¿quién debe definir la estrategia de comunicación *online*?, ¿quién se encargará de dinamizar las redes en las que estaremos presentes?

8. Decide el sistema de gestión y seguimiento

Toda implantación de un plan de comunicación *online* ha de ir acompañada de un sistema de medición, seguimiento y retroalimentación constante. Con ello se pretende identificar las desviaciones con respecto a los objetivos y sus causas, para diseñar acciones correctoras: ¿cómo vamos a controlar y medir todo lo que vaya ocurriendo?, ¿qué KPI necesitamos para saber si estamos cumpliendo los objetivos marcados?, ¿qué ajustes debemos llevar a cabo en caso de que fuera necesario redefinir nuestra estrategia de Red?, ¿qué herramientas nos conviene usar?

9. Establece unos protocolos

Necesitamos unas pautas de comportamiento sobre el uso de nuestros espacios sociales, la **netiqueta**: ¿qué normas de conducta se deben seguir en nuestra comunidad? Debemos, también, crear y tener preparado un protocolo de actuación en caso de crisis en las redes sociales: ¿cómo debemos actuar en caso de que surja una crisis de reputación *online*?

10. Fija el presupuesto

Por supuesto, será necesario contemplar un presupuesto anual para la gestión de los *social media*: ¿cuánto nos va a costar implementar la estrategia de Red?

En síntesis:

- Paso 1. Diagnóstico de situación *online*.
- Paso 2. Identificación y segmentación de la audiencia.
- Paso 3. Definición de objetivos: ¿Qué queremos conseguir?
- Paso 4. Elección de los canales: ¿dónde vamos a actuar?
- Paso 5. Estrategia de contenidos/dinamización/conversación en cada canal social.
- Paso 6. Calendarización y ejecución de la estrategia de Red.
- Paso 7. Elección del personal necesario.
- Paso 8. Sistema de medición (métricas, monitorización, herramientas…).
- Paso 9. Protocolos de comunicación y de crisis 2.0.
- Paso 10. Presupuesto: ¿cuánto nos vamos a gastar?

PARA SABER MÁS

Vincula la estrategia de social media con la estrategia de marketing general

Las campañas en medios sociales funcionan mucho mejor cuando van acompañadas por campañas paralelas en otros canales y con el mundo *offline* (presencial). Hay que llevar a cabo una campaña coordinada en todos los canales. Complementa e integra el *social media* dentro del plan de comunicación y marketing de la empresa, con una visión global.

IDEAS CLAVE

- ▸ La mayoría de las empresas que están en las redes sociales no tiene estrategia definida acerca de su uso.

- ▸ Las empresas se apresuran por tener una presencia en la Web social sin haber decidido antes lo que pretenden conseguir con ella.

- ▸ Son muchas las empresas que están en las redes sociales simplemente porque les han dicho que están de moda.

- ▸ Sin una estrategia de Red clara, sin saber para qué estás en las redes sociales, ¿cómo pretendes tener éxito en ellas y llegar a tu público?

- ▸ Un error habitual que cometen las empresas es la de "estar" en la Web social sin "ser" realmente social.

▶ No podemos tener éxito en las redes sociales si no creemos en la filosofía 2.0 y si no planificamos una verdadera estrategia de Web social.

▶ Tenemos que crear un plan estratégico de comunicación en los *social media* que recoja las intenciones que nuestra empresa tiene con su presencia en los medios sociales y que también defina cómo vamos a lograr los objetivos que en ese plan se reflejen.

▶ No existe una fórmula mágica para encontrar las respuestas a tus objetivos en medios sociales.

▶ Los tres pasos clave a la hora de diseñar una estrategia de *social media* son los siguientes: diagnóstico de situación online, definición de la estrategia de Red y evaluación de dicha estrategia.

▶ Estos tres pasos los podemos ampliar y especificar en diez pasos, a saber: diagnóstico online, identificación del *target*, definición de objetivos, elección de los canales, definición de estrategias y acciones, cronograma, elección del equipo, presupuesto, medición y protocolos.

▶ Vincula el *social media* con los demás canales y también con el *offline*.

4.2 DIAGNÓSTICO DE SITUACIÓN ONLINE

4.2.1 Por qué hacer un análisis de situación online

Una de las principales causas del fracaso de una estrategia es la falta de información sobre uno mismo y sobre el entorno. Por eso lo primero de todo es empezar por hacer un diagnóstico propio.

Analiza tu situación *online*, autoevalúate para poder conocerte a fondo, saber cómo se percibe tu marca en Internet, cómo están tus redes sociales con respecto a las de tus competidores, comprender mejor el entorno y analizar tu audiencia.

Este análisis de observación inicial te permitirá tener una radiografía de tu empresa en la Red, el paso previo para posteriormente poder establecer correctamente tus objetivos estratégicos, implantar las acciones adecuadas en las redes sociales, y, finalmente, medir y comprobar si realmente está funcionando o no tu estrategia de Red.

Por lo tanto, en esta primera parte se trata de hacer una completa auditoría *online*, interna y externa, que sirva como elemento de partida para luego poder diseñar y gestionar la mejor estrategia de Red posible.

> *Primero hay que diagnosticar la "enfermedad" del paciente,*
> *como paso previo para poder llevar a cabo el tratamiento*
> *estratégico que permita "curarlo".*

Si, por ejemplo, tu diagnóstico detecta que tus competidores tienen presencia activa en la Red, pero tu marca no se ve por ningún lado, entonces tu estrategia de Red debería estar enfocada a ganar **visibilidad**.

Tu tratamiento sería diferente si, por ejemplo, ya tuvieras una marca de sobra conocida y con presencia notoria en Internet, pero, pongamos por caso, estás teniendo un problema de reputación (por Internet circula un viral que critica a tu marca), en cuyo caso tu estrategia debería estar más dirigida a mejorar tu **reputación online** con el fin de recuperar la confianza y credibilidad.

Otro ejemplo: si lo que te dice el radar de situación en Internet es que tu público está demandando por parte de tu empresa un servicio *online* que resuelva sus dudas y quejas de un modo rápido, cercano y personalizado, entonces está claro que tu terapia estratégica debería estar dirigida a la atención al cliente a través de las redes sociales.

Estos solo son unos ejemplos de por qué interesa hacer un buen análisis de situación *online* que te permita conocer a fondo tu empresa y entorno, para así saber qué estrategia de *social media* deberías elaborar.

PARA SABER MÁS

Evaluación continua de tu situación online

La auditoría *online* es algo que hay que hacer de forma periódica. Una vez tengas tu estrategia de Red en marcha, deberás realizar informes de seguimiento que analicen cómo evolucionan los datos de rendimiento y extraigan conclusiones útiles para tu empresa.

La periodicidad de estos análisis o informes de seguimiento dependerá en buena medida de la empresa, sector y estrategia planteada, pero, por norma general, han de ser trimestrales, mensuales o incluso semanales.

4.2.2 Analiza tu presencia online

En esta etapa de análisis de situación debes centrarte en la **escucha activa** sobre lo que se dice de tu marca en Internet. A la escucha activa ya le hemos dedicado un apartado dentro del primer capítulo del libro, así que no nos repetiremos mucho más ahora. Tan solo recordemos que de lo que se trata es de:

▼ Escuchar qué dicen de tu marca en la Red: ¿qué están diciendo exactamente?, ¿qué está siendo referenciado de ti: tu marca, tus productos, la gestión de tus directivos…?, ¿con qué temas se te relaciona?

▼ Dónde te mencionan: ¿en qué espacios virtuales están hablando de ti: foros, blogs, webs, redes sociales, medios de comunicación…?

▼ Quién lo dice: ¿quiénes son los interlocutores?, ¿son muchos?, ¿te está mencionando alguien con influencia?

▼ Cómo lo han dicho: ¿qué lenguaje o tono están utilizando?, ¿se está hablando bien o mal de tu marca?

▼ Cuando lo han dicho: ¿lo has detectado a tiempo?

▼ Con qué frecuencia: ¿se trata de un comentario puntual o de alusiones recurrentes?

▼ Con qué impacto sobre tu reputación *online*: ¿pueden afectar los comentarios a tu imagen de marca y negocio?

Para poder rastrear esta percepción que los usuarios tienen de tu marca, puedes empezar por lo más básico: **googléate**, es decir, escribe el nombre de tu propia empresa en el buscador de Google. Esta simple búsqueda te ayudará a tener una mejor idea sobre cómo te ve la web y a sacar unas primeras conclusiones:

▼ Si tienes o no visibilidad en Internet (si estás o no bien posicionado en Google).

▼ Qué opinan los usuarios de ti.

▼ Qué impacto tienen tus contenidos.

▼ Con qué atributos se relaciona a tu marca.

Claro está que con este sencillo "test de Google" solo conseguirás unos resultados elementales sobre tu reputación *online*. Si quieres o necesitas profundizar en la monitorización de tu marca en la Red, recuerda que puedes recurrir a herramientas específicas como Radian6, SocialMention, SocialBro, Hootsuite... (herramientas para la monitorización y la reputación *online* que ya hemos mencionado en el primer capítulo del libro).

Una vez realizada esta tarea inicial de *monitoring* (proceso que ha de hacerse de forma continua), el siguiente paso consiste en **mirar todos tus sitios**, esto es, analizar el posicionamiento, el tráfico, la presencia y la repercusión de tu *website* y demás espacios virtuales de tu marca (página de Facebook, cuenta de Twitter, blog...):

▶ ¿Están tus sitios óptimamente posicionados en los primeros resultados de las búsquedas relacionadas con tu nicho de mercado (por las palabras clave para las que tus posibles clientes te encuentren)?

▶ ¿Están bien gestionados tus canales sociales? ¿Son populares (número de fans/seguidores)? ¿Son influyentes (contenido compartido/mencionado)? ¿Estás presente en las redes sociales donde realmente se encuentra tu potencial cliente?

▶ ¿Es tu contenido relevante para la comunidad? ¿Qué contenido genera mayor o menor interés?

▶ ¿Te enlazan desde otros sitios? ¿Tienen autoridad las páginas que te enlazan?

▶ ¿Consigues el tráfico que necesitas? ¿De dónde proceden tus visitas (fuentes de tráfico)? ¿Se trata de visitas cualificadas que convierten (registros, descargas, compras...)?

▶ ¿Están tus *sites* realmente preparados para el universo *social media*, para la conversación? Es decir, ¿TE CREES LA CULTURA 2.0? (lo ponemos en mayúsculas para que destaque, no por gritar).

Para analizar todos estos datos tienes a tu disposición un buen número de herramientas de analítica y posicionamiento, entre las que destacan Google Analytics, Google Search Console, el planificador de palabras clave de Google AdWords, las estadísticas de páginas de Facebook, Twitter Analytics o Kissmetrics (herramientas todas ellas que también hemos listado anteriormente).

4.2.3 Análisis DAFO 2.0

Todo proceso de planificación estratégica que se preste debe contener un **análisis DAFO** (debilidades, amenazas, fortalezas y oportunidades), una matriz cuadrada que permite conocer la situación competitiva de tu empresa en un momento dado, tanto desde la vertiente interna (fortalezas y debilidades) como en lo referido al entorno (oportunidades y amenazas).

Veamos a continuación algunos ejemplos de DAFO en términos de 2.0:

▼ **Fortalezas**:

- Tener buena reputación *online*.

- Elevadas ratios de conversión de las visitas a la web de la empresa.

- Conciencia de la importancia del *social media* por parte de la dirección de empresa.

- Ofrecer un excelente servicio *online* (rápida atención, trato personalizado, facilidad y seguridad en los pagos *online*…).

- Usuarios muy activos dentro de la empresa que ejercen como embajadores de la marca (*employee advocacy*).

▼ **Debilidades**:

- Mala reputación *online*.

- No tener habilitados espacios sociales propios o tenerlos abandonados (no atender ni responder a las preguntas o quejas de los clientes).

- Que haya recelos y barreras internas en la empresa para implementar el *social media*.

- No contar con profesionales competentes que gestionen tu comunidad social (el *community manager*).

- No saber medir correctamente el ROI.

▼ **Oportunidades**:

- Las redes sociales te permiten llegar a un público muy amplio en cualquier parte del mundo y, además, sin horarios.

- La mayoría de plataformas de redes sociales son gratuitas, por lo que el ahorro económico del *social media marketing* es significativo en comparación con el marketing convencional.

- Posibilidad de segmentar al público objetivo y de dirigirte directamente al cliente que mejor se adapta a tus productos o servicios.

- Conocer de primera mano las necesidades, preferencias y gustos del cliente.

- Poder vender *online* tus productos, gestionando ofertas y promociones.

▼ **Amenazas:**

- Fuerte competencia en la Red.

- El uso de las redes sociales tiene riesgos de seguridad para las empresas: *malware* (virus, troyanos, gusanos…), robo de identidad (*phishing*), problemas con protección de datos, etc.

- Tu reputación *online* se puede deteriorar en cuestión de segundos, sin apenas tiempo para reaccionar.

- Tu actividad *online* queda registrada en la Red para siempre.

- Tu competencia puede estudiarte y conocerte fácilmente.

Como resultado del análisis DAFO 2.0 de tu marca, la combinación de puntos fuertes y débiles y de amenazas y oportunidades te dará la **posición competitiva** que condicionará la estrategia de comunicación en *social media* que debas implementar.

Recuerda que las oportunidades y amenazas están en el entorno de tu empresa, por lo que generalmente afectan por igual a todas las empresas del sector. Sin embargo, las fortalezas y debilidades se encuentran dentro de tu empresa, y en consecuencia deben ser estimadas en comparación a tus competidores, por lo que debes hacer un **benchmarking** de los mismos (una evaluación comparativa).

4.2.4 Benchmarking social: compárate con la competencia

El principal objetivo de la metodología estratégica del *benchmarking* es observar, analizar y evaluar las actividades de la competencia.

"Si conoces al enemigo y te conoces a ti mismo, no te pondrán en peligro ni cien batallas".

Sun Tzu, general chino, en el libro *El arte de la guerra*

El **análisis comparativo de la competencia** es importante en cualquier entorno, pero lo es más todavía en un mundo tan nuevo como es el del *social media*, en donde muchas veces la única manera de saber si vas por el buen camino es comparando tus métricas con compañías similares del sector.

Realizar informes sectoriales y comparativos con la competencia es una de las tareas propias de todo buen *community manager*. Si, por ejemplo, fueras el CM de una revista de moda, de forma periódica deberías hacer análisis comparativos con los medios sociales de la competencia, como *Telva*, *Vogue*, *Vanity Fair* o *Elle*. Informes que deberían contener una serie de indicadores clave de desempeño (número de fans, interacciones, menciones, etc.) que sirvieran como referencia para saber cuán bien o mal lo estás haciendo en *social media* en relación con tus competidores.

> *El benchmarking social permite conocer cuál es tu situación en comparación con la competencia en la esfera de las redes sociales.*

Hacer *benchmarking* social no es limitarse a medir si la página de Facebook de la competencia tiene más o menos fans que la tuya o si sus vídeos son más o menos visionados que los tuyos; consiste más bien en hacer una **comparativa sobre los procesos**, es decir, sobre qué hacen, cómo lo hacen y qué resultados obtienen.

Por ejemplo, de tus cinco o diez competidores directos deberías plantearte cuestiones como:

▼ ¿Quiénes son?

▼ ¿Están mejor o peor posicionados que tú por las palabras claves que identifican tu sector?

▼ ¿Cuál es su público objetivo?

▼ ¿En qué redes sociales tienen presencia y en cuáles no?

▼ ¿Cuántos seguidores tienen? ¿Qué perfiles o páginas tienen? ¿A quiénes siguen?

▼ ¿Qué tipo de contenidos ofrecen a su comunidad? ¿Con qué frecuencia los actualizan?

▼ ¿Cómo interactúan y responden? ¿Qué tono utilizan?

▼ ¿Generan *engagement*?

▼ ¿Qué usuarios VIP se encuentran dentro de su comunidad?

- ¿Qué es lo que crees que pretenden conseguir con su estrategia de *social media*?
- ¿Qué están haciendo bien y qué están haciendo mal?
- ¿Qué reputación *online* tienen?
- ¿Cuál es, en definitiva, la ventaja y desventaja competitiva *online* de tu marca con respecto a los demás?

En resumidas cuentas, con el *benchmarking* social realizas un estudio comparativo del desempeño en las redes sociales de la competencia, que ha de servirte para aprender tanto de sus aciertos como de sus errores y que, en definitiva, ha de proporcionarte información de apoyo para la adecuada elección y formulación de tu estrategia de comunicación en los *social media*.

PARA SABER MÁS

Algunas herramientas que puedes usar para hacer benchmarking social

- SEMrush[150]
- Ahrefs[152]
- TwitterCounter[154]
- Followerwonk[156]
- Woorank[158]
- BuzzSumo[160]
- Similar Web[151]
- LikeAlyzer[153]
- Foller.me[155]
- Simply Measured[157]
- HubSport's Marketing Grader[159]

150 *http://es.semrush.com/*
151 *http://www.similarweb.com/*
152 *https://www.ahrefs.com/*
153 *http://likealyzer.com/*
154 *http://twittercounter.com/compare/*
155 *http://foller.me/*
156 *https://moz.com/followerwonk/compare*
157 *http://simplymeasured.com/*
158 *https://www.woorank.com/es/*
159 *https://marketing.grader.com/*
160 *http://buzzsumo.com/*

4.2.5 Analiza tu target

Huelga decir que el éxito de toda estrategia depende de definir y conocer bien el público objetivo al que quieres seducir en las redes sociales:

▼ ¿A qué *target* quieres llegar?

▼ ¿Qué tipo de personas puede estar interesadas en contratar tus servicios o comprar tus productos?

▼ ¿Cómo son tus clientes actuales y potenciales? ¿Qué les interesa? ¿Cómo se comportan?

▼ ¿Cómo llegar a ellos? ¿Dónde están? ¿En qué canales les gusta moverse? ¿Cómo te pueden encontrar? ¿Qué palabras clave utilizan para buscar los productos o servicios relacionados con tu nicho de mercado?

▼ ¿Cuáles son las personas más influyentes dentro del sector al que te diriges?

Saber segmentar tu público es clave. Cataloga tu cartera de clientes, delimita los diferentes *buyer personas* a los que quieres dirigirte, recopila, analiza y cruza todos los datos que puedas extraer de cada uno de ellos: ubicación, profesión, género, edad, estado civil, si tiene o no hijos, poder adquisitivo, intereses, hábitos de consumo, datos digitales...

Te interesa identificar a los influencers de tu sector más relevantes: líderes de opinión, *celebrities*, *hubs*, reporteros... Y una vez localizado tu *target* de *influencers*, comenzarás la tarea de estructurar alianzas con ellos (acuerdos *win-to-win*) para poder llegar a más clientes a través de su comunidad.

También puedes descubrir nuevos nichos de mercado si comparas los datos sectoriales con los de tus clientes actuales (aquellos que ya te compran) y clientes potenciales (los que no son clientes pero son susceptibles de serlo, bien sea porque ya son fans tuyos en las redes sociales o bien porque por sus rasgos son propensos a adquirir tus productos o servicios).

Al final, nada mejor que tener un buen sistema de *social* CRM para poder conseguir una **radiografía detallada de tu público objetivo**. De este modo, tras haber segmentado a tu audiencia a partir de una serie de parámetros, estarás en disposición de teledirigir tus acciones de marketing para llegar de forma más efectiva a cada uno de tus clientes.

Finalmente, una vez determinado los distintos perfiles de clientes que tienes, debes plantearte en qué redes sociales has de tener presencia activa para llegar a ellos, y qué contenidos debes publicar en cada uno de esos canales, a fin de despertar el interés de tu público objetivo.

IDEAS CLAVE

▸ Para poder implementar una correcta estrategia de *social media*, lo primero que hay que hacer es realizar un análisis de situación sobre la marca en Internet.

▸ Primero diagnosticamos la "enfermedad" del paciente, como paso previo para recetar el tratamiento estratégico que permita "curarlo".

▸ En la etapa de análisis de situación debes centrarte en la escucha activa sobre lo que se dice de tu marca en Internet.

▸ Googléate, es decir, escribe el nombre de tu propia empresa en el buscador de Google. Esta simple búsqueda te ayudará a tener una mejor idea sobre cómo te ve la Web y a sacar unas primeras conclusiones.

▸ El siguiente paso consiste en mirar todos tus sitios, esto es, analizar el posicionamiento, el tráfico, la presencia y la repercusión de tu *website* y demás espacios virtuales de tu marca (página de Facebook, cuenta de Twitter, blog…).

▸ Un análisis DAFO 2.0 te ayudará a conocer la situación competitiva online de tu empresa, tanto desde la vertiente interna (fortalezas y debilidades) como en lo referido al entorno (oportunidades y amenazas).

▸ Las oportunidades y amenazas están en el entorno de tu empresa, por lo que generalmente afectan por igual a todas las empresas del sector. Sin embargo, las fortalezas y debilidades están dentro de tu empresa, y en consecuencia deben ser estimadas en comparación con tus competidores, por lo que debes hacer un *benchmarking* de los mismos (una evaluación comparativa).

▸ El *benchmarking* social permite conocer cuál es tu situación en comparación con la competencia en la esfera de las redes sociales.

▶ Lo primero que debes hacer en tu estrategia de *social media* es definir el *target* al que quieres seducir en las redes sociales, y después segmentarlo.

▶ Te interesa identificar tu *target* de *influencers*, y estructurar alianzas con ellos para poder llegar a más clientes a través de su comunidad.

▶ Recuerda: nada mejor que tener un buen sistema de social CRM para conseguir una radiografía detallada de tu público objetivo.

4.3 DEFINICIÓN DE LA ESTRATEGIA DE RED

4.3.1 Márcate unos objetivos

Gracias al análisis de situación que acabas de realizar, ahora ya tienes una perspectiva general de la posición de tu empresa en medios sociales, y de por dónde puedes tirar para mejorarla.

Ya has diagnosticado la enfermedad. Eso está muy bien, pero ahora viene lo realmente importante: el tratamiento para curar al paciente.

Es el momento de ponerse a desarrollar la estrategia de *social media* que consideras que tu empresa necesita. Las acciones que vayas a emprender en los medios sociales deben provenir, sin excepción, de un *plan* predefinido al cual podemos llamar *estrategia*, que no es otra cosa que una suma de las ideas, pasos y acciones que, en función de lo que has encontrado en el análisis previo de la situación, te permitan obtener resultados y alcanzar tus objetivos.

Precisamente, definir tus objetivos estratégicos es el primer paso que debes considerar para no empezar la casa por el tejado. Si no determinas qué es lo que quieres conseguir, difícilmente podrás determinar cuáles son las acciones mas adecuadas.

Identificar tus objetivos es la base para que tu estrategia en medios sociales sea un éxito.

Así que define claramente los objetivos que pretendes conseguir con los medios sociales: ¿Qué quieres lograr?, ¿qué persigues alcanzar con tu presencia en las redes sociales?

En este punto inicial es importante realizar una lista con los objetivos que quieres alcanzar. Plantéate unos objetivos generales con sus correspondientes objetivos específicos relacionados. Ten en cuenta que los objetivos generales suelen ser demasiado ambiguos, una mera declaración de intenciones sin la determinación necesaria como para hacer algo en concreto. Por eso se deben definir unos objetivos más pequeños y específicos, que impliquen ejecutar acciones concretas para lograr que los objetivos genéricos sean una realidad. Veamos algunos ejemplos:

▶ **Objetivo general**: Vender más.

   Objetivo específico: Aumentar un 5 % las ventas a través de canales *online* en el primer trimestre.

   Objetivo específico: Conseguir 100 conversiones procedentes de nuestra página Facebook antes del 31 de julio.

▶ **Objetivo general**: Aumentar el número de fans/seguidores.

   Objetivo específico: Aumentar este año un 30 % el número de seguidores en Twitter.

   Objetivo específico: Invertir 300 € en Facebook Ads durante el primer trimestre para promocionar nuestra página y conseguir al menos 300 nuevos fans cualificados.

▶ **Objetivo general**: Generar *engagement*.

   Objetivo específico: Aumentar las interacciones en nuestra página de Facebook en un 20 %.

   Objetivo específico: Utilizar Instagram a través de un concurso y una promoción diferente cada mes.

Por lo tanto, define bien tus objetivos, que sean claros y precisos, y, sobre todo, que sean cuantificables para poder medirlos bien.

En realidad, tus objetivos pueden seguir **el método SMART**, acrónimo inglés en el que cada una de sus cinco letras hace referencia a una característica que debe poseer un buen objetivo:

- **S***pecific* (específico).
- **M***easurable* (medible).
- **A***chievable* (alcanzable).
- **R***ealistic* (realista).
- **T***imed* (limitado en el tiempo).

4.3.1.1 ESPECÍFICO

Es lo que comentábamos: cuanto más concreto sea tu objetivo, más fácil será mantener la motivación para lograr el resultado que buscas. Debes, pues, definir con exactitud lo que quieres conseguir. "Vender más" no es específico, "Conseguir 500 conversiones en el próximo semestre" sí lo es.

4.3.1.2 MEDIBLE

Debes poder cuantificar tu objetivo para así poder evaluar su progreso y saber si lo has alcanzado o no. Igualmente, conviene que el objetivo quede acotado tanto en cifras como en tiempo para así poder evaluar su efectividad y realizar correcciones en el mismo si ves que no lo alcanzas. Un objetivo medible podría ser, por ejemplo: "Conseguir 200 suscriptores más para nuestra base de datos de clientes potenciales durante el segundo trimestre".

4.3.1.3 ALCANZABLE

Un objetivo utópico e imposible de alcanzar no te va a llevar a ninguna parte. Los objetivos deben ser asequibles en función de los recursos de los que dispones. Debes ser consciente de las posibilidades de tu proyecto en las redes sociales.

4.3.1.4 REALISTA

Tu objetivo puede ser alcanzable y, sin embargo, no ser realista. Conseguir 500 conversiones es un objetivo alcanzable, pero si pretendes conseguirlas en un solo día no es realista. Plantéate cifras que puedan realizarse.

4.3.1.5 LIMITADO EN EL TIEMPO

Tu objetivo ha de tener una fecha límite para ser alcanzado. Ten en cuenta que las metas, los propósitos, los retos cambian con el paso del tiempo. Así pues, debes determinar cuándo se ha de cumplir tu objetivo.

Una vez tienes definidos los objetivos que deseas conseguir, llega el momento de ponerse manos a la obra. Pero antes de pensar en la estrategia que vas a elaborar para alcanzar tus objetivos, necesitas definir en qué canales sociales quieres estar.

4.3.2 Elige los canales

Para las marcas, la finalidad de trabajar las redes sociales es poder conectar con su público de forma mucho más cercana y rápida; por este motivo, es crucial conocer dónde se encuentra su audiencia y saber qué canales utilizar para llegar a ella.

Y es que **no todos los canales sociales son adecuados para conseguir tus propósitos**. Cada red tiene su público y sus especificidades. Así pues, debes analizar en qué red social o conjunto de ellas te conviene estar en función de tu público objetivo, de la naturaleza de tu producto o servicio y, por supuesto, de tus objetivos de negocio.

Para elegir adecuadamente los canales sociales en los que debes estar, tienes que tener en cuenta tu target, tu producto y tus objetivos.

Hay redes sociales de carácter general, en las que (casi) siempre conviene estar, como Facebook, que ya cuenta con más de mil quinientos millones de usuarios. Si tienes una marca de gran consumo y quieres tener una comunidad entretenida, por descontado te interesa tener una página en Facebook y trabajarla.

Pero no todo es Facebook en el universo de las redes sociales. Si tu negocio está orientado a un público joven, entonces no puedes dejar de tener presencia en Instagram. Igualmente, te conviene estar en Instagram si tienes una marca de moda o quieres generar *brand awareness* por medio de impactos visuales.

¿Que tu negocio se dirige a un público profesional (B2B)? Entonces lo idóneo es estar en las redes sociales verticales como LinkedIn, donde se agrupan las personas y empresas según sus intereses profesionales.

¿Quieres enterarte de qué es lo que se está cociendo en tu sector y seguir a personas interesantes que puedan aportar valor a tu negocio? Pues además de LinkedIn puedes acudir a Twitter. Igualmente, Twitter es tu red social si lo que necesitas es ofrecer un servicio de atención al cliente que te permita conversar de forma rápida y directa con él.

¿Que lo que quieres es llegar a un nicho específico de mercado sobre un interés muy concreto? Puede que Google+ sea la plataforma apropiada.

¿Te dedicas al diseño o a la decoración y quieres dar a conocer tu catálogo de productos? Sin duda Pinterest es una buena opción.

¿Necesitas comunicar tus productos de forma audiovisual? Pues utiliza YouTube.

¿Eres un profesional independiente y quieres posicionarte como experto en tu campo? Entonces lo que te recomendamos es trabajar tu propio blog, donde puedas aportar contenido de valor sobre tu profesión y convertirte así en un referente del sector.

Lo que pretendemos decir con todos estos ejemplos es que es muy importante elegir bien en qué plataformas sociales te interesa estar presente, pues no todas valdrán para llegar a tu público y cumplir tus objetivos. Apuesta solo por aquellas redes donde tu presencia cobre un sentido estratégico.

Centra tus esfuerzos en los canales que tu empresa necesita, y no cometas el error de perder el tiempo y la energía publicando en redes poco o nada adecuadas para tu negocio.

4.3.3 Delimita el peso de tus medios: propios/pagados/ganados

Los canales que has elegido utilizar para tener presencia en la Web social y llegar a tu audiencia son un pilar fundamental en tu estrategia de *social media*, pero no el único. En realidad debes repartir los esfuerzos de tu estrategia de Red en torno a tres frentes diferentes: los medios propios (*owned media*), los medios pagados (*paid media*) y los medios ganados (*earned media*).

Los tres medios de una estrategia de Red: propios, pagados y ganados.

4.3.3.1 MEDIOS PROPIOS

Se refiere a las propiedades *online* que están bajo tu control y son exclusivas de tu marca, como, por ejemplo, tu *website*, tu blog, tus cuentas en las redes sociales (perfiles y páginas), tus *newsletters*, tu *app* móvil… Los medios propios son los espacios idóneos para mantener con tu público una relación sostenible a largo plazo y, de este modo, construir una comunidad en torno a tu marca.

Los medios propios son todos aquellos espacios de comunicación
que te pertenecen y que, por lo tanto, puedes controlar.

4.3.3.2 MEDIOS PAGADOS

Hacen referencia a todos aquellos espacios de comunicación en los que pagas por aparecer, como la publicidad en buscadores, *banners*, *social ads*… Invierte en acciones *paid media* si lo que buscas es dar a conocer tu marca, ganar notoriedad y visibilidad en la Red, o directamente vender.

Los medios pagados son una buena forma de promocionar tu
marca y llegar a las personas que puedan estar interesadas en
adquirir tus productos o servicios, pero que no saben de ti.

4.3.3.3 MEDIOS GANADOS

Se refiere a la presencia de marca conseguida en Internet que ni has pagado ni has creado tú en tus propios medios, sino que viene dada por parte de terceros. Es decir, todos aquellos espacios que ni te pertenecen ni tampoco pagas por ellos, pero que hablan de ti, como las recomendaciones que recibes, los comentarios y menciones en la Red, tus contenidos que han sido compartidos en las redes sociales…

Al ser un espacio ajeno que no controlas, el medio ganado es el más creíble de los tres medios, aunque el más difícil de conquistar. Posiblemente has "ganado" ese lugar gracias a una buena estrategia de marketing de contenidos y de posicionamiento en buscadores. Se trata, por lo tanto, de un medio directamente relacionado con la reputación *online* de tu marca.

Los earned media hacen referencia a todos esos espacios que
no son propios ni pagados, sino que has ganado, y que deberían
llevar tráfico a tus owned media.

En resumidas cuentas, **piensa en los tres medios como los tres pilares de tu estrategia de Red**: trabaja tus *medios propios* para crear comunidad, invierte en *medios pagados* para poder llegar a todo ese público que no sabe de ti, y cultiva los *medios ganados* para que en la Red hablen mucho y bien de ti.

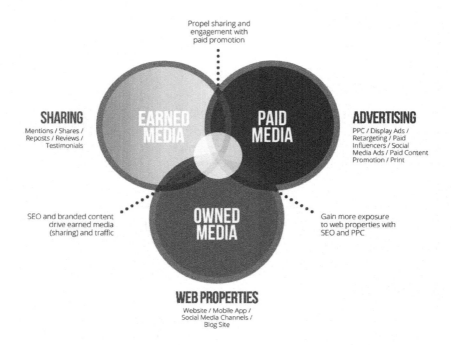

Earned vs. owned vs. paid media
Fuente: *http://drvnpartners.com/brand/earned-vs-owned-vs-paid-media/*

Eso sí, en función de los objetivos que te hayas planteado, tendrás que centrarte más en unos medios u otros, pero siempre guardando un equilibrio adecuado entre los tres. Debes entender que los tres medios están relacionados entre sí y que cada uno de ellos influye en el resto. Por ejemplo, con un contenido *paid media* bien trabajado puedes generar tráfico a tu *owned media* y ganar credibilidad en tu *earned media*.

PARA SABER MÁS
Pay to play

¿Sabías que, de acuerdo con los cambios más recientes del algoritmo *edge rank* de Facebook, hoy las páginas de esta red social alcanzan de media solo a un 6 % de sus fans en cada *post*? Sí, un paupérrimo 6 %. Este declive del alcance orgánico en Facebook está forzando a las marcas a aumentar su presupuesto de *paid social media* (publicidad con Facebook Ads) para poder llegar a los consumidores.

El alcance de pago es la nueva realidad en Facebook. Ya no es suficiente con compartir contenido relevante y conversar con tu comunidad, ahora toda marca que quiera posicionarse en Facebook debe, además, destinar una partida presupuestaria para anunciarse.

Está por ver es si el resto de las redes sociales van a seguir este camino marcado por Facebook y cambian hacia este modelo de *pay to play* (pagar por jugar). Pero de lo que no cabe ninguna duda es de que a Facebook le está funcionando esta jugada, tal y como ilustra la siguiente gráfica del experto en *digital business* Jay Baer, según la cual a medida que baja el alcance orgánico de las *fanpages* de Facebook aumenta el precio de sus acciones en bolsa (pues aumentan sus ingresos por publicidad, que es su principal fuente de negocio).

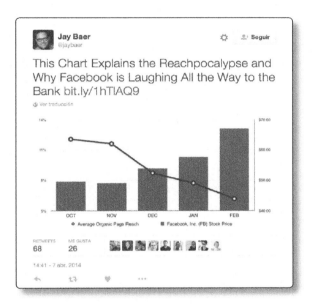

Por qué FB reduce el alcance orgánico
Fuente: *https://twitter.com/jaybaer/status/453150673040048128*

4.3.4 Define tu estrategia de comunicación y de contenidos

Una vez tienes definidos cuáles son los objetivos que deseas conseguir, seleccionados los canales que vas a utilizar y delimitado el peso de tus medios (propios, pagados y ganados), llega el momento de implementar la estrategia de Red más conveniente para tu negocio.

Para ello necesitarás analizar detenidamente cómo vas a comportarte en la Red, es decir, qué valores quieres transmitir de tu marca, qué tono usarás, qué tipo de contenidos te conviene publicar, cuál va a ser tu calendario editorial, qué acciones vas a llevar a cabo, cómo piensas interactuar con tu público, qué harás para incitar a la participación, etc.

Así que antes de poner en funcionamiento tu estrategia de *social media*, debes elaborar un **protocolo de comunicación** y un **plan estratégico de contenidos**.

4.3.4.1 PROTOCOLO DE COMUNICACIÓN

Básicamente consiste en definir lo que quieres reflejar de tu marca en Internet, es decir, tu identidad online.

De entrada, para crear una identidad con carácter, capaz de conectar con la audiencia en el entorno social, debes comportarte como un usuario más e infundir la verdadera personalidad de tu marca en Internet. Esta personalidad la creas a través de los **valores** que vas a transmitir en los medios sociales, del **concepto creativo** (idea central que logra quedarse en la memoria de los usuarios), y, sobre todo, del **tono** que utilices. Así es como contribuyes a marcar un estilo propio y, de paso, a diferenciarte de la competencia.

Es evidente que debes definir la **línea editorial** que vas a tener en tus canales, esto es, el sentido y la forma que le quieres dar a los mensajes que vas a publicar en tu *website*, blog, Facebook, Twitter, etc. Pues bien, a la hora de definir tu línea editorial has de tener en cuenta las palabras clave, el tipo de lenguaje, el tono y el contexto comunicacional.

▶ **Las palabras clave**. Es decir, el conjunto de *keywords* que usarás y que quieres que se asocien con tu marca.

▶ **El lenguaje**. Se trata de definir primero el idioma que vas a utilizar para tus publicaciones y después el lenguaje que debes usar. Este lenguaje dependerá de la marca y de su *target*. Por ejemplo, una marca de refrescos para jóvenes usará un lenguaje claro y directo, mientras que una marca de servicios bancarios deberá usar un lenguaje cuidado y sobrio. A ello hay que añadir que también cada red social tiene su propio lenguaje. Así, en Facebook conectas con "amigos" o "fans", mientras que en LinkedIn estableces contactos profesionales, por lo que la jerga es diferente en cada red social.

▶ **El tono**. Se refiere al tono de comunicación que usarás en los medios sociales, es decir, al grado de formalidad que vas a utilizar cuando te dirijas a tu público. La elección del tono apropiado dependerá fundamentalmente de la personalidad de tu marca y del tipo de público al que quieres llegar. Este puede ser corporativo, desenfadado, formal, cercano, informativo, divertido, sincero, irónico… Al igual que sucede con el lenguaje, no es buena idea utilizar el mismo tono en todos los canales de la marca, ya que los públicos a los que se dirigen son distintos, así como lo es el **contexto comunicacional**. Por este motivo es un error copiar el mismo mensaje para diferentes redes sociales. El contenido se debe contextualizar para cada canal en los que vas a estar. Así, en tu sitio web el tono del mensaje ha de ser corporativo; en tu blog, más informal; en Facebook, cercano y entretenido; en Twitter también cercano, pero más informativo; en LinkedIn, profesional; en Instagram, desenfadado; etc.

PARA SABER MÁS
La personalidad de Jack Daniel's España en Facebook

A través de la página de Facebook de **Jack Daniel's España**[161] comprobamos cómo esta marca de whisky transmite una serie de valores –como la independencia y la autenticidad–, que, aunque son acordes con lo que proyecta en otros canales de comunicación, aquí son todavía más claros y directos, ya que en Facebook uno conversa directamente con su audiencia. Así, si nos fijamos, Jack Daniel's España se dirige a sus fans de Facebook de tú a tú, con un tono cercano y divertido, a la par que canalla y transgresor.

4.3.4.2 PLAN ESTRATÉGICO DE CONTENIDOS

Los contenidos son una parte esencial para transmitir la personalidad de la marca. Los contenidos son, además, el pilar de toda la actividad en los *social media* y los que facilitan la posibilidad de establecer relaciones de confianza con los usuarios.

Por lo tanto, necesitas un **plan de contenidos** que te ayude a generar contenido útil y relevante para la comunidad, además de a optimizar tu tiempo. Así, en función de tus objetivos y de tu público (lo que le interesa, necesita y motiva), fijarás la **estrategia de contenidos**. Esta debe estar en consonancia con la personalidad de tu marca, es decir, con los valores que quieres transmitir, el tono que usarás y el concepto creativo en el que se apoyará.

---

161 *https://www.facebook.com/jackdanielsspain*

Una vez tienes claros tus objetivos y lo que quiere tu público, ya puedes diseñar qué tipos de contenidos necesitas publicar para alcanzar tus metas.

Para atraer a tu audiencia y satisfacer sus necesidades, no solo debes definir las temáticas específicas que vas a abordar, también debes determinar qué modalidad de contenido te conviene crear en cada uno de los canales en los que vas a tener presencia. Diferentes audiencias y canales demandan diferentes tipos y modos de contenido. Recordemos, una vez más, que cada plataforma social tiene su público y su modo de compartir las publicaciones. Los contenidos multimedia, por ejemplo, encajan mejor en plataformas visuales como Instagram o Facebook, mientras que los textuales son más apropiados para blogs o para LinkedIn.

Cuantas menos cosas dejes en manos de la improvisación, mejor. Así que establece un **calendario editorial** para planificar tus contenidos en las redes sociales. Elabora una plantilla de calendario en la que puedes establecer la siguiente información:

- El día/hora de publicación del contenido.
- Qué contenido se va a publicar (la temática).
- Lo que pretendes conseguir con ese contenido (el objetivo).
- Tipo de contenido que vas a usar (textual, imagen, vídeo, enlace…).
- La red social donde va a ser publicado (Facebook, Twitter, Instagram…).
- Otras particularidades (especificaciones, etiquetas, *hashtags*…)
- Los resultados conseguidos por el contenido (KPI de medición).

El calendario editorial debería elaborarse de forma semanal o mensual. Se trata de una agenda de publicaciones imprescindible si trabajas en equipo, para presentar al cliente, para comprobar qué contenidos están dando o no los resultados esperados, pero, sobre todo, es fundamental para llevar un orden en las redes sociales (organizar todas tus acciones) y ahorrar tiempo de trabajo.

El calendario editorial ayudará a aumentar la productividad y efectividad de tu estrategia de Red.

En otro orden de cosas, en la composición de tus publicaciones deberías seguir el **reparto 80/20**, es decir, un 80 % de contenido útil y entretenido para tu audiencia y solo un 20 % de contenido promocional sobre tu marca y productos. Recuerda, una vez más, que en las redes sociales está mal visto el autobombo (hablar de lo "guay" que es uno mismo) y que son lugares de entretenimiento para relacionarnos con otros usuarios y consumir contenido, y no sitios en los que la gente esté receptiva a lo puramente comercial.

Al menos el 80 % del contenido que publiques en las redes
sociales debería ser "no comercial".

De acuerdo, ¿pero qué contenidos necesitas publicar para llegar a tu público en las redes sociales? Veamos algunos de los elementos clave que deben reunir los contenidos para tener éxito en las redes sociales:

▼ **Publica contenido relevante**. Obvio: compartir contenido interesante y útil para tu comunidad fomentará su participación. Como paso previo a la creación de contenido, es importante practicar la *escucha social* para conocer de primera mano lo que motiva a tu comunidad.

▼ **Genera tu propio contenido y compleméntalo con contenidos relacionados de terceros** que puedan interesar a tu audiencia. Menciona siempre las fuentes de estos contenidos ajenos. Estos los puedes buscar a través de referentes del sector, de *influencers*, siguiendo *hashtags* en Twitter, suscribiéndote a blogs cuya información puede ser interesante para tu *target*, etc.

▼ **Publica contenido original**. Difícilmente puedes llamar la atención y atraer si ofreces lo mismo que los demás. Tu contenido tiene que ser diferente y original.

▼ **Comparte contenidos conversacionales**. Recuerda que la Web social trata de conversaciones, no de mensajes unilaterales. Crea contenidos "vivos" que inciten a la participación activa de la comunidad. Modera y dinamiza las conversaciones. Escucha y responde.

▼ **Cuenta historias**. Hoy, para conectar con la audiencia, es necesario crear nexos emocionales. Tienes que emocionar a tu público. Y una buena forma de engancharlo es a través del *storytelling*, es decir, contando historias. A través de los contenidos, cuenta en primera persona la trama de tu marca, como si fuera un relato o un cuento.

▼ **Informa**. Cada vez más los usuarios entran a las redes sociales a consumir contenido e informarse. Así que informa sobre cuestiones de tu sector que pueden resultar interesantes para tu comunidad.

▼ **Ofrece promociones**. Los estudios dicen que la principal razón por la que los fans siguen a una marca en las redes sociales es por la posibilidad de conseguir descuentos y ofertas exclusivas. Tus seguidores saben que vendes productos, así que, ¿por qué no darles lo que quieren (sin forzarlos), y dejas de fingir o disimular que no quieres vender? Eso sí, recuerda el *reparto 80/20*, solo un 20 % de tu contenido debe ser promocional. Aprovecha ese 20 % para anunciar el lanzamiento de nuevos productos, promociones, patrocinios, eventos, concursos, sorteos, etc.

4.3.5 Ejecuta tu estrategia de Red

Ya tienes definido tu plan de contenidos, y ahora, llegados a este punto, toca el turno de la puesta en marcha de tu estrategia en medios sociales. En esta etapa de ejecución debes definir el **qué** (las acciones), el **cuándo** (el calendario), y el **quién** (el personal).

4.3.5.1 LAS ACCIONES

Es el momento de planificar las acciones que vas a llevar a cabo en los medios sociales para conseguir los objetivos que te has planteado.

Define una lista detallada de acciones. Estas no son más que las propuestas de actividades (contenidos, campañas, actos, eventos…) que vas a ejecutar.

Aquí se pueden plantear dos tipos de acciones diferentes:

▼ **Acciones cotidianas**: aquellos contenidos que compartes de manera frecuente todas las semanas: tuits, publicaciones en Facebook, *posts* en el blog…

▼ **Acciones puntuales**: aquellas acciones que se ofrecen de manera espaciada, como pueden ser sorteos, concursos, juegos, etc.

4.3.5.2 EL CALENDARIO ESTRATÉGICO

El calendario estratégico hace referencia a los pasos que se deben seguir para implementar la estrategia de Red que tenemos entre manos.

A modo de resumen, tres pueden ser las fases para llevar a cabo una estrategia *social media* equilibrada:

1. Para empezar, tendrás que **dar de alta y diseñar los perfiles en las redes sociales** en las que has decidido tener presencia. Todos tus canales deberían seguir una misma línea de estilo, con el mismo tipo de logos e imágenes. Optimiza las URL de estos canales sociales e incluye toda la información que puedas sobre tu empresa: sitio web, *e-mail*, número de teléfono, dirección, cómo llegar (mapa), etc. Durante esta primera etapa de "presentación en sociedad", es importante identificar e involucrar a todos esos líderes informales que puedan ayudar a impulsar tu presencia en la Red, hasta conseguir crear una pequeña masa crítica de usuarios, una comunidad.

2. A la hora de ejecutar la estrategia, por regla general recomendamos comenzar a pequeña escala, con una o varias **campañas piloto** de bajo coste y muy alto impacto. Así, por aproximaciones sucesivas, se podrá ir entrando en el terreno del *social media* sin tener que asumir todos los riesgos de la apertura.

3. Llega el momento de **actuar a pleno rendimiento para poder conseguir los objetivos estratégicos** que te has planteado con tu presencia en los medios sociales. En esta tercera etapa, de integración plena, sacarás a la palestra todo tu arsenal de acciones de *social media*. Sin miramientos.

Continuamente, sobre la marcha, has de hacer evaluaciones de los resultados conseguidos. ¿Estás consiguiendo lo que te has propuesto?

4.3.5.3 EL EQUIPO

Tienes que definir qué profesional o grupo de profesionales van a gestionar la presencia de tu marca en la Red. ¿Quién va a ser el responsable de diseñar la estrategia de *social media*? ¿Quién va a gestionar la reputación *online* de tu marca? ¿Quién se va a dedicar a la creación de contenido? ¿Quién se va a encargar de dinamizar los canales, moderar las conversaciones y atender a la comunidad?

La elección del personal (*community manager*, *social media manager*, experto SEO…) dependerá de muchas variables, entre las que podemos destacar el tamaño de tu empresa (la dimensión), los recursos que tengas pensado dedicar a estar presente en las redes sociales (el presupuesto), y, por supuesto, los objetivos que pretendas conseguir con tu estrategia de Red.

Para muchas empresas (demasiadas) lo fácil es llamar a la agencia de publicidad de turno y decirle "quiero estar en las redes sociales", pagarle para que lo gestione, y punto. Francamente, no recomendamos esta práctica. No es buena idea subcontratar la gestión del *social media* de tu marca, porque nadie va a preocuparse por tu negocio como tú lo haces, ni nadie puede llegar a entender como tú los entresijos de tu propia empresa. Deberías ser tú mismo (esto es, personas "de la casa" que conozcan bien cómo funciona tu empresa) quien trabaje la presencia de tu marca en la Web social.

4.3.6 Protocolo de crisis 2.0

Ya has definido los protocolos de comunicación (que establece la línea editorial) y de ejecución de tu estrategia de Red. Como último paso, y no menos importante, necesitas elaborar un protocolo de actuación para hacer frente a una posible crisis de reputación *online*.

Una crisis *online* puede producirse en cualquier momento: un mal servicio a un cliente, un fallo en tus productos, un concurso mal articulado… Por esta razón debes ser precavido y tener tu **plan de crisis 2.0** establecido, lo que te permitirá afrontar estos conflictos de forma rápida y eficiente.

No queremos repetirnos sobre este particular, pues es un asunto que ya hemos tratado en profundidad en el capítulo 1 del libro, dentro del tema dedicado a la reputación *online*. Te recomendamos revisar el protocolo de actuación en caso de crisis ahí diseñado. En cualquier caso, a modo de resumen, aquí tienes algunos consejos clave que debes tener en cuenta para hacer frente a una crisis de reputación *online*:

- ▶ Prepara por adelantado un catálogo o argumento de respuestas que conviene dar ante este tipo de situaciones.
- ▶ Practica la escucha activa.
- ▶ No borres los comentarios negativos.
- ▶ Sé conciliador.
- ▶ Da respuestas rápidas, pero meditadas y con sentido común.
- ▶ Discúlpate e intenta contentar al causante de la crisis.
- ▶ Una vez pasado el pico de la crisis, controla su evolución y elabora un "informe de daños".
- ▶ No dejes de monitorizar la Red.

IDEAS CLAVE

▶ Define claramente los objetivos que pretendes conseguir con los medios sociales para poder establecer después la estrategia más adecuada para lograrlos.

▶ Plantéate unos objetivos generales con sus correspondientes objetivos específicos relacionados.

▶ Tus objetivos pueden seguir el método SMART: específicos, medibles, alcanzables, realistas y limitados en el tiempo.

▶ Para elegir adecuadamente los canales sociales en los que debes estar, tienes que tener en cuenta tu *target*, tu producto y tus objetivos.

▶ Apuesta solo por aquellas redes donde tu presencia cobre un sentido estratégico.

▶ Debes repartir los esfuerzos de tu estrategia de Red en torno a tres frentes diferentes: los medios propios (*owned media*), los medios pagados (*paid media*), y los medios ganados (*earned media*).

▶ El alcance de pago es la nueva realidad en Facebook.

▶ Necesitarás analizar detenidamente cómo vas a comportarte en la Red. Para ello has de elaborar un protocolo de comunicación y un plan estratégico de contenidos.

▶ Debes definir la línea editorial que vas a tener en tus canales, esto es, el sentido y la forma que le quieres dar a los mensajes que vas a publicar en tu *website*, blog, Facebook, Twitter, etc.

▶ Para definir tu línea editorial has de tener en cuenta las palabras clave, el tipo de lenguaje, el tono y el contexto comunicacional.

▶ Los contenidos son la base de toda estrategia de Red y los que facilitan la posibilidad de establecer relaciones de confianza con los usuarios.

▶ En función de tus objetivos y de tu público (lo que le interesa, necesita y motiva), fijarás la estrategia de contenidos.

▶ Establece un calendario editorial para planificar tus contenidos en las redes sociales.

▸ Usa el reparto 80/20 en la composición de tus publicaciones, es decir, un 80 % de contenido útil y entretenido para tu audiencia y solo un 20 % de contenido promocional sobre tu marca y productos.

▸ Genera tu propio contenido y compleméntalo con contenidos relacionados de terceros.

▸ Publica contenido relevante y original, que invite a la conversación, que cuente historias, que informe; y también ofrece promociones (sin abusar).

▸ A la hora de diseñar la ejecución de tu estrategia en medios sociales debes definir el qué (las acciones), el cuándo (el calendario) y el quién (el personal).

▸ Diferencia entre acciones cotidianas y acciones puntuales.

▸ Tres podrían ser las fases para llevar a cabo una estrategia de *social media* equilibrada: dar de alta y diseñar los perfiles en las redes sociales, lanzar campañas piloto, y, finalmente, actuar a pleno rendimiento sacando a la palestra todo tu arsenal de acciones de *social media*.

▸ Recomendamos que seas tú mismo (esto es, personas "de la casa" que conozcan bien cómo funciona tu empresa) quien trabaje la presencia de tu marca en la Web social.

▸ Debes tener siempre preparado un plan de prevención de crisis 2.0, es decir, un protocolo de actuación en caso de crisis en las redes sociales.

4.4 EVALUACIÓN DE LA ESTRATEGIA DE RED

4.4.1 Medir para saber si lo estás consiguiendo y poder mejorar

Dentro de tu plan estratégico de comunicación en los *social media*, el último paso, y uno de los más importantes, es analizar los resultados en las acciones desarrolladas. Esta medición te permitirá saber si lo que estás haciendo está realmente alineado con los objetivos que pretendes conseguir, es decir, si vas por buen camino con tu estrategia de *social media* o si, por el contrario, vas directo al precipicio.

¿Lo estás consiguiendo? ¿Tu contenido está siendo útil para los usuarios? ¿Estás generando *engagement* con tus acciones? ¿Estás suscitando interés por tu marca y productos? ¿En qué estado se encuentra tu reputación *online*?

Esta evaluación de los resultados es algo que hay que hacer de forma constante. Necesitas conocer en todo momento qué te está llevando a la consecución de tus objetivos y qué es lo que está haciendo que no lo logres. De este modo, puedes actuar con prontitud, potenciando aquellas acciones que te están dando mejores resultados y corrigiendo a tiempo los errores.

Necesitas vincular los objetivos que te has planteado a unos **indicadores clave de desempeño (KPI)**, que contribuirán a comprobar, una vez la estrategia esté en marcha, si su evolución es correcta o no.

Son muchas las variables que puedes medir, pero no todas te van a ser útiles para conseguir tus objetivos. Así que es fundamental saber escoger bien los KPI que mejor se adapten a los objetivos que te has planteado. Esto te ayudará muchísimo a evaluar y contrastar los resultados de tus acciones.

En función de tus objetivos debes escoger los KPI que necesites medir.

Crea un cuadro de mandos o dashboard con el que analizar los KPI deseados, y plasma qué parámetros vas a medir por cada plataforma, para, de este modo, poder visualizar en contexto los resultados de las acciones. Por ejemplo, para tu página de Facebook puedes reflejar el número de fans, el alcance de las publicaciones, la interacción lograda por cada publicación, las conversiones desde Facebook a tu web, etc.

El *social media* debe considerarse como una inversión, y como tal debe aportar una rentabilidad medible a tu empresa. Como ya hemos comentado en el tema dedicado al *marketing analytics*, es fácil de cuantificar el **ROI (el retorno de la inversión)** de una campaña publicitaria *online* o de tu *e-commerce* y conocer su efectividad, pero resulta muy difícil hacerlo en los medios sociales, porque la actividad en las redes sociales se basa en relaciones y conversaciones. Para medir el impacto de las relaciones entre tu empresa y tus seguidores en las redes, debes acudir al **IOR (impact of relationship)**, que asigna un valor (no económico) a variables como la autoridad, la influencia, la notoriedad, la reputación, etc. Por supuesto, deberás seleccionar aquellas que mejor se adapten a tus objetivos.

Para medir los resultados y saber cuán efectiva es tu estrategia de Red deberás utilizar algunas de las **herramientas de analítica** ya mencionadas en este libro. En el mercado hay un montón de herramientas que te ayudarán a medir el progreso de tus acciones, pero no todas van a ser relevantes para ti. Debes elegir las que mejor respondan a los objetivos marcados. En cualquier caso, imprescindibles son **Google**

Analytics y las herramientas de estadísticas que ofrece cada red social en las que vayas a tener presencia.

Por último, debes elaborar informes en los que se evalúen las acciones realizadas tanto en el *website* como en las plataformas sociales. Confecciona también un informe con los resultados de la monitorización *online* de tu marca. La frecuencia aconsejable de estos *reportings* es semanal o mensual, y hay que compararlos con los de la semana/mes anterior para contrastarlos y comprobar cómo evoluciona la estrategia de Red. Si haces referencia a campañas puntuales, entonces deberás comparar el informe con el de la campaña anterior del mismo producto o servicio.

Al final, tu plan de comunicación estratégico en *social media* debe ser flexible a los cambios, de tal manera que, si fuera necesario, puedas ir adaptándolo a resultados, necesidades y consecución de objetivos.

4.4.2 Presupuesto

Abrir perfiles en las redes sociales puede ser gratuito, pero nunca lo será su gestión. Si quieres desarrollar una presencia competente en los medios sociales, vas a tener que invertir dinero, tiempo, esfuerzo y recursos humanos.

Por eso tienes que hacer un presupuesto real para tu estrategia de social media, que se ha de ajustar a las posibilidades de tu empresa (tamaño y recursos) y a los objetivos previstos en tu plan. ¿Cuánto te va a costar llevar a cabo tu estrategia de Red? ¿Qué equipo humano y cuánto tiempo de dedicación requerirá impulsar tu plan? ¿Qué herramientas de pago necesitas?

En consecuencia, deberías presupuestar partidas como las siguientes:

▼ El diseño del plan estratégico de comunicación en los *social media*.

▼ El diseño y optimización de los *medios propios* (tu página web, blog, redes sociales, *app* móvil...), así como la contratación de *hostings* y dominios.

▼ El salario del *community manager* por la gestión de las redes sociales.

▼ Los servicios prestados de los especialistas en SEO y en analítica *big data*.

▼ La creación de contenidos (artículos de blog, producción de vídeos, infografías...).

▶ Tus campañas de publicidad en Google AdWords y en *social ads* (Facebook Ads, anuncios de Instagram…).

▶ La gestión de la reputación *online* de tu marca, herramientas incluidas.

▶ Actos, eventos, concursos, sorteos, juegos…

▶ Formación básica a todos los empleados de la empresa en el uso de los medios sociales, para evitar disgustos, filtraciones y crisis de identidad.

En principio, estas partidas contempladas en tu presupuesto para *social media* (presupuesto que debería ser anual), habría que subdividirlas en cada uno de sus componentes para intentar asignar a cada partida una estimación de presupuesto.

Por otro lado, este presupuesto de social media debe asignarse acorde al plan de negocio de la compañía y consensuarse con los departamentos de IT, marketing y ventas, y recursos humanos, principalmente. Ten en cuenta que los muros que dividen lo *online* de lo *offline* se caen, y se conforma un mundo cada vez más interconectado y *omnicanal*. La vida es social sin importar el media. Así que ya no es cuestión de hacer social media marketing o marketing digital. Se trata más bien de hacer marketing en un mundo social.

Nada de presupuestos digitales separados del resto.

PARA SABER MÁS

La necesaria implicación de la alta dirección

Es muy posible que dentro de tu empresa exista un sentimiento negativo y de escaso compromiso hacia el uso de las redes sociales.

Quizá la principal barrera para la adopción de una estrategia de Red la constituya la falta de compromiso por parte de la alta dirección. Directivos que no crean en la cultura 2.0, que se sienten incómodos con la transparencia inherente a la Web social, que tienen miedo a la pérdida de seguridad, a las críticas, a que los trabajadores pierdan el tiempo en las redes sociales…

El problema es serio, porque sin el apoyo o con un apoyo insuficiente desde la cúpula directiva difícilmente puede tener éxito tu plan de *social media*, por muy buena que sea la estrategia planteada. Es, pues, imprescindible el respaldo y compromiso de los mandos.

IDEAS CLAVE

▼ Se debe medir y comprobar si realmente está funcionando o no la estrategia planteada.

▼ Hacer un seguimiento continuo del rendimiento es clave para saber con tiempo qué acciones están siendo exitosas y cuáles no, y así poder evolucionar con celeridad hacia una mejora constante.

▼ Es fundamental escoger los KPI que mejor se adapten a los objetivos que te has planteado.

▼ Cada red social dispone de su propia herramienta de analítica para interpretar los datos.

▼ Debes elaborar informes en los que se evalúen las acciones realizadas tanto en el *website* como en las plataformas sociales. Confecciona también un informe con los resultados de la monitorización *online* de tu marca.

▼ Abrir perfiles en las redes sociales puede ser gratuito, pero nunca lo será su gestión. Si quieres desarrollar una presencia competente en los medios sociales, vas a tener que invertir dinero, tiempo, esfuerzo y recursos humanos.

▼ Tienes que hacer un presupuesto real para tu estrategia de *social media*.

▼ Este presupuesto debería consensuarse con los departamentos de IT, marketing y ventas, y recursos humanos.

▼ Sin el apoyo o con un apoyo insuficiente desde la cúpula directiva difícilmente puede tener éxito tu plan, por muy buena que sea la estrategia de *social media* planteada.

TEMA 1. **EL BLOG**

5.1 ¿POR QUÉ UN BLOG?

Un blog, también conocido como *weblog* o cuaderno de bitácora, es una plataforma de publicación digital que permite a cualquier persona, empresa u organización expresar y comunicar ideas y opiniones sobre una temática concreta. Escrito en tono informal, puede actualizarse periódicamente de modo cronológico en función de la fecha, aunque también se puede ordenar por tema. En un blog escribe un autor, pero también los usuarios o lectores participan con sus comentarios.

Pero ¿para qué sirve un blog realmente? ¿Para qué lo puede querer un profesional independiente, empresa o institución?

5.1.1 Para afianzar tu marca

Es bueno tener un blog dedicado a hablar sobre tu pasión, profesión o negocio. De esta manera puedes posicionar tu blog como referente del sector. La idea es generar contenido de valor capaz de atraer y retener lectores interesados en la temática.

Por ejemplo, si tienes una pequeña empresa dedicada a algo tan poco *online* como es la limpieza de fachadas de edificios y eres un experto en la materia, entonces, ¿por qué no escribir periódicamente sobre ello en tu propio blog, dando consejos sobre el tratamiento de las paredes, explicando las diferentes técnicas de limpieza criogénica (chorreado de hielo seco)… en definitiva, mostrando tus conocimientos sobre la materia?

Así, ofreciendo contenido relevante y posicionándote como experto en lo que trabajas, estarás generando credibilidad, te diferenciarás de la competencia (pues estarás proporcionando a tus lectores un servicio que posiblemente la competencia no esté dando), y, a la larga, todo eso ha de repercutir favorablemente a la hora de crear una comunidad de clientes potenciales.

PARA SABER MÁS
Potencia tu marca personal con un blog

Construir una buena marca personal te va a ayudar mucho en tu vida profesional. Y para potenciar tu marca personal, nada mejor que crear tu propio blog.

Un blog personal te puede servir para darte a conocer y que muchas personas puedan ver lo que haces, para hacerte un nombre dentro de tu sector, para abrirte nuevas puertas de trabajo, para conseguir nuevos clientes, o, simplemente, para dejar huella en los demás.

Ahora bien, los resultados en *personal branding* que puedas conseguir con tu blog, aunque potentes, son a largo plazo, esto es, exige aportar valor de forma constante y coherente durante muchos meses o años.

5.1.2 Ayuda al posicionamiento

Los blogs se posicionan muy bien en el buscador de Google, así que, ya solo por promoción, para dar a conocer tu marca o negocio, te viene bien que Google indexe tu blog y aparezca en los primeros resultados de búsqueda.

Aunque para maximizar este efecto del posicionamiento no vale con simplemente abrir un espacio en la blogosfera, sino que debes actualizar con frecuencia contenido de calidad que te haga ganar enlaces a la bitácora. Cuantos más contenidos de valor añadas a tu blog, mejor será el posicionamiento del mismo y más numerosas serán las visitas cualificadas que recibas.

También es importante cuidar las relaciones con otros blogueros, otro factor que igualmente prima a la hora de mejorar el posicionamiento natural en buscadores.

Con todo, ten mucha paciencia: posicionarte de forma orgánica (es decir, sin pagar con anuncios) lleva tiempo y esfuerzo.

5.1.3 Es una herramienta perfecta como centro de operaciones

Las redes sociales permiten generar mensajes de manera rápida y directa, pero no siempre son suficientes para expresar mensajes complejos y realizar exposiciones amplias, que sí caben en un blog.

En este sentido, el blog es la plataforma idónea como el centro de tu actividad en la producción de contenidos propios. Y aunque su dinamismo es menor que el que presentan la redes sociales, lo cierto es que es un espacio de reflexión que permite la trazabilidad de la información, la comunicación de ideas, una base de datos de contenidos, la generación de opiniones de calado, la moderación, e incluso la creación de una comunidad.

El blog es el epicentro de toda la estrategia de contenidos.

El blog debe ser el eje de la rueda que ayude a impulsar todo lo demás que hagas en las redes sociales y fuera de ellas. Cuando se trata de controlar el contenido virtual de tu marca, y de difundirlo de acuerdo con tus propios planes y necesidades, nada mejor que un blog conectado y enlazado con todos tus canales de comunicación social.

"Un profesional apasionado por una materia puede crear un centro de conocimiento y servicios alrededor de su blog".

Alfonso Alcántara (@Yoriento[162]), experto en reinvención profesional

PARA SABER MÁS
El blog como repositorio de contenidos

"Las redes sociales están muy bien a efectos de interacción, pero flaquean enormemente en cuanto a su papel como repositorio, porque la información 'se entierra' a gran velocidad, aunque nadie la borre. Si quieres una presencia que de verdad tenga sentido, organízatela en un repositorio que mantengas tú mismo, aunque sea simplemente una forma de tener inventariada tu participación, de mantener organizadas tus ideas. No se trata de convertirte en un bloguero famoso, sino de tener un sitio donde almacenes esos artículos que te llamaron la atención, esas fuentes que te interesan, esos comentarios que en su momento valieron la pena y que sería una pena ver cómo se diluyen y desaparecen con el tiempo. Para eso, el sitio ideal es un blog, una página en la que sea extraordinariamente fácil crear contenido

---

162 *https://twitter.com/Yoriento*

cronológico, y dotarlo de enlaces y referencias. Un blog entendido como repositorio personal abierto. Si lo haces mínimamente bien, es posible que ese repositorio termine por indexar bien con tu nombre –por supuesto, puedes apoyar esa estrategia comprando tu propio dominio con tu nombre y apellidos si está disponible, o aplicando técnicas de SEO razonables que no te obliguen a hacer nada raro ni a inventarte nada que realmente no seas o hagas– y funcione como ese punto de gestión curricular en el que, además del currículo propiamente dicho, te plantees poner otras cosas, otras referencias, una especie de 'mi querido diario' que alimentes con los hitos que vayas poniendo en tu hoja de ruta".

Texto extraído de **este post del blog de Enrique Dans**[163]

5.1.4 Te ayuda a aprender

Escribir contenido propio sobre temas que ya conoces te obliga a hacer verdaderos ejercicios de investigación. Vas a tener que explorar y leer mucho de otros blogs y sitios web, con lo que vas a aprender mucho más de lo que ya sabías de antemano.

Escribir en el blog te hace pensar, te permite generar ideas y ser más creativo.

Además, poseer un blog genera la necesidad de conseguir lectores, con lo que también vas a formarte en temas relacionados con el marketing *online* y la optimización web (marketing de contenidos, SEO, *e-mailing*, etc.).

5.1.5 Puedes comercializar tu blog

Si consigues tener un blog popular que recibe muchas visitas, puedes hacer un dinero extra, por ejemplo, vendiendo espacio publicitario de tu sitio. De forma sencilla, puedes publicar en tu blog anuncios mediante la plataforma de publicidad de Google AdSense, de tal manera que empezarás a ganar dinero cuando los visitantes hagan clic en los anuncios que aparecen en tu cuaderno de bitácora.

Por supuesto, si has conseguido convertirte en un bloguero referente de tu sector, podrás, gracias al reconocimiento, ganar dinero de forma indirecta ofreciendo servicios de consultoría, impartiendo clases o dando charlas.

Al final, cuanto más y mejor escribas en tu blog, más gente te conocerá; y cuanta más gente te conozca, mayor será tu reputación y más posibilidades tendrás de ganar dinero.

---

163 *http://www.enriquedans.com/2014/05/redes-sociales-y-hojas-de-ruta.html*

5.2 BLOG CORPORATIVO

Normalmente, la estrategia del blog en las empresas no se suele tener como algo importante. Nosotros, en cambio, la consideramos fundamental. Recomendamos casi al 99 % de las marcas usar un blog. El blog, correctamente utilizado, puede ser una de las herramientas más poderosas de la comunicación corporativa.

Existen cuatro funciones clave que un blog cumple para una empresa u organización:

▶ **Establece un espacio de comunicación directo con la comunidad**

El blog es un excelente canal de comunicación con nuestro público objetivo, con empleados, así como con otros profesionales del sector. Además, el blog corporativo da personalidad a la marca, la humaniza y la hace más cercana al público, facilitando la relación directa con el mismo. Por eso consideramos que lo mejor es que sea un blog del CEO, con su imagen y su rostro. El CEO es un referente dentro y fuera de la organización, por lo que ha de comunicar con el ejemplo. Hablar con él es lo más parecido a hacerlo con la marca.

El blog posee el ingrediente del que carecen los medios tradicionales: la capacidad de conectar directamente a una empresa con su público.

▶ **Ayuda a convertir la empresa en un conector o referente**

Con el blog, la empresa puede ofrecer reflexiones más elaboradas que en las redes sociales, y de esta manera le será más fácil generar opinión y ganar influencia dentro del sector. El blog corporativo ayuda a mejorar la imagen de la marca y su reputación *online*.

▶ **Mejora la visibilidad de la marca en Internet**

Un blog corporativo, bien trabajado (que aporte contenido relevante y esté continuamente actualizado), permite a la marca conseguir visibilidad en Internet y ayuda a incrementar su presencia *online*, notoriedad y credibilidad. Según un estudio reciente, las empresas que tienen blog corporativo obtienen un 55 % más de visitas a sus sitios web que aquellas que no lo tienen.

El blog es un potenciador de la visibilidad y el tráfico,
por lo que puede ser un buen aliado comercial y en el
reforzamiento de la marca.

▶ **Proporciona a la empresa información valiosa**

Dentro de un blog corporativo, la empresa interactúa y mantiene un contacto directo con su público y con otras empresas y CEO del sector, lo que le permite tomar el pulso sobre qué temas despiertan más interés. En otras palabras, proporciona información muy valiosa a la empresa a través del *feedback* de los que en él participan.

Por supuesto, hay muchos otros factores que pueden potenciar un blog corporativo. Las oportunidades son tantas como la empresa quiera plantear en su estrategia de comunicación.

Lo mismo podemos decir de las **temáticas de los blogs corporativos**, que pueden ser de lo más variado, si bien deben cumplir todas una premisa básica muy 2.0: no se trata de lanzar discursos autopromocionales o publicar notas de prensa, sino de aportar valor para el público al que va dirigido.

PARA SABER MÁS
El blog corporativo de Iberia

Un buen ejemplo de blog corporativo bien planteado es **Me gusta volar**[164], de la aerolínea española Iberia. Los artículos de este blog están enfocados a diversos asuntos, pero todos ellos relacionados con la marca y el sector. Por ejemplo:

- Los destinos turísticos a los que nos pueden llevar sus aviones. Son *posts* que incluyen consejos, curiosidades e imágenes sobre los viajes, así como eventos relacionados con el sector.

- Especialistas en aviación explican el funcionamiento de los aviones, aclaran detalles y cuentan anécdotas de vuelos.

- Una parte importante de los contenidos del blog se dirige a todas esas personas que tienen miedo a utilizar el avión como medio de transporte (aerofobia). Son *posts* con un tono tranquilizador y positivo, pensados para ayudar a superar este trauma a volar.

Con esta estrategia de posteo, Iberia ha logrado crear una comunidad en torno a su marca.

---

164 *http://megustavolar.iberia.com/*

5.3 CARACTERÍSTICAS QUE DEBE TENER UN BUEN BLOG

Aunque no existe una fórmula única y taxativa sobre cómo debe ser un blog y cada uno de los artículos (*posts*) que en él se publican, sí podemos, en cambio, tener en cuenta una serie de pautas destinadas a hacer las publicaciones más atractivas y accesibles para los usuarios que visiten el blog. Veamos las características que debe tener un buen blog:

▶ **Primero, ¿lo tienes claro?**

Antes de decidirte a montar un blog, debes preguntarte hasta qué punto lo necesitas y con qué recursos cuentas para mantenerlo (sobre todo, de tiempo de dedicación). Asimismo, debes preguntarte si estás preparado para dar el salto a la cultura *dospuntocero*, es decir, si realmente te lo crees y estás dispuesto a conversar con total transparencia, sin poses, siendo auténtico.

▶ **Define la estrategia de blog**

Una vez tienes claro crear tu blog, ya puedes definir tu estrategia para postear, con una línea editorial homogénea (con un hilo conductor claro) que incluya la creación de contenidos, la dinamización de los mismos y la moderación de comentarios.

El lenguaje y el tono del blog deben ser acordes con tus valores. Generalmente, el tono en los blogs suele ser más informal y cercano a la audiencia que en los sitios web. No obstante, si, por ejemplo, eres un banco de inversión, el tono de tu blog corporativo debe ser creíble, así que tampoco conviene que sea demasiado desenfadado. Sea como fuere, en los blogs siempre se ha de mostrar un tono humano, sincero y respetuoso.

▶ **El contenido debe ser relevante para tu audiencia**

De entrada no te sientas intimidado si escribir no es tu fuerte, porque, ciertamente, no es necesario ser un gran escritor para llevar un blog. Por supuesto que tus *posts* han de estar bien redactados, pero lo realmente importante es asegurarte de que lo que escribes es relevante para tu audiencia.

No tienes que ser Hemingway, solo tienes que estar bien informado sobre tu profesión, tu sector, tu negocio, tus lectores/clientes y sus necesidades.

Con la práctica irás cogiendo soltura para expresarte cada vez mejor en negro sobre blanco. Eso sí, nunca, bajo ningún concepto, te apropies de contenido ajeno presentándolo como si fuera propio (plagio), antes o después te descubrirían.

PARA SABER MÁS
El primer post de tu blog de empresa: un FAQ

Para empezar tu blog nada mejor que elaborar un FAQ sobre tu negocio. Nos referimos a todas esas preguntas frecuentes que los clientes han estado preguntándote, ya sea acerca de tus productos, tus servicios o tus políticas. Escoge las mejores preguntas –diez si las tienes, pero con cinco puede ser suficiente– y púlelas con respuestas útiles. Genial, ya tienes la primera entrada de tu blog.

▶ Constantemente actualizado y no solo hables de ti

La actualización y el posteo continuos darán credibilidad y visibilidad (posicionamiento) a tu blog. Recomendamos al menos una entrada a la semana. Postea más si puedes y quieres, siempre y cuando puedas mantener esa frecuencia. Con todo, la consistencia y la calidad importan más que la frecuencia de posteo.

Por otro lado, recordemos, una vez más, que en la Web social uno no debe regodearse en el autobombo, así que no hables solo de ti, de tu marca y productos. Ofrece a tu audiencia contenido relevante sobre tu sector y profesión. Y recomienda otros blogs en tu *blogroll* (colección de enlaces de blogs afines).

▶ Que los relatos sean sencillos y directos

Conviene que los *posts* no tengan una extensión superior a los cinco o seis párrafos. Hay que tener en cuenta que un *post* de un blog no es un artículo sesudo en un medio convencional. Así que es mejor no elaborar grandes interpretaciones, y, en su lugar, ser espontáneo, directo, ingenioso y rápido.

PARA SABER MÁS
Blog de Seth Godin: posts

Un blog ejemplar, por su particular estilo y enfoque, es el del gurú del marketing **Seth Godin**[165]. Suele publicar todos los días, y sus posts son sencillos, de pocas palabras (rara vez tienen más de 300 palabras) y directos al grano.

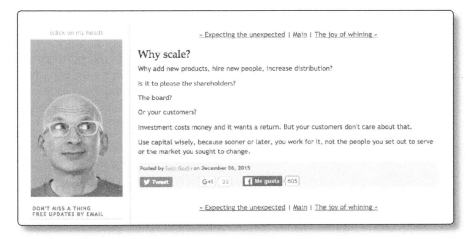

Un post del blog de Seth Godin

▶ Enlaza a otros contenidos (hipertextualidad)

Conviene enlazar ciertos conceptos, siempre que se considere pertinente y sin abusar. Por ejemplo, cuando se referencie o cite un hecho que ya viene reflejado en otro *post* o sitio web, dejando así al usuario la elección de decidir si quiere clicar (o no) sobre el enlace, en caso de que desee ir más allá y profundizar en esa información.

El enlace otorga mayor legitimidad a la información que se está ofreciendo.

---

165 *http://sethgodin.typepad.com/*

▼ Usa las negritas para destacar conceptos o expresiones

El uso de las negritas es conveniente para llamar la atención sobre ciertas ideas o conceptos. Su uso debe ser moderado y de forma espaciada, con un destacado en negrita en no menos de cada tres líneas, y únicamente para resaltar esas expresiones o frases cortas que lo merecen por su relevancia. Si se abusa, el recurso perderá su sentido y el texto parecerá un manchado de negro. También hay que cuidar el equilibrio entre las negritas y los enlaces, y mantener cierta distancia entre ellas, para no dañar a la vista al leer texto.

▼ Usa elementos multimedia

En Internet los contenidos audiovisuales toman mucho protagonismo y resultan atractivos a la hora de reclamar la atención de los usuarios. Por eso interesa que el *post* del blog contenga alguna fotografía, infografía, vídeo o cualquier otro tipo de elemento visual que guarde relación con la temática y que ayude a mejorar la apariencia del texto.

Al utilizar imágenes de la Red, si no son propias, debes cerciorarte de no violar sus derechos y utilizar únicamente las que estén bajo una licencia de *copyleft* y, a poder ser, citando la fuente original de la que provengan.

▼ Fomenta la participación a través de los comentarios de los visitantes

Muchas veces lo mejor de un *post* está en los comentarios de los usuarios. El problema si tienes un blog muy popular, con muchas visitas, es que revisar y gestionar los comentarios puede suponer mucho trabajo y tener que invertir tiempo y esfuerzo emocional en hacerlo. Por eso algunos blogueros de éxito no aceptan comentarios en su blog, y no hay nada malo en ello.

PARA SABER MÁS

Blog de Seth Godin: comentarios

....

Seth Godin no acepta comentarios en su archiconocido blog, posiblemente porque no daría abasto si quisiese atenderlos. Pero si lo desean, los usuarios siempre pueden comentar y responder a sus *posts* por otras vías, ya sea a través de Twitter, contestando a sus opiniones en sus respectivos blogs, o directamente enviándole *e-mails* a su **cuenta de contacto**[166].

....

---

166 *http://www.sethgodin.com/sg/contact.asp*

En caso de aceptar comentarios en tu blog (cosa que recomendamos), procura prefiltrarlos y no tengas reparos en incluso bloquear aquellos que contengan insultos, amenazas, *spam* publicitario... Así que diferencia bien entre un comentario malintencionado y uno simplemente negativo. No admitas en tu blog comentarios hirientes o groseros, pero acepta las críticas negativas y, si procede, respóndelas con educación a fin de tratar de transformar esa adversidad en ventaja.

▶ **Dinamiza el blog**

No basta con escribir el *post*, hay que moverlo por la Web social. Enlaza a tu página y tus contenidos, pero también fuera. Crea *tags* (etiquetas) que definan claramente un tema del *post* y que sean rastreables por tu buscador interno o por las herramientas externas.

Y haz posible que tus lectores puedan suscribirse a tu blog (que esté bien visible un enlace a la sindicación RSS), y que también puedan compartir, de manera sencilla, el contenido a través de otras plataformas sociales, como Menéame, Facebook o Twitter.

PARA SABER MÁS

¿Qué es un canal RSS y para qué sirve?

RSS (siglas en inglés de *really simple syndication*) o sindicación web es un instrumento para suscribirse a un blog o página web con contenido actualizable. La tecnología RSS proporciona al usuario una lista actualizada del contenido web elegido (*feed*), con lo que le facilita enormemente la labor de recogida y filtrado de la información que considera de su interés.

Icono RSS utilizado en navegadores web

¿Por qué suscribirse al RSS de un blog de interés?

Una vez te suscribes al RSS de un blog, empezarás a recibir directamente en tu lector de *feeds* todos los nuevos posts que se publiquen en ese blog. Si te suscribes a varios blogs, recibirás las actualizaciones de todos los blogs a los que te hayas suscrito en un único lugar (tu lector de *feeds*), sin necesidad de tener que visitar estos blogs uno a uno.

¿Qué es un lector de feeds?

Es la herramienta que permite al usuario darse de alta en las RSS de sus blogs favoritos, para así poder recibir en su lector las fuentes de información actualizadas (*feeds*) que son de su interés. El lector de *feeds* más popular ahora mismo es **Feedly**[167].

5.4 PLATAFORMAS BLOG

Una vez establecidas las claves de qué es un blog, para qué sirve y de qué manera debe ser presentado, toca hacernos la pregunta: ¿con qué plataformas podemos crear y difundir nuestros contenidos? La lista es numerosa, más aún si tenemos en cuenta que son muchos los blogs que tienen una plataforma hecha a medida.

Entonces, ¿cuál es la mejor plataforma de publicación de contenidos para mi blog? Eso dependerá de las necesidades puntuales de tu proyecto. Para ayudarte en tu elección, veamos a continuación las características básicas de las herramientas blog más conocidas.

5.4.1 WordPress

Dentro de la gran variedad existente de plataformas blog, el rey indiscutible es WordPress, sin duda la más popular de todas.

WordPress cuenta con dos modalidades diferentes: WordPress.com y WordPress.org. El portal **WordPress.com**[168] es el más sencillo de los dos, pues te permite crear tu propio blog fácilmente, sin necesidad de conocimientos técnicos y siguiendo unos simples pasos. Con WordPress.com no tienes que preocuparte por cuestiones como la gestión, el mantenimiento, las copias de seguridad o el alojamiento del blog (el *hosting*). WordPress.com es gratuito, si bien le puedes añadir algunas funcionalidades extra a través de pequeños complementos de pago.

Por otro lado, si ya tienes algún conocimiento técnico y quieres una plataforma blog más potente y profesional, **WordPress.org**[169] es lo que necesitas.

---

167 *http://feedly.com/i/welcome*

168 *http://wordpress.com/*

169 *http://es.wordpress.org/*

Con WordPress.org puedes controlar y gestionar tu propio sitio sin limitaciones de funciones, *hosting*, rendimiento y mantenimiento. Por supuesto, el alojamiento aquí es de pago; y si tienes mucho tráfico hacia tu blog, necesitarás pagar más para que el servidor no se caiga. Por lo demás, WordPress.org te ofrece opciones de personalización casi infinitas, tanto en funcionalidad como en aspecto, gracias a los **plug-ins**[170] y **themes**[171].

WordPress.org es más profesional y versátil que WordPress.com.

En realidad, WordPress es mucho más que una herramienta de *blogging*, es un sistema de gestión de contenidos (en inglés *content management system*, abreviado CMS) de código abierto, que permite alojar y poner en marcha no solo tus palabras, sino también tus fotos, vídeos, presentaciones de diapositivas, archivos de audio, y cualquier otra cosa que desees compartir. Y todo ello integrado, conectado y enlazado con tu Facebook, Twitter, YouTube, Pinterest, Google+, Instagram, y demás sitios que tengas.

5.4.2 Blogger

Blogger[172] fue una de las primeras plataformas de publicación de bitácora en línea, lanzada en el año 1998 y adquirida por Google en 2003. Su popularidad radica en su facilidad de uso, pues es una herramienta básica que permite a cualquier usuario, sin conocimientos técnicos, crear de forma sencilla y gratuita su propia bitácora web. Con Blogger puedes escribir, publicar y gestionar contenidos desde cualquier navegador, con resultados inmediatos y sin necesidad de escribir código alguno.

Blogger ha sido uno de los grandes "culpables" de la democratización de la Red.

Su sencillez no le impide presentar numerosas funcionalidades de personalización y un más que aceptable muestrario de complementos.

Sin embargo, Blogger ha perdido la batalla en el terreno profesional con respecto a otros servicios de publicación de contenidos más distinguidos, como WordPress, Drupal o Joomla. Aun así, Blogger sigue siendo una plataforma muy popular para los principiantes que quieren empezar a crear y publicar su primer blog. Además, es una herramienta que tiene sobradamente resuelta la cuestión del posicionamiento SEO del blog, dado que la gestiona el mismísimo Google.

---

170 *https://wordpress.org/plugins/*

171 *https://wordpress.org/themes/*

172 *https://www.blogger.com/*

5.4.3 Drupal y Joomla

Si lo que necesitas es una herramienta más potente para uso comercial o empresarial, y tener un sitio web grande, rico en personalización y con uso intensivo de datos, entonces las opciones que debes considerar son las de **Joomla**[173] o **Drupal**[174]. Al igual que WordPress, ambos son sistemas de gestión de contenidos (CMS) de código abierto, pero con el problema de que requieren tener muchos conocimientos técnicos (pronunciada curva de aprendizaje) y un servidor lo bastante potente como para soportar las necesidades del sistema. Drupal es el menos usado de estos CMS, pero también el más poderoso. Por otro lado, tanto los blogs de Joomla como los de Drupal se suelen posicionar bien en los motores de búsqueda (quizá mejor los de Drupal); ahora bien, recuerda, una vez más, que el factor clave para el posicionamiento de cualquier blog no es el contenedor, que es secundario, sino tener contenido de calidad.

5.4.4 Tumblr

La inclusión aquí de esta plataforma puede llamar la atención, en tanto en cuanto se trata de un espacio visual más cercano al *microblogging* que al *blogging*. Sin embargo, metemos a **Tumblr**[175] en el saco de las herramientas de *blogging* porque se trata de una especie de diario personal que permite al autor publicar texto, fotografías, audio y vídeo. Cierto es que se trata de una herramienta de publicación social (ligada a la acción de seguir otros blogs) en la que las palabras pierden protagonismo frente a los contenidos audiovisuales. Sin embargo, esto no debe hacernos perder el foco que apunta a Tumblr como un gran espacio personal para crear y difundir contenido.

PARA SABER MÁS

Crea tu propia bitácora dentro de tu perfil de Facebook: las "notas"

No es fácil llegar a las huidizas audiencias a través de tu blog. Por eso puede que te sea más sencillo alcanzarlas a través de la plataforma de Facebook, donde se concentran nada más y nada menos que mil quinientos millones de usuarios. Y es que recientemente Facebook se ha propuesto que los usuarios puedan bloguear dentro de su plataforma, al renovar una vieja función de posteo que tenía abandonada: las **notas**[176] (Facebook Notes). Estas

---

173 *https://www.joomla.org/*

174 *https://www.drupal.org/*

175 *https://www.tumblr.com/*

176 *https://www.facebook.com/help/488014787881885*

notas se parecen más a *posts de blog*, por el formato y extensión de las historias, que a actualizaciones de estado en Facebook, si bien mantiene las ventajas sociales propias de esta plataforma, pues puedes compartir los *posts* con tus amigos de esta red social. También puedes customizar el diseño de cada *post* e incluir imágenes.

5.5 MEDIR LA EFECTIVIDAD DE TU BLOG

Necesitas dedicar un tiempo a monitorizar la actividad de tu blog, para poder entender qué es lo que está funcionando y lo que está fallando en el mismo.

Dependiendo de los objetivos planteados para tu blog, de lo que pretendas conseguir con él, has de escoger las métricas que te permitan saber si los estás cumpliendo o no.

De entrada, algunos indicadores que deberías tener en cuenta para medir **el tráfico** de tu blog son:

- Número de visitas.
- Número de páginas vistas.
- Tasa de rebote.
- Tiempo medio de duración de la visita.

Estas métricas de tráfico las puedes obtener de la herramienta gratuita de Google Analytics.

Por otro lado, los principales indicadores para medir la **popularidad** del contenido de tu blog son:

- Total de visitas.
- Porcentaje de visitas recurrentes respecto al porcentaje de visitas nuevas.
- Número de suscriptores al *feed* RSS.
- Número de suscripciones que llegan por *e-mail* a través del formulario de contacto.
- *Posts* más populares (temática).
- Número de comentarios.
- Número de comentarios por *post*.
- Descargas en blog.

Y si lo que quieres es analizar la **reputación e influencia** de tu blog, entonces conviene tener en cuenta los siguientes indicadores:

▼ Número de usuarios únicos.

▼ Número y calidad de los enlaces entrantes.

▼ Palabras clave por las que encuentran tu blog.

▼ Número de veces que se comparten tus *posts* en las redes sociales (*shares*, +1s, tuits…).

▼ *Page rank*.

▼ Petición de colaboraciones.

Este proceso de análisis te ayudará a saber qué contenidos de tu blog tienen mayor éxito (y también a conocer mejor la tipología de tus lectores), para, de este modo, poder escribir más *posts* en esa línea.

IDEAS CLAVE

▼ El blog sirve para muchas cosas: para afianzar tu marca (personal o corporativa), para posicionarte en los buscadores y ganar visibilidad en la Red, como centro de tu actividad en la producción de contenidos propios, para aprender… incluso para ganar dinero.

▼ Las cuatro funciones clave que un blog cumple para una empresa son establecer un espacio de comunicación directo con la comunidad, ayudar a convertir la empresa en un conector o referente, mejorar la visibilidad de la marca en Internet, y proporcionar a la empresa información valiosa.

▼ No existe una fórmula única sobre cómo debe ser el estilo de un blog, pero sí unas pautas mínimas que aseguran un estándar de calidad, a saber: primero definir la estrategia de blog; que el contenido sea relevante para la audiencia, constantemente actualizado y que no consista en solo hablar de uno mismo; que los relatos sean sencillos y humanos; usar enlaces y negritas de forma moderada; animar los textos con elementos multimedia; fomentar la participación; dinamizar el blog…

▼ Existen numerosas plataformas para abrir un blog, cada una de ellas con sus particularidades. Las más conocidas son WordPress, Blogger, Joomla, Drupal y Tumblr.

▼ Dependiendo de los objetivos planteados para tu blog, de lo que pretendas conseguir con él, has de escoger las métricas que te permitan saber si los estás cumpliendo o no.

6

6.1 FACEBOOK: MUCHO MÁS QUE UNA RED SOCIAL

Facebook[177] es **la plataforma social por excelencia**, la red social más grande y popular del mundo, con más de mil quinientos millones de usuarios, de los cuales mil millones entran cada día.

Lo cierto es que hoy prácticamente todo el mundo está en Facebook, tanto jóvenes como mayores (la edad media del usuario de esta red social es de 40 años), y además permanece dentro de ella una media de 45 minutos al día.

Facebook es la red social más usada del planeta.

Facebook es, sin duda, el sitio en el que se ha de estar, y no solo para relacionarte con los entornos conocidos (amigos y compañeros de trabajo) y compartir emociones e información, sino también para encontrar todo el material que puedas necesitar en el día a día: leer noticias de actualidad, ver vídeos, consultar tu agenda de eventos, adquirir aplicaciones, jugar y concursar, participar en sorteos, conversar con tus marcas favoritas, descubrir productos y comprarlos, e incluso trabajar.

En realidad, **Facebook es mucho más que una red social**. Lo que en origen fue una simple plataforma web a la que acudíamos para ver qué habían hecho nuestros amigos y familiares, hoy **es un espacio online omnipresente que casi sustituye a toda Internet**. Paradigmático es que el nuevo buscador de Facebook permita ahora encontrar publicaciones, y no solo contactos, grupos o páginas de empresas.

---

177 *https://www.facebook.com/*

Al final, lo que la compañía de Mark Zuckerberg pretende es que los usuarios adopten Facebook como el lugar desde donde acceder a todo el contenido de Internet, para, de este modo, pasar todavía más tiempo dentro de su plataforma, algo que, a la larga, le permitirá incrementar sus ingresos por publicidad.

Con semejante panorama, es normal que todas las empresas quieran estar presentes en Facebook. Sin lugar a dudas, se trata de la red social más atractiva para construir marca y conectar con los clientes, por su potencial para el *engagement* (por su facilidad para desarrollar conversaciones cercanas y emotivas entre la marca y el usuario) y por su gran capacidad de conocimiento y segmentación de los usuarios, ya que, entre otras cosas, prácticamente no existen perfiles anónimos. Una plataforma de comunicación social que a empresas y marcas les permite aportar un lado más humano y llegar de manera directa y personal a sus públicos.

Facebook es el lugar en el que todas las empresas quieren estar para aumentar su visibilidad y cautivar a su público.

Facebook es una potente herramienta de marketing online, donde las empresas pueden moverse con gran libertad, tratando, eso sí, de no entrar de lleno en prácticas intrusivas que puedan invadir el espacio personal de los usuarios.

Para una marca, una de las mejores cosas de esta red social es la posibilidad de gestionar a su antojo no una comunidad, sino múltiples comunidades y atributos alrededor de su negocio. Facebook puede ser un canal de participación, un centro de atención al cliente, un blog corporativo, un canal de publicidad y ventas… Lo cierto es que las marcas pueden darle a esta plataforma las formas que quieran y que mejor se adapten a sus necesidades e intereses.

Las posibilidades corporativas de este entorno son enormes y **el principal eje de actividad es el de las páginas de Facebook**[178], espacios reservados para que las empresas, marcas y organizaciones puedan compartir sus historias y establecer una relación más estrecha con sus públicos. Estas páginas de Facebook son visibles para todo el mundo, y cualquiera puede hacerse fan de una página simplemente clicando en **Me gusta**.

Ese es, precisamente, el primer objetivo de cualquier marca en Facebook: que la gente se haga fan de su página, y que, a continuación, participe dejando comentarios y compartiendo publicaciones. Se trata de crear una comunidad de miles de fans que puedan convertirse en clientes de la marca. Por eso es muy importante que los fans que se consigan sean cualificados y se correspondan con el público objetivo de la marca. Se necesita un perfil de fan que interactúe y que sea susceptible de convertirse en potencial cliente.

---

178 *https://www.facebook.com/business/products/pages/*

Si lo que se desea es fomentar una comunicación más fluida entre la empresa y determinadas partes de la comunidad (clientes habituales, proveedores, empleados…), se puede recurrir a los grupos de Facebook[179], que son espacios de organización pensados para conectar con grupos de personas concretos. Por ejemplo, puedes crear un grupo privado solo para tus clientes más leales. Un lugar reservado para que esos clientes "enamorados" de tu marca puedan reunirse y participar. Un espacio exclusivo para atender con mimo a los clientes VIP, ofreciéndoles, por ejemplo, descuentos y primicias del nuevo catálogo de productos antes de ponerlos a disposición del público en general.

Facebook es, por otro lado, una excelente plataforma para publicar anuncios. Pagar publicidad en **Facebook Ads**[180] es una opción perfectamente válida si se quiere promocionar un negocio o una campaña puntual. Anunciarse en Facebook es relativamente económico y fácil. Pero lo mejor para la empresa es que permite conectar de forma muy precisa con el perfil de usuario susceptible de adquirir sus productos o servicios. Para afinar la puntería de tus anuncios, nada mejor que Facebook Ads.

Bien es cierto que Facebook se emplea básicamente como instrumento para hacer *branding* y crear *engagement*. Sin embargo, la posibilidad de emplearlo como plataforma para la venta directa se puso de manifiesto prácticamente desde sus inicios. Y aunque parecía una excelente idea el **Facebook Commerce**, lo cierto es que en la práctica ha sido un fracaso, como mínimo hasta la fecha. Quizá el motivo de este fiasco sea únicamente que el acto de la compraventa directa dentro de Facebook nunca ha llegado a ser una opción real o práctica para los consumidores. Una vez esta red social consiga simplificar y agilizar las transacciones –por ejemplo, con el **botón de compra** que está empezando a implementar–, los usuarios podrán comprar o reservar algo directamente sin necesidad de salir de la plataforma. Y poder hacer esto es algo que está a la vuelta de la esquina, a la velocidad a la que evoluciona este campo.

Facebook no es solo una red social, también es un servicio digital para generar negocio y ventas, una red comercial.

La rentabilización de Facebook es algo que se está proyectando no solo hacia fuera, ante el cliente, sino también hacia dentro de la empresa. Así, recientemente Facebook ha lanzado (de momento en fase beta) su propia versión **social business** para uso interno de las empresas. Se llama **Facebook at Work**[181] (Facebook en el trabajo), y está pensado para que los trabajadores de una empresa puedan estar en contacto entre sí de la misma forma en que están en contacto con sus amigos y familiares a través de

179 *https://www.facebook.com/help/162866443847527/*

180 *https://www.facebook.com/business/products/ads/*

181 *https://www.facebook.com/help/work*

su perfil de Facebook. Facebook at Work tiene la misma interfaz que Facebook (las mismas herramientas), aunque el usuario opera con una "cuenta laboral" separada de su "cuenta personal" de Facebook. Lo que se pretende con esta separación es diferenciar claramente el ámbito profesional del personal, y así evitar posibles injerencias por parte del empresario en la esfera privada del trabajador.

PARA SABER MÁS
Aplicaciones de terceros dentro de Facebook

En el año 2007 Facebook liberó su API (*application programming interface*) para que terceros pudiesen integrar sus propias **aplicaciones dentro de su plataforma**[182]. De esta manera, los desarrolladores ponen el programa (de juegos, visualización de otros canales, formularios, concursos y sorteos, etc.) y la red social los usuarios.

Al principio estas *apps* tuvieron bastante presencia en Facebook, pero, con el tiempo, la plataforma las ha ido relegando y minimizando su poder.

Pese a todo, no paran de surgir nuevas *apps* que introducen novedades en la plataforma de Facebook y mejoran la experiencia de usuario, como por ejemplo **Moments**[183] (para compartir fotografías con amigos de forma privada) o **Notify**[184] (para estar al día de las noticias).

En resumidas cuentas, **Facebook es una plataforma de comunicación social multidimensional** con innumerables posibilidades, que además está en continuo desarrollo, y en la que cada vez surgen más herramientas que generan nuevas oportunidades. Así que deja de mirar Facebook de una manera lineal. Por supuesto que, ante todo, debes utilizarla para crear y administrar una comunidad y cautivar a tu audiencia, pero también puedes servirte de ella para anunciarte, vender y hasta trabajar.

6.2 PÁGINA DE FACEBOOK: PARA ENGANCHAR A TU PÚBLICO OBJETIVO

No son pocas las empresas que cometen **el error de estar en Facebook como perfil personal y no como página**. Has de saber que todo negocio que use un perfil personal está vulnerando la privacidad de sus "amigos" y, en consecuencia, actuando en contra de las normas de Facebook. Además, los perfiles personales no

---

182 *https://developers.facebook.com/*

183 *http://www.momentsapp.com/*

184 *https://notify.co/*

se pueden usar para, por ejemplo, publicar anuncios o con otros fines comerciales, ni tampoco para administrar otro tipo de acciones que las páginas si permiten, como medir el alcance de las publicaciones y segmentarlas o tener varios administradores.

Por lo tanto, si tu objetivo es representar a tu empresa, marca o producto en Facebook, crea una página[185]. La página, y no el perfil, es el lugar propicio para mostrar la personalidad de tu negocio e interactuar con tus clientes (eso sí, toda página de empresa ha de estar asociada a un perfil personal para que pueda ser gestionada).

El elemento central de un negocio en Facebook es la página de empresa.

Son muchos los usos útiles que para la comunicación corporativa tiene una página de Facebook, a saber:

▶ **Para aumentar la visibilidad y mejorar la imagen de marca**. Además del *branding* que genera, con la página se consigue un muy buen posicionamiento de forma sencilla y sin necesidad de hacer SEO.

▶ Permite a la empresa **estar en un lugar donde están sus clientes** y se sienten como en casa.

▶ **Como carta de presentación**. La página de Facebook es un escaparate abierto ante el público a través del cual cualquiera puede ver lo que se ofrece dentro. Cualquier usuario puede ver las ofertas exclusivas que podría conseguir si se une al grupo de "élite" de los que ya son fans de tu página.

▶ Tener una página es **tener un canal de atención**, escucha y diálogo con los clientes, actuales y potenciales.

▶ **Para humanizar la marca y aumentar la cercanía de la empresa**. Con la página se establece con los fans una comunicación directa y cercana (casi) en tiempo real.

▶ **Permite saber cada vez más cosas sobre los fans/clientes, sobre sus gustos y preferencias** En Facebook los usuarios comparten información sobre ellos mismos y lo que les motiva.

▶ **Permite un alto grado de participación de la comunidad y genera recomendaciones**. No viene regalado, hay que currárselo, exige un alto grado de implicación en la moderación y la alimentación de contenidos.

---

185 *https://www.facebook.com/help/104002523024878*

▼ **Facilita la segmentación de los fans** según sus características sociodemográficas (edad, sexo, ubicación, intereses…).

▼ **Para llevar a los clientes a tu sitio web o tienda online.** Facebook es una herramienta magnífica para conducir tráfico a tu *site*.

PARA SABER MÁS
Seis pasos para configurar tu página de Facebook

1. Accede al sitio de creación de páginas de Facebook[186] **y elige la categoría** que más se ajuste o aproxime a tu negocio. Por ejemplo, si tienes un establecimiento comercial con sede física, entonces te conviene registrar la página con la categoría de "negocio local", con ello mejorarás la visibilidad de tu establecimiento (se mostrará un mapa con su ubicación) y, además, ganarás posicionamiento y podrás analizar tu reputación online, pues los usuarios podrán puntuar y opinar sobre él a través de las cinco estrellas de Facebook.

2. Diseña bien tu página. Describe tu negocio. Deja claro quién eres, qué haces, de qué trata tu página. Personaliza la URL, que sea fácil de posicionar y recordar. Optimiza las imágenes de perfil/avatar (180×180 píxeles) y de portada (851×315). Completa toda la información que puedas de tu cuenta: dirección, número de teléfono, horario…

3. Asigna los roles de la página: administradores, editores, moderadores…

4. Añade páginas de observación. Si tienes más de 100 fans, puedes crear una lista de cinco páginas (de la competencia, por ejemplo) a las que "espiar" de cerca su evolución y estadísticas.

5. Optimiza el diseño y las funciones de tu página. Personaliza el botón de llamada a la acción (comprar, reservar, registrarte, contactarnos…). Destaca un vídeo, crea una oferta, añade un formulario de contacto. Incluye una pestaña con tu sitio web, blog corporativo o canal de YouTube.

6. Revisa los parámetros de configuración y privacidad. Aquí tienes tres páginas de Facebook que han de ayudarte en este sentido:

- Información básica de las páginas[187].
- Ayuda para proteger la privacidad de tu cuenta[188].
- Política de datos de Facebook[189].

---

186 *https://www.facebook.com/pages/create*
187 *https://www.facebook.com/help/127563087384058*
188 *https://www.facebook.com/help/127563087384058*
189 *https://www.facebook.com/about/privacy/*

Cabe mencionar que **Facebook verifica algunas páginas y perfiles** para que las personas sepan que son reales. Es la propia red social la que decide los criterios que una página o perfil debe cumplir para que se le conceda el distintivo de verificación (con una insignia azul). Hoy la mayoría no reúne los requisitos exigidos, y únicamente se están verificando páginas y perfiles de famosos y personajes públicos (como políticos, actores, deportistas, músicos y otras celebridades) y marcas y negocios internacionales con grandes audiencias. Una verificación con la que puedes disfrutar de algunas "pequeñas" ventajas, siendo la principal la exclusividad que se siente por el hecho de poseer la insignia azul.

PARA SABER MÁS

Cuidado con convertir tu página de Facebook en web corporativa

Las páginas de Facebook son cada vez más funcionales, más vistosas y con mejores prestaciones. Tanto es así que algunas empresas han decidido abandonar sus respectivas webs corporativas para, en su lugar, centralizar toda su presencia digital en la página de Facebook.

Desaconsejamos esta practica. No es buena idea ceder toda la actividad de tu negocio *online* a un tercero, en este caso Facebook, que es una plataforma ajena que no controlas y que cambia las reglas a menudo.

6.3 ESTRATEGIA DE CONTENIDOS EN TU PÁGINA DE FACEBOOK

Como ya se ha señalado anteriormente, hace poco Facebook cambió su algoritmo *edge rank* para reducir drásticamente el alcance de las publicaciones de las páginas de empresa. El alcance orgánico de una página es ahora significativamente menor que antes, hasta el punto de que de media solo llega a un 6 % de los fans.

Recientemente Facebook cambió su algoritmo, ahora la visibilidad orgánica de las páginas de empresa se ha reducido significativamente.

Entonces, ¿qué puedo hacer, como marca, para que mis publicaciones de Facebook consigan difusión y resultados de manera orgánica (sin pagar)? Solo hay una respuesta correcta a esta pregunta: seducir al algoritmo de Facebook. El *edge rank* da prioridad a las publicaciones que generan un mayor porcentaje de participación, de tal manera que a mayor interacción, mayor difusión (y viceversa). ¿Quieres alcance con tu página de Facebook? Entonces crea contenidos capaces de generar interacción (*likes*, comentarios y *shares*). Así que ya sabes, para este viaje vas a necesitar esfuerzo y creatividad.

PARA SABER MÁS
Cómo funciona el algoritmo de Facebook

El *edge rank* es como el SEO de Facebook. Los tres factores que influyen en este algoritmo a la hora de posicionar cada publicación son:

- **El grado de afinidad** entre el usuario y el creador del contenido (a mayor interacción, mayor nivel de afinidad).

- **La relevancia** (o peso) del contenido publicado (este será mayor cuantos más **Me gusta**, comentarios y compartidos obtenga).

- **El tiempo o permanencia** (cuanto más antiguo sea el contenido publicado, peor; por eso conviene publicar con cierta frecuencia).

Así pues, lo recomendable para conseguir la atención de tus fans es darles continuamente contenido que les pueda resultar interesante y útil. Este es el tipo de contenido orgánico que ha de predominar en tu página si quieres aumentar el alcance entre tus fans y sus amigos.

Traemos a colación, una vez más, el **reparto 80/20**. Dedica el 80 % de tus publicaciones de Facebook a crear y difundir contenido relevante para la comunidad, y solo el 20 % a promocionar tu marca y productos. Que los *posts* promocionales sean un apoyo puntual bien encauzado.

6.3.1 Consejos para publicar contenidos en tu página de Facebook

▶ **Ofrece información de valor y útil que atraiga a tus fans**. Desde noticias de interés que entretengan e informen sobre tu sector y marca, pasando por compartir vídeos creativos relacionados o experiencias de las actividades laborales de tu empresa, hasta sorteos, concursos, eventos, juegos y, por supuesto, ofertas y descuentos (conviene ofrecer a tus fans –que ya han expresado un interés por tu negocio al hacerse fans– descuentos exclusivos sobre los productos que vendes).

▶ **Actualiza frecuentemente tu página**, por lo menos una o dos veces al día. Eso sí, antepón siempre la calidad de tus contenidos a la cantidad.

▶ **Segmenta tus publicaciones**, dirigiéndolas al perfil de fan que interesa según sus características sociodemográficas.

▶ **Averigua en qué momento del día suele estar tu audiencia conectada a Facebook, y publica en esas horas** (puedes programar las publicaciones). Aunque esto dependerá de tu público particular, por regla general la mejor hora para publicar en Facebook es entre las 13:00 y 16:00, y la peor entre las 20:00 y las 08:00.

▶ **No te enrolles**. Que tus *posts* sean muy cortos, de una frase o un párrafo o dos a lo sumo. La página de Facebook no es el lugar propicio para escribir grandes relatos. Lo que sí puedes, y recomendamos, hacer es añadir *links* a tus actualizaciones de estado.

▶ **Sé auténtico y optimista**. A todos nos gusta ver cosas entretenidas y agradables, noticias o imágenes que nos hagan sentir bien. Ofrece contenido positivo que incite a ser compartido. El humor es importante.

▶ **Tus publicaciones deben llamar a la acción**. Tu contenido debe dar pie a la conversación. Formula preguntas en tus publicaciones para fomentar el debate y la participación de la comunidad.

▶ **Dialoga con tus fans y, sobre todo, escúchalos**. Debes dar ejemplo y participar en la conversación. Aun así, procura siempre escuchar más de lo que hablas. Recuerda lo de "si tenemos dos orejas y una boca, es para escuchar el doble de lo que hablamos".

▶ **Responde siempre y agradece la participación**. Procura contestar todos los comentarios. Haz sentir a tus fans que son importantes para la comunidad. Dale al **Me gusta** cada vez que alguien te haga un comentario. Pero, por favor, no le des **Me gusta** a tus propias publicaciones, ni tampoco los mendigues, queda fatal.

▼ **No borres los comentarios negativos**, a menos que sean insultos o amenazas. Cuando la marca reciba una crítica, responde de la mejor manera posible.

▼ **Responde con rapidez**. En Facebook la rapidez a la hora de responder es importante (aunque no tanto como en Twitter). La mayoría de los usuarios de esta red social esperan una respuesta el mismo día, y a poder ser en menos de ocho horas.

▼ **Utiliza vídeos e imágenes impactantes**, Facebook es una plataforma audiovisual. No en vano el vídeo es el formato de contenido más compartido en esta red social. Un buen vídeo o una buena foto llama la atención de los usuarios y anima a interesarse por el contenido. Sácale partido a las nuevas funciones de las páginas que permiten transmitir vídeo en directo y publicar una secuencia de hasta cinco fotos desplazables con enlaces.

▼ **No compres fans**, aparte de ser poco o nada ético, no sirve para nada (te encontrarás con una bolsa enorme de "seguidores" que no se encuentran entre tu público objetivo y que, por lo tanto, jamás van interactuar con tus publicaciones ni van a convertirse en clientes), e incluso es contraproducente (pues van a adulterar la información de tus campañas publicitarias y de tus análisis de medición).

▼ **Analiza tu página mediante el sistema de estadística**. Revisa constantemente el alcance e impacto de tus publicaciones, el grado de interacción de los fans, conoce los perfiles de usuarios que tienes, etc. Averigua qué está funcionando y fallando de tu página, y por qué. Así podrás mejorar en tu estrategia de contenidos de Facebook.

PARA SABER MÁS

La estrategia de contenidos de Starbucks en sus páginas de Facebook

El desembarco de Starbucks –la cadena de cafeterías más grande del mundo– en las redes sociales, y en concreto en Facebook, se ha convertido en un caso de estudio en escuelas de negocio, universidades y entornos de expertos en marketing y comunicación *online*.

Actualmente, la **página de Starbucks internacional**[190] cuenta con más de 36 millones de fans; y la **página de Starbucks España**[191], con cerca de un millón de fans.

---

190 *https://www.facebook.com/Starbucks/*
191 *https://www.facebook.com/StarbucksEspana*

Lo destacable de las páginas de Starbucks es lo extraordinariamente bien que han integrado la estrategia de contenidos en Facebook en su estrategia de ventas y relación con el cliente. La marca comparte contenido creativo varias veces al día, y responde a sus fans correctamente y con rapidez. Busca continuamente la interacción con sus clientes, personaliza el trato, incita a compartir, organiza concursos, cuida los valores del café de barrio, y hasta crea páginas especiales para sus productos, como **Starbucks Frappuccino**[192], con más de 11 millones de fans.

6.4 ESTADÍSTICAS DE LA PÁGINA DE FACEBOOK

Las **estadísticas de la página**[193] son una excelente herramienta desarrollada por Facebook para observar, analizar y desgranar con detalle toda la actividad de la página y todo tipo de interacción de los fans. Una información que permite tomar decisiones fundamentadas sobre qué contenido conviene publicar para generar mejores resultados.

¿Cuántos fans tiene nuestra página en estos momentos y cómo está evolucionando el número de seguidores? ¿Cuánta gente llega a ver nuestros *posts*? ¿Cuántos fans interactúan? ¿Con qué publicaciones lo hacen y de qué manera (qué dicen)? ¿Cómo son nuestros fans? ¿De dónde provienen y desde qué dispositivos acceden a las publicaciones? ¿Qué contenidos son los que mejor (y peor) funcionan?

Para tener acceso a las estadísticas de tu página de Facebook debes tener como mínimo 30 fans. Si cumples con este criterio, puedes acceder a esta herramienta directamente desde la propia página (a través de la pestaña situada en la parte superior, denominada **Estadísticas**) o desde **www.facebook.com/insights**[194]. Al entrar te encontrarás en la columna de la izquierda siete pestañas con las que analizar tu página:

- ▸ Información general
- ▸ Me gusta
- ▸ Alcance
- ▸ Visitas a la página
- ▸ Publicaciones
- ▸ Vídeos
- ▸ Personas

---

192 *https://www.facebook.com/Frappuccino/*
193 *https://www.facebook.com/business/learn/facebook-ads-measuring-results/*
194 *https://www.facebook.com/insights*

6.4.1 Información general

Es un resumen correspondiente a la última semana, con los indicadores clave más importantes de tu página:

▼ **Me gusta**: es decir, el número de fans de tu página.

▼ **Alcance de las publicaciones**: a cuántos usuarios has llegado.

▼ **Participación**: el *engagement* que generas.

▼ **Análisis por publicación**: rendimiento de tus publicaciones más recientes.

▼ **Páginas en observación**: por ejemplo, de la competencia.

6.4.2 Me gusta

Esta sección proporciona información sobre la evolución del crecimiento o reducción del número de fans con el transcurso del tiempo. En concreto informa de:

▼ El número total de **Me gusta** de tu página hasta hoy.

▼ El "Me gusta neto", es decir, el número de **Me gusta** nuevos menos el número de **Ya no me gusta**, diferenciados en orgánicos y de pago (publicidad de Facebook).

▼ Procedencia de los **Me gusta**.

6.4.3 Alcance

Indica el número de personas que vieron tus publicaciones, diferenciando entre los que han sido impactados de forma orgánica y los que conseguiste con tus anuncios. También nos dice las reacciones que experimentan las personas ante tus publicaciones (**Me gusta, Me encanta, Me divierte, Me asombra, Me entristece, Me enoja**), y cuántas las comentaron o las compartieron.

6.4.4 Visitas a la página

Da información sobre cuántas visitas has tenido en cada pestaña de tu página, y de dónde vienen (de tu web, de un motor de búsqueda, de Facebook…).

6.4.5 Publicaciones

Proporciona información sobre:

▸ Cuándo están conectados tus fans (días y horas).

▸ El rendimiento de tus publicaciones (alcance y participación), especificando el tipo de formato (vídeo, foto, estado, enlace…).

▸ Las publicaciones destacadas de tus páginas de observación.

6.4.6 Vídeos

Esta sección destaca los vídeos más vistos de tu página, e indica el número de veces que se reprodujeron durante tres segundos o más, y durante 30 segundos o más.

6.4.7 Personas

Muestra datos demográficos de tu público (el sexo, el rango de edad, el país, la ciudad y el idioma), tanto de tus fans como de otros usuarios a los que has llegado o que han interactuado con tus publicaciones.

Estos son los indicadores clave de tu página. Recomendamos analizarlos cada semana, y a fondo una vez al mes por lo menos.

Puedes exportar tus estadísticas a un documento en formato Excel, haciendo clic en **Exportar**, en la esquina superior derecha del menú principal.

6.5 FACEBOOK ADS

¿Pagar para que nuestro público vea lo que publicamos? ¿Pero esto de Facebook no era gratis?

Así era, en efecto, hasta que Facebook cambió su algoritmo hace poco. Desde entonces las publicaciones orgánicas de las páginas de empresa no llegan al muro de todos los fans, y, en consecuencia, obtienen una menor visibilidad.

Este deterioro del alcance de las páginas está forzando "sutilmente" a las marcas a tener que pagar publicidad si no quieren perder presencia en Facebook. El contenido orgánico ya no es suficiente para posicionarte en esta red social, ahora, para llegar a tu público también necesitas invertir en campañas de Facebook Ads[195], la plataforma de publicidad de Facebook.

---

195 *https://www.facebook.com/business/products/ads/*

Si quieres conseguir resultados en Facebook, tendrás que combinar contenido orgánico con contenido de pago.

Facebook Ads ayudará a que la marca sea mucho más visible y más fácilmente localizable por cualquiera de los más de 1.500 millones de usuarios que tiene Facebook.

No es de extrañar que los anuncios de Facebook se hayan convertido en una de las alternativas publicitarias *online* más utilizadas en los últimos años. Más aún si tenemos en cuenta su eficacia, pues a un precio relativamente asequible, permite segmentar el público y seleccionar de forma precisa el que más interesa (el tipo de perfil de usuario que puede convertirse en futuro cliente), lo que rentabiliza al máximo la inversión.

Una de las grandes ventajas de Facebook Ads es la segmentación, que permite hacer un targeting bastante preciso.

Dentro de Facebook Ads, podemos diferenciar dos tipos de anuncios:

▼ **Las publicaciones promocionadas o post ads.**

▼ **Los clásicos anuncios (los banners).**

Las publicaciones promocionadas sirven para dar visibilidad a un *post* en los *timelines* de todos los fans de la página y de un público determinado de perfil de usuario que la marca haya seleccionado. Se usan, fundamentalmente, para generar interacción (conseguir **Me gusta**, comentarios, y que se comparta el *post*).

Por su parte, con los anuncios tipo *banner* que se ubican en la columna de la derecha de la pantalla, se pretenden otras cosas, como, por ejemplo, dirigir tráfico a la web, publicitar un evento o simplemente generar *brand awareness*.

En ambos casos, como ya se ha señalado, se puede seleccionar el público al que se quiere llegar, y también lo que se pretende pagar por campaña. Los *post ads* son más efectivos (tienen una tasa más alta de clics) pero también son los más caros, toda vez que son más visibles (se muestran directamente en el *timeline* del usuario), aportan contenido (no desentonan porque supuestamente se alinean con lo que los usuarios esperan recibir) y generan viralidad (se pueden compartir, comentar y darle a **Me gusta**). Además, estos *posts* promocionales se pueden enriquecer con anuncios multiproducto, que permiten mostrar en un solo anuncio varios productos en modo carrusel.

*Con los post ads se está construyendo una especie de nueva
interfaz que combina la publicidad y la conversación.*

6.5.1 Cómo hacer una campaña publicitaria en Facebook Ads

Antes de nada es imprescindible tener muy claro cuál es el objetivo de tu
campaña. Pregúntate qué quieres conseguir con tu anuncio y qué beneficio esperas
obtener de él.

Una vez hayas contestado a estas preguntas, entra en tu página de Facebook,
ve al **administrador de anuncios** y **elige el objetivo de campaña**[196] que mejor
coincida con tu propósito publicitario.

Elige qué anunciar en Facebook en función de tus objetivos.

Actualmente, en el momento de escribir estas líneas, Facebook ofrece hasta
diez opciones de objetivos publicitarios diferentes:

▶ **Promocionar tus publicaciones**. Te interesa elegir esta opción si lo que
quieres es aumentar la interacción de un *post* que ya has creado en tu
página.

▶ **Promocionar tu página**. Una buena opción publicitaria si quieres
conseguir más fans cualificados y llegar a nuevos clientes potenciales.

▶ **Atraer personas a tu sitio web**. Para cuando quieras que los usuarios (con
más probabilidades de hacer clic en tu anuncio) se dirijan a tu sitio web.

▶ **Aumentar las conversiones en tu sitio web**. Si lo que buscas es atraer
personas a tu sitio web para que lleven a cabo una acción específica,
como, por ejemplo, comprar en tu tienda *online* (se recomienda usar un
píxel para poder seguir y medir las conversiones de tu anuncio).

▶ **Aumentar las instalaciones de tu aplicación**. Elige esta opción cuando
quieras atraer clientes a la tienda donde pueden comprar tu aplicación.

▶ **Incrementar la interacción con tu aplicación**. Para dirigir a las personas
a las secciones concretas de tu aplicación a las que quieres que vayan.

▶ **Llegar a personas que están cerca de tu negocio**. Te interesa esta opción
si tienes un negocio local (por ejemplo, un establecimiento comercial) y
quieres promocionarlo entre las personas que están cerca.

---

196 *https://www.facebook.com/ads/manager/creation/creation*

▼ **Aumentar el número de asistentes a tu evento**. Anuncio para promocionar tu evento y así aumentar el número de asistentes. Las personas recibirán recordatorios sobre el evento y tú podrás ver cuántas lo vieron y cuántas respondieron tu invitación.

▼ **Lograr que las personas soliciten tu oferta**. Para ofrecer descuentos puntuales u otras ofertas que las personas puedan usar en tu tienda. Puedes elegir el público para el anuncio y decidir cuántas personas pueden solicitar la oferta.

▼ **Aumentar las reproducciones de vídeo**. Anuncio perfecto para cuando quieras contar en vídeo la historia de tu marca y darla a conocer en Facebook.

Una vez elegido tu objetivo publicitario, **diseña bien tu anuncio**: título, descripción, imagen, llamada a la acción con enlace, píxel de conversión si quieres seguimiento, etc. Asegúrate de cumplir las políticas de publicidad de Facebook[197].

Llegamos al momento clave de elegir el público objetivo y segmentar tu audiencia: ¿Quién quieres que vea tus anuncios publicitarios? Puedes segmentar el público al que irán dirigidos tus anuncios según diferentes parámetros: lugares, edad, sexo, idioma, estado civil, trabajo, intereses, comportamientos, conexiones…

Dirige tu anuncio a las personas que te interesan.

PARA SABER MÁS
Dos recursos de Facebook para conocer mejor a tu audiencia

Audience Insights[198] es un recurso propio de Facebook para que puedas conocer con más detalle a tus clientes (demografía, ubicaciones, intereses y comportamientos de compra).

Topic Data[199] de Facebook permite conocer en profundidad el *target* de usuario que más te puede interesar, y utilizar esta información para orientar y personalizar tus campañas.

---

197 *https://www.facebook.com/policies/ads/*

198 *https://www.facebook.com/business/news/audience-insights*

199 *https://www.facebook.com/business/news/topic-data*

PARA SABER MÁS
Remarketing dentro de Facebook

Facebook Exchange (FBX)[200] es la plataforma oficial de esta red social para hacer *remarketing* en Facebook.

Recordemos que el *remarketing* es ese anuncio que nos "persigue" cuando hemos estado buscando algo por Internet.

Pues bien, con Facebook Exchange puedes segmentar el público de manera que vean tu anuncio quienes hayan visitado tu página web anteriormente o hayan realizado ciertas acciones en Internet. Por ejemplo, si estás promocionando vuelos baratos a Londres, tu anuncio se puede mostrar en Facebook solo a usuarios que en los últimos días han estado navegando en busca de ofertas para viajar a Londres.

Debes decidir el presupuesto, esto es, lo que vas a invertir en tu campaña publicitaria en Facebook: ¿cuánto quieres o puedes gastar? Puedes elegir un presupuesto diario o total, y que tenga una duración determinada o ininterrumpida.

El precio de los anuncios de Facebook se basa en un sistema de subasta (pujas), por lo que no tienen un coste establecido. Una vez pones tu anuncio en circulación, Facebook solo te cobrará por el número de clics que reciba (CPC) o por el número de impresiones por mil que se muestre (CPM). Elige la modalidad de pago que más te convenga dependiendo de tus objetivos. La opción CPC puede llegar a necesitar de mayor inversión, pero deja estadísticas más precisas. Esta es la forma de pago apropiada si tu objetivo es llevar tráfico a tu sitio web y convertir (vender). Pero si lo que buscas es promocionar tu página y darle más visualización a tu marca, entonces te conviene una campaña de CPM.

Para rentabilizar al máximo tu presupuesto en Facebook Ads, mejor reparte tu inversión en campañas pequeñas. Prueba distintas combinaciones con pequeñas inversiones. Experimenta poco a poco, prueba, testea, toca, retoca, corrige y aprende sobre la marcha, solo así sabrás qué tipo de campaña publicitaria es la que más te conviene.

Facebook Ads te proporciona un *dashboard* muy intuitivo con información casi en tiempo real sobre el rendimiento de tu anuncio, por lo que puedes hacer un seguimiento continuo de tu campaña y comprobar sobre la marcha su eficacia, y, en caso de que no esté cumpliendo con el objetivo planteado, cambiarla o interrumpirla.

---

200 *https://www.facebook.com/business/a/online-sales/facebook-exchange*

Facebook Ads te permite observar y medir el rendimiento de tu
campaña de manera automática.

Además, puedes analizar la calidad de tus campañas a través de la puntuación de relevancia de los anuncios[201], una métrica de Facebook que te permite conocer el impacto o aceptación que genera el anuncio entre tu público objetivo. Así, si el anuncio es relevante para tu audiencia, su puntuación de relevancia será más alta y es más probable que se muestre antes que otros anuncios dirigidos al mismo tipo de público. Como resultado, pagarás menos para llegar a tu público.

Si deseas tenerlo todavía más claro sobre cómo llevar a cabo una campaña en Facebook Ads, puedes acudir al **Administrador de anuncios de Facebook**[202], y seguir sus consejos.

También te animamos a consultar la página de casos de éxito con Facebook Ads[203], y ver los ejemplos de muchas y variadas empresas que han conseguido sus objetivos gracias a esta plataforma de publicidad social.

6.6 FACEBOOK COMMERCE

La idea de vender dentro de Facebook parece obvia: la mayoría de las personas está en esta red social, pasa mucho tiempo en ella y, además, las marcas ya tienen presencia con sus respectivas páginas. Y, sin embargo, hasta ahora, las ventas de productos o servicios dentro de la plataforma de Facebook han sido un fracaso en toda regla.

Se dice que la razón principal es que en Facebook no existe intención de compra, que las personas no están ahí para comprar, sino para mantener relaciones sociales. Los usuarios no van a Facebook a buscar un billete de avión o a reservar un restaurante, sino a socializar o publicar algo.

La gente no está en "modo compra" en Facebook; de la misma manera
que no va al bar a hacer la compra, sino a estar con sus amigos.

Otros, en cambio, discrepan de este sentir de que Facebook no sirve para la venta, y afirman que el motivo del fracaso es que las **Facebook Stores actuales no**

---

201 *https://www.facebook.com/business/a/ads-relevance-score*
202 *https://www.facebook.com/business/help/200000840044554*
203 *https://www.facebook.com/business/success/*

son todavía todo lo funcionales y prácticas que deberían ser como para motivar en el usuario la compra directa. Y es que, por regla general, hoy las transacciones se suelen desviar de Facebook a la tienda *online* (es decir, la venta ocurre principalmente fuera).

Ante este panorama, la estrategia de *social commerce* en boga no es otra que utilizar Facebook para lo que mejor sabe hacer: crear expectación y enganchar a los usuarios, y luego, desde ahí, empujarlos a la tienda *online* a comprar.

Facebook es un excelente canal de recomendación que sirve para empujar a la venta.

Sin embargo, la plataforma social hegemónica por excelencia no se rinde en su empeño por ser también pasarela de *e-commerce*, y vuelve ahora a la carga con el **botón de compra**[204] que permitirá a los usuarios comprar directamente sin tener que salir de la red social en ningún momento. Las marcas, por su parte, podrán lanzar anuncios con botón de compra integrado a modo de gancho para incitar al usuario a adquirir el producto con solo un clic.

La idea del botón **Buy** (en la actualidad en fase de prueba) es permitir que se complete todo el flujo de compra dentro de Facebook sin tener que transferir al usuario al sitio del comerciante y sin necesidad de introducir sus datos personales y proporcionar la información de su tarjeta de crédito cada vez que tramite una compra.

Facebook quiere que las transacciones se queden en casa, cobrando al comerciante una comisión fija o un porcentaje por cada transacción que el botón de compra genere.

Todo indica a que es el momento propicio para que Facebook facilite la compraventa directa de artículos. Ahora el escenario es diferente: ahora todos usamos *smartphones* y tabletas, y el botón de compra parece pensado precisamente para ser utilizado por el usuario móvil y la compra de impulso. Además, el usuario está cada vez más interesado en las redes sociales como espacio para conocer y adquirir productos. Es, pues, posible que el "anuncio comprable" acabe funcionando, sobre todo para la compra de capricho o bajo precio, y siempre y cuando no sea intrusivo y esté planteado como un servicio al usuario.

¿Imaginas a tus clientes comprando directamente desde el post promocional que acabas de lanzar?

---

204 *https://www.facebook.com/business/news/Discover-and-Buy-Products-on-Facebook-Test*

Sea como fuere, lo que está claro es que Facebook se está lanzando a la conquista del *e-commerce*. Así lo atestiguan sus últimos proyectos sobre este particular:

▶ Facebook extiende sus tentáculos también en el sector logístico del *e-commerce* con **Businesses on Messenger**[205], la nueva funcionalidad que permite a vendedor y cliente conversar por el chat de la aplicación de Messenger. La idea es convertir su servicio de mensajería instantánea en una potente herramienta para gestionar los pedidos y las compras, y mejorar la conexión entre la tienda *online* y el cliente.

▶ Facebook está empezando a implementar ahora la **compraventa de productos en sus grupos**. Los usuarios podrán crear anuncios, poner precios y actualizar si el producto sigue en venta o se ha vendido.

▶ Facebook ya ha expresado su intención de crear **pequeñas tiendas online dentro de las páginas de empresa**, que permitirán comprar sin salir de ellas.

▶ Facebook Messenger ha presentado una nueva función que permite a los usuarios **enviar dinero desde una cuenta a otra** (después de vincular una tarjeta de crédito o débito a la aplicación), lo que sin duda ha de favorecer la compraventa entre particulares.

▶ Facebook está probando un **buscador de empresas** que permitiría a los usuarios encontrar negocios que estén **cerca de su ubicación** (comercios, restaurantes, servicios profesionales…) y con la mejor votación y recomendación posible.

Buscador de negocios locales de Facebook (en fase de prueba)

---

205 *https://messenger.com/business*

6.7 KIT DE HERRAMIENTAS ESPECÍFICAS PARA FACEBOOK

Para ayudarnos con la tarea de optimizar nuestra presencia en Facebook, podemos utilizar herramientas de gestión general de redes sociales ya mencionadas en capítulos anteriores, y herramientas específicas para esta red social, que comentamos a continuación.

▸ **Estadísticas de la página de Facebook**[206]. Recurso propio de Facebook que permite a los administradores de *fan pages* monitorizar y analizar ciertas estadísticas sobre la actividad y rendimiento de sus páginas. Te dice el alcance de las publicaciones y el grado de participación de tu comunidad *feisbukera*. Indispensable: da una buena idea de las preferencias de interacción de tu público, lo que más les gusta y lo que menos les convence de tus publicaciones y campañas. Crea informes automatizados y permite exportar datos. Gratuita.

▸ **LikeAlyzer**[207]. Herramienta gratuita para analizar tu página de Facebook. Permite hacer comparaciones con páginas similares de la competencia. Genera informes completos en los que destaca qué aspectos deben mejorar. Sencilla pero completa.

▸ **Fanpage Karma**[208]. Herramienta para analizar tus perfiles de Facebook y los de tus competidores, a través de indicadores, evaluaciones e informes. De pago.

▸ **PageModo**[209]. Extraordinaria herramienta para adaptar y personalizar tu página de Facebook, para darle a tu marca una presencia social atractiva y con aspecto profesional. Permite diseñar la estética de tu portada y pestañas, añadir fotos, mapas y vídeos, mostrar tus productos… Fácil de usar. Existe una versión gratuita básica y varias opciones de pago.

▸ **Facebook Ads**[210]. Plataforma de publicidad de Facebook para anunciar tu marca y productos en esta red social. Su gran ventaja es que te permite segmentar al detalle y enfocar tus anuncios al público que te interesa. Gratuita.

---

206 *https://www.facebook.com/business/learn/facebook-ads-measuring-results/*

207 *http://likealyzer.com/es*

208 *http://www.fanpagekarma.com/*

209 *http://www.pagemodo.com/*

210 *https://www.facebook.com/advertising*

▼ **Power Editor**[211]. Si eres un gran anunciante que necesita crear muchos anuncios en Facebook, en lugar de la herramienta de creación de anuncios "oficial" de esta red social, puedes usar Power Editor, una extensión gratuita del navegador Chrome que permite tener un mayor control de tus anuncios.

▼ **AdEspresso**[212]. Otra herramienta para optimizar el análisis de tus anuncios de pago en Facebook. Proporciona un informe intuitivo y fácil de entender. Cuenta con una excelente galería de anuncios para explorar. Especialmente enfocado a negocios medianos y pequeños. De pago.

▼ **GryTics**[213]. Herramienta para analizar los grupos de Facebook. Puedes medir no solo la actividad de los grupos que administres, sino también la de grupos abiertos, aunque no seas miembro. Permite saber el número de **Me gusta** de cada publicación, los comentarios recibidos, identificar a los usuarios que más participan, y muchas más cosas. Para las estadísticas más avanzadas has de pasarte a la versión de pago *premium*.

IDEAS CLAVE

▼ Facebook es mucho más que una red social, es un espacio *online* omnipresente que casi sustituye a toda Internet.

▼ Facebook es el lugar en el que todas las empresas quieren estar para aumentar su visibilidad y cautivar a su público.

▼ Facebook no es solo una red social, también es un servicio digital para generar negocio y ventas, una red comercial.

▼ Si tu objetivo es representar a tu empresa, marca o producto en Facebook, crea una página.

▼ Recientemente Facebook cambió su algoritmo *edge rank*. Ahora la visibilidad orgánica de las páginas de empresa se ha reducido significativamente.

---

211 *https://www.facebook.com/help/162528860609436/*

212 *https://adespresso.com/*

213 *https://grytics.com/es/*

▼ Si quieres difusión con tu página de Facebook, vas a necesitar mucho esfuerzo y creatividad a la hora de crear contenidos.

▼ Recuerda, una vez más, el reparto 80/20, es decir, dedica el 80 % de tus publicaciones de Facebook a crear y difundir contenido relevante para la comunidad, y solo el 20 % a promocionar tu marca y productos.

▼ Las estadísticas de la página son una excelente herramienta desarrollada por Facebook para observar, analizar y desgranar con detalle toda la actividad de la página y todo tipo de interacción de los fans.

▼ Facebook es, además, una excelente plataforma para publicar anuncios a través de Facebook Ads, la plataforma de publicidad de esta red social.

▼ Dentro de Facebook Ads podemos diferenciar dos tipos de anuncios: las publicaciones promocionadas (*post ads*) y los clásicos anuncios (*banners* de la derecha).

▼ Elige qué anunciar en Facebook en función de tus objetivos.

▼ Diseña bien tu anuncio: título, descripción, imagen, llamada a la acción con enlace, píxel de conversión si quieres seguimiento, etc.

▼ Dedica tiempo a elegir el público objetivo y a segmentar la audiencia de tu campaña.

▼ Decide el presupuesto de tu campaña. Elige la modalidad de pago (CPC o CPM) que más te convenga dependiendo de tus objetivos.

▼ Mejor reparte tu inversión en campañas pequeñas. Prueba distintas combinaciones con pequeñas inversiones.

▼ Haz un seguimiento continuo de tu campaña, y, en caso de que no esté cumpliendo las expectativas, cámbiala o párala a tiempo.

▼ Las Facebook Stores actuales no son todavía todo lo funcionales y prácticas que deberían ser como para motivar en el usuario la compra directa.

▼ Facebook es un excelente canal de recomendación que sirve para empujar a la venta.

▼ Facebook no se rinde en su empeño por ser también pasarela de *e-commerce*. Vuelve ahora a la carga con el botón de compra, que permitirá a los usuarios comprar directamente sin tener que salir de la red social en ningún momento.

▼ Businesses on Messenger es la nueva funcionalidad de Facebook para gestionar los pedidos y las compras *online* y mejorar la conexión entre la tienda *online* y el cliente.

▼ Para ayudarnos con la tarea de medir resultados en Facebook podemos utilizar un sinfín de herramientas, tanto de gestión general de redes como específicas para esta red social.

7

7.1 ¿QUÉ ES TWITTER?

Twitter[214] es una **red de información en tiempo real** que permite a las personas descubrir lo que está pasando en el mundo ahora mismo, compartir información al instante y conectarse con personas y negocios de cualquier parte.

Twitter es la red social más rápida e inmediata.

Con más de 300 millones de usuarios activos al mes y 500 millones de tuits enviados cada día, Twitter es **el chat más grande del mundo**. La gente lo usa como diario de comunicación *online* para informarse de la actualidad del momento (noticias, programas de televisión, deportes, etc.) y para relacionarse con "desconocidos" con los que tienen algún interés común.

Si Facebook es la red social de los "amigos" cercanos, Twitter es la de los círculos más amplios y distantes. Twitter es una red de información objetiva donde no caben tanto los sentimientos y emociones como en Facebook.

A Facebook vas para presumir ante tus "amigos", mientras que a Twitter vas para ser honrado con "extraños".

---

214 *https://twitter.com/*

Para poder sacarle el mayor partido a Twitter, necesitamos comprender su panorama, lenguaje y terminología:

► **Tweet o tuit**

Twitter es un servicio gratuito de *microblogging* en el que solo se pueden enviar y recibir mensajes públicos (tuits) que no superen los 140 caracteres. Cada uno de estos tuits puede contener texto plano, enlaces, fotos y vídeos.

► **Seguidores**

Son las personas que están suscritas a tu perfil de Twitter, es decir, los usuarios que siguen tu cuenta en Twitter y pueden leer tus tuits directamente en su *timeline*. Te pueden seguir usuarios sin tener tú que seguirles a ellos, y viceversa.

► **Siguiendo**

Son las cuentas de usuarios de Twitter que sigues. Los mensajes publicados en estas cuentas aparecen automáticamente en tu *timeline*.

► **Retweet o retuit**

Retuitear es utilizar un tuit de otra persona y tuitearlo a tus propios seguidores. Puedes hacerlo de dos maneras, bien directamente con el botón **Retwittear** o bien agregando tu propio mensaje e incluyendo las letras "RT" al principio del contenido que estás retuiteando.

► **Me gusta**

Hacer clic en el icono del "corazón" (antes la estrella de "favoritos") es una buena forma de reconocer o mostrar que un tuit te ha gustado.

► **Respuesta**

Utiliza el botón **Responder** para responder a un tuit de otro usuario y entablar una conversación.

► **Mención**

Menciona a otro usuario incluyendo su @nombredeusuario en tu tuit. Puedes usar esta acción de mencionar para formular una pregunta, agradecer o simplemente resaltar un contenido.

► **Hashtag**

Un *hashtag* o etiqueta es una palabra o conjunto de palabras sin espacios, que comienza con el símbolo # (almohadilla). Úsalo para organizar y clasificar conversaciones y hacer que sea más fácil encontrar el contenido relacionado con un tema en particular.

¿Sabías que clicando sobre un hashtag en Twitter directamente accedes a los resultados de búsqueda para ese término?

▼ **Trending topic (TT)**

Son los temas en boga, de lo que más se está hablando en Twitter. Es, pues, un indicador que permite localizar tendencias o noticias del momento. Suelen ser efímeros, y su popularidad se reduce, normalmente, a horas o incluso minutos. Como usuario, puedes escoger su ámbito geográfico (TT mundial, TT España, TT Barcelona…) o incluso personalizarlos en función de a quién sigues.

▼ **Mensajes directos (MD)**

Son los mensajes para comunicarte en privado con una persona o un grupo de personas al instante. Los mensajes directos no son públicos, es decir, no aparecen en el *timeline*. Puedes enviar un MD a cualquier usuario, aunque no te siga.

▼ **Listas**

Una lista es un grupo seleccionado de usuarios de Twitter y una buena forma de organizar tus intereses. Por ejemplo, puedes crear una lista de tuiteros con influencia en tu sector para, de este modo, poder tener en un *timeline* aparte únicamente las publicaciones que se encuentran en esa lista. Puedes crear todas las listas que quieras y suscribirte a las listas que otros crearon.

Una vez comprendidos los conceptos básicos de Twitter, estás en disposición de utilizar la plataforma para alcanzar tus objetivos empresariales.

7.2 CÓMO PUEDE TU NEGOCIO USAR TWITTER

Twitter es una red social de gran interés para marcas, empresas, celebridades, personajes públicos y expertos profesionales, por varios motivos:

▼ Permite descubrir lo que ocurre en tu sector y monitorizar lo que se dice sobre tu institución y la competencia.

▼ Para dar a conocer tu marca a muchos posibles clientes, aumentar su visibilidad y hacer crecer tu comunidad.

▼ Brinda una forma rápida de responder a los problemas de servicio al cliente.

▼ Averiguas lo que le interesa a tus clientes.

▼ Participas en la conversación, humanizas la marca.

▼ Puedes conectar con personas influyentes.

▼ Puedes lanzar campañas y eslóganes en tiempo real a través de la creación de *hashtags*.

▼ Puedes hacer publicidad de tus productos.

PARA SABER MÁS
¿Por qué usar Twitter como canal de atención al cliente?

Una de las grandes utilidades que aporta la compañía de los 140 caracteres es su facilidad para entablar conversaciones rápidas y directas con los usuarios, lo que permite a las empresas ofrecer un buen **servicio de atención al cliente**.

Twitter es la red social más eficiente como canal de *customer service*, por diversas razones:

- **Los usuarios, los consumidores, quieren que las empresas les respondan en las redes sociales.**

- **Permite ser resolutivo**. La marca puede escuchar y dar respuestas concretas, ofreciendo a cada usuario un servicio cercano y personalizado.

- **Es muy rápido**. Twitter destaca por su inmediatez y capacidad para interactuar en tiempo real, desde un móvil, a cualquier hora y desde cualquier parte (un 80 % de los usuarios de Twitter lo usa a través de un dispositivo móvil).

- **Permite conocer al momento la opinión de los usuarios sobre nuestros productos o servicios.**

- **Importante ahorro en costes**, sobre todo si lo comparamos con los *call centers*.

- **Mejora la imagen de la marca**. Al atender las incidencias del cliente directamente, le estás evitando pesados tiempos de espera al teléfono o contestadores automáticos inoperantes.

7.2.1 Consejos para sacar el máximo rendimiento a tu Twitter

▶ **Sigue a usuarios de interés**. Tu red de contactos es la mejor expresión de quién eres en Twitter. No sigas a todo el mundo (genera ruido en tu *timeline*), sigue a la gente adecuada de tu profesión, personas interesantes que puedan aportar valor a tu negocio. Encuentra y sigue a referentes e *influencers* de tu sector y consigue información de calidad. Usa la **búsqueda avanzada de Twitter**[215] y herramientas específicas que te ayudarán a encontrar a esos expertos de tu industria.

▶ **Interactúa con tu comunidad**. Dedica tiempo a escuchar y crea conexiones valiosas con tu comunidad. Cuando lo veas oportuno, únete a la conversación. Pregunta, responde a los *replies,* retuitea... Agradece la ayuda y las respuestas.

▶ **No tuitees todo lo que piensas, pero sí piensa todo lo que tuiteas**. Puede parecer que manejar una cuenta de Twitter es un juego de niños; sin embargo, nada más lejos de la realidad, pues un simple tuit desafortunado puede fácilmente pasarnos factura tarde o temprano. En Twitter debes ser especialmente responsable, sensato y competente. El límite lo marca el sentido común.

▶ **Recuerda el reparto 80/20**. Una vez más volvemos a traer a colación este principio sobre la composición de las publicaciones. Ya sabes, no satures a tus contactos únicamente con propaganda de tus productos. Asegúrate de que al menos el 80 % de lo que tuiteas no es promocional.

▶ **Llama a la acción**. Tus tuits deben dar pie a la interacción, así que procura que contengan llamadas a la acción que generen interés. Sé ingenioso, claro y conciso.

▶ **Enriquece tus tuits**. Los tuits enriquecidos obtienen el doble de interacción que aquellos que no lo están, así que incluye *links*, fotos y vídeos (como los microvídeos de no más de seis segundos de **Vine**), mejoran la presentación de los tuits y multiplican las posibilidades de ser retuiteado.

---

215 *https://twitter.com/search-advanced*

PARA SABER MÁS
Los tuits canallas de Media Markt en Twitter

Media Markt[216], una de las cuentas de Twitter más populares en España, ha logrado conectar con sus clientes utilizando un tono humorístico y, en ocasiones, gamberro. Sus polémicos pero ingeniosos tuits han conquistado al público en general.

> ▶ **No abandones tu cuenta de Twitter**. Sé constante en tus publicaciones y participa de forma regular buscando contenidos para tu comunidad. Publica al menos una vez al día.

> ▶ **Estudia la mejor hora para lanzar tus tuits**. ¿Cuál es el mejor momento para publicar en Twitter? Eso dependerá de tu audiencia. Hay varias herramientas que te permitirán analizarlo.

> ▶ **Sé ágil**. Twitter es un medio en el que prima la inmediatez, la conversación rápida y casi instantánea. Tanto es así que el promedio de espera de respuesta que los usuarios exigen a una marca en esta red social es de solo 60 minutos. Así que si te has propuesto atender a tus clientes vía Twitter, ten muy presente que estás obligado a estar *always on* (siempre conectado) para poder dar una respuesta ultrarrápida.

PARA SABER MÁS
El tuit de Oreo

La marca de galletas Oreo fue extremadamente ágil con su Twitter cuando, durante el partido de la SuperBowl del 2013 se fue la luz y lo aprovechó para lanzar un tuit con una imagen que decía "Aun en la oscuridad puedes remojarla".

---

216 *https://twitter.com/MediaMarkt_es*

Este tuit tuvo una enorme repercusión mediática. Fue considerado como la mejor pieza publicitaria de esa SuperBowl y como, posiblemente, el tuit más oportuno y exitoso de todos los tiempos.

Un buen ejemplo del cada vez mayor consumo combinado de Twitter y TV.

▶ **Gestiona las críticas.** Twitter es un excelente canal para la atención al cliente, pero es un espacio abierto, público y transparente, con luz y taquígrafos. Todos en la sala te están observando, y si no lo utilizas bien o no estás preparado para responder, puedes quedar en evidencia. Ante una queja en Twitter lo recomendable es que la ayuda para resolver la cuestión la prestes en público, con celeridad y educación, ofreciéndote para trabajar los detalles directamente por privado. Algo como "Siento mucho lo que nos cuentas; ahora mismo te enviamos un mensaje directo para atender este asunto".

▶ **Utiliza Periscope**[217] **para diferenciarte y humanizar tu marca.** Periscope es una nueva aplicación gratuita que permite transmitir vídeo en directo dentro de Twitter. Puedes usarla como canal de noticias corporativo, por ejemplo para hacer demostraciones de tus productos, pedir opiniones y que te contesten en tiempo real.

▶ **Utiliza hashtags creativos y únicos para tus campañas.** Un *hashtag* bien usado puede convertirse en un excelente eslogan publicitario de tu marca.

▶ **Haz listas de gente o cuentas de Twitter con intereses comunes.** Y revisa tus listas y las listas a las que perteneces para tener una mejor idea de cómo te ven los demás y en qué grupos te clasifican.

▶ **Haz un seguimiento de tus resultados con Twitter Analytics.** Utiliza el recurso propio de estadísticas de Twitter para ver tu progreso en esta red social y conocer mejor a tu audiencia. El análisis de esta información puede ayudarte a optimizar tu contenido y ampliar tu alcance.

Te animamos a consultar esta página oficial de **casos de éxito**[218] sobre empresas que han utilizado Twitter para conseguir sus objetivos de negocio.

---

217 *https://www.periscope.tv/*
218 *https://business.twitter.com/es/success-stories*

PARA SABER MÁS
Crea y optimiza tu perfil de empresa en Twitter

Tu perfil de Twitter le muestra al mundo quién eres. Es tu carta de presentación para atraer a tus clientes en esta red social, de modo que es importante que le dediques tiempo a configurarlo y diseñarlo bien.

Todos los elementos de tu perfil (foto, imagen de encabezado, biografía y tu tuit fijo) deben reflejar la identidad y la personalidad de tu negocio.

Elige un buen **@nombredeusuario**, preferiblemente el de tu marca o producto, o un atributo que te identifique. Que sea un nombre fácil de recordar y de encontrar. No puede tener más de 15 caracteres.

Elige una **foto de perfil/avatar** que represente visualmente a tu negocio (como el logo de tu marca), que sea fácil de reconocer y se ajuste correctamente a un espacio pequeño (tamaño de imagen recomendado: 400×400 píxeles).

Identifica tu marca de forma breve en la **biografía,** la gente quiere saber quién eres y cómo eres. Solo tienes 160 caracteres para contar tu historia y describir tu empresa, tus productos o servicios. Si utilizas Twitter para la atención al cliente, aprovecha parte de este espacio para agregar tus horarios de atención. Y si tienes un local físico, puedes poner aquí tu ubicación.

URL: Haz que sea fácil para los posibles clientes encontrar tu sitio web, incluyendo un enlace rastreable.

Elige una buena **imagen de encabezado**, grande que exhiba a tu negocio (tamaño recomendado 1.500×500).

Fija en tu página de perfil un tuit que quieras que aparezca siempre en primera posición de tu *timeline*. Este **tuit fijo** lo puedes cambiar cuantas veces quieras.

Revisa todos los parámetros de configuración y privacidad. Y, por favor, que tu Twitter de empresa no sea privado: ¿qué sentido tiene Twitter en un jardín cerrado si nadie puede oírte?

7.3 TWITTER ADS

Twitter Ads[219] es la plataforma de publicidad de Twitter destinada a todo tipo de negocio, sea grande o pequeño, para ayudarle a conectar con su audiencia y obtener resultados. Permite promocionar cuentas de Twitter, promocionar tuits con sus contenidos (por ejemplo, con los productos o servicios que ofrecen) y amplificar la visibilidad para conseguir más tráfico, seguidores e interacciones.

---

219 *https://biz.twitter.com/es/ad-products*

Para crear una campaña en esta red social lo primero que se debe hacer es **escoger el objetivo**. Estos son los objetivos de campaña que ofrece Twitter Ads:

▼ **Aumentar el número de seguidores**. Esta es una buena opción si lo que quieres es construir una comunidad comprometida y conectada en Twitter. Básicamente pagas para llegar a usuarios relevantes, promocionando tu cuenta en áreas clave de la plataforma, como **A quién seguir** y la cronología de inicio.

▼ **Llevar tráfico a una web**. Con esta campaña lo que se pretende es aumentar el tráfico a tu sitio web. Es decir, se trata de enviar usuarios de Twitter a tu *website* para generar conversiones (para comprar, registrarse, etc.).

▼ **Conseguir engagement**. Campaña para cuando quieras promocionar un tuit entre una audiencia mayor y más específica con el fin de aumentar las interacciones (retuits, *replies* y Me gusta) y generar conversaciones.

▼ **Lograr descargas o interacciones para una app**. Campaña pensada para cuando quieres promocionar tu *app* móvil. Los usuarios pueden descargar o abrir tu *app* directamente desde este tuit.

▼ **Obtener leads**. Opción publicitaria para encontrar clientes potenciales en Twitter. Se trata de recopilar las direcciones de correo electrónico de los usuarios que muestren un interés en tu anuncio.

Una vez que ya tienes claros los objetivos de tu campaña, toca seleccionar la segmentación. Al igual que con Facebook, lo más importante de una campaña en Twitter es hacer una buena segmentación de la audiencia que te permita llegar exactamente hasta el tipo de perfil de usuario específico que te interesa. Puedes segmentar tus anuncios por localización, género, interés, palabras clave, dispositivo, etc.

El paso siguiente es elegir la tipología de anuncio que más te convenga según los objetivos de tu campaña. Twitter Ads ofrece los siguientes formatos publicitarios:

▼ **Tuits promocionados**[220]

Son los tuits para llegar a más gente y no solo a tus seguidores. Te interesa este formato cuando tu objetivo de campaña sea dar mayor cobertura a un tuit (promocionar un evento o un nuevo producto). También es una buena manera de generar tráfico con un enlace a tu sitio web. Solo pagas cuando alguien tiene una interacción con el tuit promocionado.

---

220 *https://business.twitter.com/es/solutions/promoted-tweets*

▶ **Cuentas promocionadas**[221]

Formato publicitario idóneo para conseguir nuevos seguidores de clientes potencialmente interesados en tu negocio. Por lo que hayas segmentado, Twitter mostrará tu cuenta como promocionada en la cronología de inicio o en el *widget* A quién seguir. Solo pagas por los nuevos *followers* que ganes con este anuncio.

▶ **Tendencias promocionadas**[222]

Anuncio que aparece de modo destacado en forma de tendencia (*trending topic*) de la zona geográfica seleccionada. Es la opción para, por ejemplo, promocionar un *hashtag* y tener el máximo de difusión. Este formato tiene un precio fijo.

PARA SABER MÁS
Las Twitter Cards

Las **Twitter Cards**[223] o tarjetas de Twitter son tuits enriquecidos para hacerlos más visibles y atractivos a la vista del usuario. Por ejemplo, puedes ofrecer una vista previa de tu producto con una llamada a la acción que incite a la compra.

Existen varios formatos de cards según tus necesidades publicitarias. Destacan:

- **Website Cards**[224]. Tuits enriquecidos para generar tráfico a tu sitio web.
- **App Cards**[225]. Para promocionar tu app móvil dentro de un tuit.
- **Lead Generation Cards**[226]. Permiten a los usuarios compartir su información de contacto contigo sin tener que llenar un formulario o salir de Twitter.

Finalmente, establece un presupuesto diario para cada campaña. El sistema de precios de Twitter Ads se basa en ofertas (pujas), de tal manera que puedes establecer el máximo que estas dispuesto a gastar.

---

221 *https://business.twitter.com/es/solutions/promoted-accounts*

222 *https://biz.twitter.com/es/products/promoted-trends*

223 *https://dev.twitter.com/cards/overview%22%20%5Ct%20%22_blank%22%20%5Co%20%22developers%20Twitter*

224 *https://business.twitter.com/es/solutions/website-card-overview?loca*

225 *https://business.twitter.com/es/solutions/app-card*

226 *https://business.twitter.com/es/solutions/lead-generation-card?location=emea*

Puedes **hacer un seguimiento** de tus campañas y en cualquier momento ampliarlas o interrumpirlas temporalmente. Puedes analizar el impacto de tus campañas con Twitter Analytics, la herramienta de análisis de la propia red.

Y como con toda campaña de publicidad *online*, con Twitter Ads recomendamos crear diferentes anuncios de bajo presupuesto, efectuando pequeños cambios, probando con segmentaciones diferentes. De esta manera podrás ir comprobando qué anuncios funcionan mejor.

Para cualquier duda o para ampliar información sobre esta plataforma de publicidad, puedes acceder al **Centro de soporte de Twitter Ads**[227].

7.4 TWITTER COMMERCE

Al igual que Facebook, Twitter también está apostando por la venta directa e inmediata de productos y servicios por medio de un simple **botón de Compra ahora**[228] integrado en el tuit. La idea es que las marcas vendan en Twitter sus productos y servicios, y el usuario pueda hacer la compra directa a una tienda *online* sin salir de la plataforma social.

La naturaleza propia de Twitter, casi en tiempo real, junto al esplendor del mundo móvil, hace que este botón de Twitter parezca propicio para las compras más rápidas, espontáneas e impulsivas, del tipo:

- ▶ Billetes de tren o entradas para fútbol, cine o conciertos.
- ▶ Bienes digitales, como canciones en MP3, *e-books*, vídeos, etc.
- ▶ Productos físicos perecederos.
- ▶ Productos o servicios con descuentos importantes u ofertas exclusivas.
- ▶ La venta ultrarrápida por un período de tiempo limitado ("compra ahora que luego no estará disponible a la venta o estará mucho más caro").
- ▶ Donativos a ONG u obras benéficas.

¿Os imagináis la influencia que podría tener sobre la decisión de compra un tuit de un influencer que recomiende a los usuarios comprar un artículo determinado, y que ese tuit ya lleve integrado el botón de compra?

---

227 *https://business.twitter.com/es/help*
228 *https://business.twitter.com/buy-now*

7.5 TWITTER ANALYTICS

La herramienta de estadísticas de **Twitter Analytics**[229] te permite conocer más en profundidad a tu comunidad de Twitter, y analizar el impacto de tus tuits y de tus campañas publicitarias en esta red social. Por lo tanto, a través de este servicio gratuito puedes comprobar si estás teniendo un retorno de la inversión ajustado a los objetivos.

Analytics de Twitter realiza un seguimiento detallado de las impresiones, la participación y el engagement de tu cuenta y de tus campañas.

Puedes acceder a tus estadísticas de Twitter directamente desde la versión de escritorio de tu propio perfil (haz clic en la esquina superior derecha en **Perfil y configuración**, justo en tu foto de perfil, y elige **Analytics**) o desde **https://analytics. twitter.com**. Nada más entrar te encontrarás en la parte superior un menú horizontal con siete paneles con los que analizar tu actividad en Twitter:

- ▼ Inicio
- ▼ Tweets
- ▼ Audiencias
- ▼ Cards de Twitter
- ▼ Vídeos
- ▼ Eventos
- ▼ Herramientas

7.5.1 Inicio

Tu panel de inicio te permite apreciar de un primer vistazo la evolución de tu actividad en Twitter y los tuits que mejor han funcionado, entre otras cosas.

En la parte superior te proporciona un resumen gráfico de tu presencia en Twitter en los últimos 28 días, dividido en número de tuits, impresiones de tus tuits, visitas a tu perfil, menciones y seguidores.

---

229 *https://analytics.twitter.com/*

Más abajo te muestra un resumen por mes, destacando el tuit principal (con el número de impresiones conseguidas), la mención principal (con el número de interacciones) y el seguidor principal (persona más influyente de tu red).

7.5.2 Tweets

Este es el apartado en el que encontrarás los datos de actividad de todos y cada uno de tus tuits. Te permite saber cuántas veces los usuarios de Twitter han visto, retuiteado, marcado como **Me gusta** (antes favoritos) y respondido a cada tuit.

Muestra una grafica sobre las impresiones obtenidas y un análisis de cada tuit publicado, con sus respectivos datos sobre número de impresiones, número de interacciones y tasa de interacción (que divide el número de interacciones entre el número total de impresiones).

Además, te permite definir el período de análisis y exportar los datos a un documento Excel.

7.5.3 Audiencias

Tu panel de información de audiencia contiene información valiosa sobre tus seguidores y usuarios. Puedes hacer un seguimiento sobre la evolución del número de seguidores y obtener información adicional sobre sus datos demográficos (sexo, idioma, localización), estilo de vida (intereses, géneros televisivos) y huella móvil.

No solo puedes analizar a tus *followers*, también puedes segmentar la información del público por:

- **Audiencia orgánica**: es decir, usuarios que han interactuado con tus contenidos orgánicos (no de pago).
- **Todos los usuarios de Twitter**: aquí proporciona datos interesantes sobre el comportamiento de los consumidores, como el estilo de compra o el tipo de tarjeta de crédito.

Además de estos tres paneles principales mencionados –**Inicio**, **Tweets** y **Audiencias**–, el menú principal de estadísticas de Twitter te informa también sobre el impacto de tus Twitter Cards y vídeos. También proporciona información para buscar eventos y sobre el uso de herramientas avanzadas (gestor de *apps* y seguimiento de conversaciones).

7.6 KIT DE HERRAMIENTAS ESPECÍFICAS PARA TWITTER

- **Twitter Analytics**[230]. Herramienta de estadísticas de Twitter que te ayuda a conocer mejor a tu comunidad y el rendimiento, alcance y evolución de tus tuits (cuáles funcionan y cuáles no). Puedes saber el número de veces que se ha visto el tuit, las personas que han interactuado con él, la ubicación de tus seguidores, los retuits recibidos... Puedes ver la evolución por mes y exportar los datos. Útil, visual, intuitiva... ¡y gratis!

- **Brand Hub**[231]. Si eres una marca acostumbrada a llevar a cabo campañas comerciales en Twitter, te interesa Brand Hub, el nuevo recurso de analítica específica para marcas que ha lanzado esta red social. Te permite conocer con mayor detalle las distintas conversaciones que sobre tu sector y marca se desarrollan en Twitter (lo que tu público objetivo expresa, siente y piensa).

- **SocialBro**[232]. Potente herramienta para analizar y conectar con tu audiencia de Twitter. Aporta muchas y diversas funcionalidades, incluso en su versión gratuita. Puedes saber quién te sigue y quién te deja de seguir, segmentar tu público de diversas maneras, descubrir usuarios de interés, averiguar cuáles son tus mejores horas para tuitear, saber cómo se comporta la competencia (qué publican y quiénes les siguen)...

- **TweetDeck**[233]. Herramienta gratuita de monitorización para Twitter, que en un mismo panel de mando permite administrar la actividad de varias cuentas de Twitter al mismo tiempo. Óptima para monitorizar en tiempo real la actividad en Twitter (puedes ver lo que se está diciendo en torno a un determinado *hashtag*).

- **Twitonomy**[234]. Herramienta web que permite analizar en detalle tu actividad en Twitter y también la de otros usuarios o marcas de la competencia. Para analizar tendencias y temas candentes, así como para campañas de marketing *online*. Con versiones gratuita y de pago.

---

230 *https://analytics.twitter.com/*

231 *https://business.twitter.com/help/brand-hub*

232 *http://es.socialbro.com/*

233 *https://tweetdeck.twitter.com/*

234 *http://www.twitonomy.com/*

▼ **Followerwonk**[235]. Herramienta para analizar tus *followers* y localizar *influencer*s. Ofrece información sobre las conexiones que en esta red social mantienen los usuarios entre sí. Compara cuentas, sigue cuentas con intereses similares a la tuya, "espía" los perfiles de tus competidores… Gratuita y con versión de pago.

▼ **TweetReach**[236]. Para medir el alcance de tus tuits y la influencia de cada retuit. Te dice los tuits que mejor resultado te han dado, su impacto, a cuánta gente han llegado, la cantidad de veces que han sido visualizados, retuiteados, mencionados… Además de tuits, permite analizar usuarios, *hashtags*, frases y URL. Funciona en modalidad *freemium*.

▼ **Hashtagify**[237]. Herramienta para monitorizar *hashtags* en Twitter. Ayuda a analizar *hashtags* mostrando algunos relacionados con el nuestro, así como a aquellos usuarios que los están utilizando. Muy útil para buscar nuevos *hashtags* y conocer las tendencias que se mueven en nuestro sector. Gratuita y de pago.

▼ **Twitter Tab for Pages**[238]. Aplicación gratuita para visualizar el *timeline* de Twitter en tu página de Facebook.

IDEAS CLAVE

▼ Twitter es una red de información en tiempo real que permite a las personas descubrir lo que está pasando en el mundo ahora mismo, compartir información al instante y conectarse con personas y negocios de cualquier parte.

▼ Twitter es un servicio gratuito de *microblogging* en el que solo se pueden enviar y recibir mensajes públicos (tuits) que no superen los 140 caracteres. Cada uno de estos tuits puede contener texto plano, enlaces, fotos y vídeos.

▼ Twitter es una red social de gran interés para marcas, empresas, personajes públicos y expertos profesionales.

---

235 *https://followerwonk.com/*

236 *https://tweetreach.com/*

237 *http://hashtagify.me/*

238 *https://apps.facebook.com/fn_twitter/?fb_source=search&ref=ts&fref=ts*

- Twitter es la red social más eficiente como canal de atención al cliente, entre otras cosas porque permite ser resolutivo y rápido, conocer al momento la opinión de los usuarios, ahorrar en costes de *customer service* y mejorar la imagen de marca.

- Consejos para sacar el máximo rendimiento a tu Twitter: sigue a usuarios de interés; interactúa con tu comunidad; no tuitees todo lo que piensas, pero sí piensa todo lo que tuiteas; recuerda el reparto 80/20; llama a la acción; enriquece tus tuits; no abandones tu cuenta de Twitter; estudia la mejor hora para lanzar tus tuits; sé ágil; gestiona las críticas; utiliza Periscope para diferenciarte y humanizar tu marca; utiliza *hashtags* creativos y únicos para tus campañas; haz listas de gente o cuentas de Twitter con intereses comunes; haz un seguimiento de tus resultados con Twitter Analytics.

- Crea y optimiza tu perfil de empresa en Twitter.

- Twitter Ads es la plataforma de publicidad de Twitter destinada a todo tipo de negocio, sea grande o pequeño, para ayudarle a conectar con su audiencia y obtener resultados.

- Para crear una campaña publicitaria en Twitter lo primero que se debe hacer es escoger el objetivo, luego hacer una buena segmentación de la audiencia, después elegir la tipología de anuncio, y, por último, establecer un presupuesto y hacer un seguimiento de la campaña.

- Twitter también está apostando por la venta directa e inmediata de productos y servicios por medio de un simple botón de **Compra ahora** integrado en el tuit.

- La herramienta de estadísticas de Twitter Analytics te permite conocer más en profundidad tu comunidad de Twitter, y analizar el impacto de tus tuits y de tus campañas publicitarias en esta red social.

- Son muchísimas las herramientas que tenemos para gestionar Twitter y sacar lo mejor de esta plataforma social.

TEMA 4. **GOOGLE+**

8.1 ¿QUÉ ES GOOGLE+?

Google+[239] (pronunciado "Google plus" y abreviado como G+) es, ni más ni menos, que la red social de Google.

Empezó su andadura en el 2011 y actualmente cuenta con más de 500 millones de usuarios registrados, si bien es cierto que la inmensa mayoría no visita la plataforma habitualmente y solo un 6 % se muestra activo y publica en su muro.

Como toda red social, G+ sirve para socializar, para estrechar lazos con familiares y amigos, para conocer a otras personas y para intercambiar opiniones.

Pero **G+ es, sobre todo, especialmente útil para potenciar el alcance de tus publicaciones**, **para establecer contactos profesionales**, para aprender sobre lo que te gusta y mantenerte informado de lo que te interesa, y para optimizar la integración con otros servicios de Google (Gmail, YouTube, Maps…).

La gran ventaja de G+ es que pertenece a Google y, por lo tanto, todo lo que en ella publiques gana presencia y visibilidad en el gran buscador de Internet.

G+ puede ayudar, y mucho, a tu SEO. Más del 95 % de los usuarios utiliza Google como buscador, así que tener perfil o página en G+ y usarla activamente

---

239 *https://plus.google.com/*

(publicar e interactuar con frecuencia) te va a ayudar a conseguir un mejor posicionamiento en Google y a dar mayor visibilidad a tu perfil, marca o negocio local en Internet. Razón más que suficiente para estar en G+.

Pese a todo, **la red social de G+ no ha cuajado entre el gran público**. Y quizás por eso mismo, debido a que no todos están ahí, en G+ el nivel de especialización e interacción de los usuarios es muy alto, por lo que rara vez recibes ruido (contenido inútil), como ocurre en otras redes sociales. G+ permite segmentar muy bien los círculos de contacto en los que participas, así como tomar parte en comunidades en las que te interesa estar presente, por lo que es un excelente lugar para informarse y encontrar usuarios avanzados (blogueros, *googlepluseros*, profesionales especializados…) con los que compartir contenido de interés, socializar y crear alianzas.

Con todo, no conviene poner demasiadas esperanzas en G+ con vistas al futuro. Tras años luchando sin éxito por competir con Facebook, Google parece haber tirado la toalla. Pero sigue vivo. G+ no desaparece, solo se transforma, y recientemente ha reformulado su interfaz en un nuevo intento por posicionarse.

G+ versus Facebook. Fuente: *http://mrpridelive.com/*

Sea cual sea su futuro, hoy en G+ podemos distinguir dos tipos de identidades:

▼ Los **perfiles**, que representan a personas.

▼ Las **páginas**, que representan a marcas, empresas, organizaciones y famosos.

8.2 PERFIL PERSONAL DE GOOGLE+

Para tener acceso a G+ necesitas una cuenta de Google (puedes crearla en esta página[240] si aún no la tienes). Una vez accedas, lo único que has de hacer es clicar en el icono de varios cuadraditos que hay junto a tu nombre en la esquina superior derecha de la pantalla, y luego clicar donde pone **Google+**. *Voilà*, ya puedes darte de alta en esta red social y configurar tu perfil.

Las principales acciones que puedes llevar a cabo como propietario de un perfil de G+ son:

▶ Configurar tu perfil.
▶ Agregar personas y compartir contenido.
▶ Participar en "comunidades" de tu interés.
▶ Crear tus "colecciones" y seguir las de otros.
▶ Participar en videollamadas: Hangouts.

8.2.1 Configura tu perfil

Tu perfil es tu carta de presentación, el lugar donde los demás pueden conocer tus datos personales y cosas sobre ti.

Lo primero que debes de hacer es añadir una foto de perfil que transmita cercanía y confianza (tamaño de imagen recomendado: 250×250 píxeles). Después elige una imagen de portada atractiva relacionada con tu personalidad (tamaño recomendado: 2.120×1.192). Luego preséntate: explica brevemente quién eres y qué es lo que te interesa. Añade dónde estudiaste, tu profesión actual y tu ciudad.

Ve a la configuración de tu perfil y controla las opciones para compartir. Elige quién puede interactuar contigo y con tus publicaciones, quién puede etiquetarte en fotos, quién puede enviarte notificaciones y mucho más.

Para terminar, enlaza a tu sitio web y a tus redes sociales, y personaliza la URL de tu perfil con tu propio nombre.

8.2.2 Agrega personas y comparte contenido de forma selectiva

Una de las principales funciones de G+, que fue copiada posteriormente por otras redes sociales, es que puedes crear una agenda de contactos organizada por "círculos" de relaciones y decidir quién puede ver el contenido que compartes.

---

240 *https://accounts.google.com/SignUp?service=oz&continue=https%3A%2F%2Fplus.google. com%2F%3Fgpsrc%3Dgplp0*

Puedes compartir con todo el mundo o mantener tus conversaciones solo con las personas adecuadas. Por ejemplo, puedes compartir un chiste únicamente con tu círculo de amigos más íntimos, restringir un mensaje privado a tu círculo familiar, enviar información profesional solo para tus compañeros de trabajo, o publicar una foto espectacular para que la vea todo el público.

Para crear tus círculos, puedes encontrar a amigos en las sugerencias o en tu libreta de direcciones. También puedes buscar personas por su nombre.

Al añadir una persona a un círculo, esta puede recibir una notificación que le indicará que la has añadido y ver todo lo que compartas en ese círculo, pero no verá el nombre que le has puesto a tu círculo.

8.2.3 Participa en "comunidades" de tu interés

Personalmente me apasiona la música ska jamaicana de los años 60, pero no es fácil encontrar a personas que disfruten tanto de este tipo de música como yo. Por eso es fantástico tener un lugar donde poder hablar sobre ello con personas que comparten tu misma pasión musical. En eso consisten las "comunidades" de G+: un lugar para melómanos, gourmets, cinéfilos, viajeros… donde hablar de lo que te apasiona con personas que comparten tus gustos.

Puedes crear "comunidades privadas" para estar en contacto solo con quien tú quieras, como tus amigos de toda la vida, tus compañeros de ciclismo o tus familiares.

8.2.4 Crea tus "colecciones" y sigue las que consideres de interés

Una aproximación similar, aunque diferente, a las comunidades son las **colecciones**[241], una funcionalidad que permite agrupar tus publicaciones por tema, para así tener toda la información bien segmentada y estructurada.

Puedes crear tus propias colecciones de interés (artículos, fotos, vídeos y enlaces), y en cada una de ellas incluir tus publicaciones y las de terceros que consideres que tienen calidad suficiente para estar en esa colección. Personaliza cada colección con un título descriptivo y con una imagen llamativa. Cuanto más atractiva sea tu colección, más seguidores podrás conseguir.

Puedes elegir con quién compartir tus colecciones y de este modo segmentar el público. También puedes seguir aquellas colecciones que consideres interesantes.

―――――――
241 *https://plus.google.com/collections/welcome*

8.2.5 Da vida a tus conversaciones con los Hangouts

Los **Hangouts**[242] son una forma de dar vida a las conversaciones a través de videollamadas, mensajes o llamadas de voz. Puedes hacer videollamadas en grupo (hasta con diez personas a la vez) o con una sola persona, enviar mensajes a una sola persona o a un chat grupal de varias personas, y hacer llamadas gratuitas por teléfono.

Incluso te permite emitir en directo un evento, ese que tanto te gustaría compartir con el mundo (concierto, discurso de apertura, desfile de moda…). Puedes transmitirlo en vivo para un público global directamente desde tu ordenador, y compartir la grabación en tu canal de YouTube.

Bien, ya tienes creado tu perfil y conoces las principales acciones que se pueden realizar en esta red social, así que ha llegado el momento de empezar a utilizar G+. A continuación veremos algunos consejos para movernos con soltura en G+:

▶ No dejes de añadir nuevas personas a tu red, centrándote, por supuesto, en **seguir a las personas y páginas que te interesan** para ver qué están contando.

▶ **Comparte tus publicaciones** en tus círculos de relaciones, y hazlo con regularidad, pero sin abusar. Mejor poco y de calidad.

PARA SABER MÁS

Círculos ampliados

Cuando compartas algo, puede que veas una opción para compartir contenido con tus "círculos ampliados". Tus círculos ampliados incluyen a personas que están en los círculos de tus círculos. De este modo, tus publicaciones pueden llegar a más gente (a todas las personas de tus círculos, además de a las personas de sus círculos).

▶ Cuando descubras una publicación interesante, muestra tu opinión añadiendo un comentario o haciendo +1 (el botón +1 es el equivalente al Me gusta de Facebook). Hacer +1 también te permite llevar un seguimiento de las publicaciones que te gustan. Además, las personas de tus círculos y de tus círculos ampliados conocerán tus recomendaciones.

---

242 *https://hangouts.google.com/*

▼ **Comparte las publicaciones de otras personas** que te gusten o que estén relacionadas o interesadas en tu actividad, y añade un comentario personal.

▼ **Menciona a las personas pulsando el símbolo "+" o "@"** y seguidamente su nombre, así la persona se dará por enterada, al tiempo que animas a la conversación.

▼ **Participa en las "comunidades"** que coincidan con tus pasiones.

▼ **Crea "colecciones" de contenidos de interés que atraigan seguidores.**

▼ **Añade hashtags relevantes a tus publicaciones**, para que sean más fácilmente localizables por perfiles con intereses cercanos.

8.3 PÁGINA DE EMPRESA DE GOOGLE+

La red social G+ también ofrece la posibilidad de crearnos una página corporativa equivalente a la página de Facebook, para conectar con nuestros clientes y desarrollar nuestra marca.

Las páginas de G+ proporcionan una identidad pública y presencia en Google a negocios, marcas, empresas, organizaciones y artistas.

Recuerda: los perfiles de G+ son para personas; si quieres utilizar esta red social para representar a tu empresa o negocio, has de crear una página de G+.

Las páginas interactúan en el mundo de G+ de manera parecida a como lo hacen los perfiles. Por supuesto, entre páginas y perfiles hay algunas diferencias que conviene resaltar. Una diferencia importante es que las páginas de G+ no pueden añadir a personas hasta que la página haya sido añadida primero o mencionada. Otra diferencia destacable es que aunque las páginas tienen su botón +1, lo cierto es que no pueden marcar +1 en otras páginas o contenidos de otros sitios web.

8.3.1 Por qué a tu empresa o negocio le conviene tener una página en G+

▼ **Te ayuda a tener presencia en Internet y a ponerte en contacto con tus clientes**. G+ es un producto de la casa Google, así que, como es lógico, favorece el posicionamiento de los contenidos de su propia red social. Tener una página en G+ lleva a que Google inserte una destacada referencia a tu negocio en la página de resultados cuando alguien te busque, o incluso cuando simplemente esté buscando un producto o servicio relacionado con tu negocio.

*G+ es muy agradecida en términos de SEO y te
ayudará a posicionar tu negocio.*

► **Refleja la ubicación de tu negocio local en Google**. Te interesa tener una página en G+ si tienes un negocio local (establecimiento o servicio profesional) y quieres que aparezca bien situado y visible en el buscador, con su ubicación física o área de servicio, y mapa. Si tienes una pizzería, te conviene tener, además de tu sitio web, una página de G+ local bien optimizada. De esta manera, cuando un usuario de tu ciudad esté buscando en Google información sobre pizzerías, tu establecimiento tendrá muchas más posibilidades de aparecer en sus resultados.

► **Puedes segmentar tus seguidores por círculos y, en consecuencia, tener un contacto más relevante**. G+ tiene una gran capacidad de segmentación de seguidores. Los puedes segmentar a todos por círculos, por ejemplo, un círculo exclusivo solo para los clientes VIP más leales, otro para los proveedores, crear círculos diferentes por afinidad de línea de producto, o lo que uno crea que le resulte útil. Se pueden crear tantos círculos como se desee y nombrarlos como a uno le parezca más apropiado. Una vez se ha "encirculado" a los seguidores, es posible personalizar el contenido y las conversaciones basándose en el cliente específico de cada círculo diferenciado.

► **Las recomendaciones y valoraciones recibidas en G+ favorecen el posicionamiento y la reputación**. Google tiene una función llamada **Search Plus Your World** (SPYW) que da prioridad a las páginas de G+ recomendadas o que han recibido un +1. Supón que eres un pediatra de Barcelona con página en G+. Pues bien, de acuerdo con SPYW, si un usuario esta buscando en Google recomendaciones de pediatras en Barcelona, y uno de sus contactos en G+ ya ha dejado una opinión positiva sobre ti, ese resultado sobre ti tendrá prioridad sobre otros fuera de su entorno. Por lo tanto, cuantas más valoraciones positivas recibas a través de G+, mejor para tu negocio, y más lejos llegará tu marca y la reputación de tu empresa.

▼ **Es una plataforma social propicia para interactuar con profesionales y marcas**. A diferencia de Facebook, G+ se preocupa menos de las relaciones personales y se centra más en la información y la profesionalidad de sus usuarios. Buen ejemplo son las comunidades y las colecciones. Puedes crear comunidades y colecciones de contenidos, y participar en las que más te interesen de tu sector. De este modo, puedes dar a conocer tu empresa o actividad y conseguir que más usuarios te conozcan, al tiempo que te estás informando de las novedades de tu industria.

▼ **Hangouts con compañeros de trabajo, partners y clientes**. Una particularidad interesante del G+ corporativo es que con el servicio de **Hangouts for Work**[243] puedes conversar cara a cara con compañeros de trabajo, proveedores o clientes, a través de videollamadas, chat o llamadas telefónicas. Un instrumento muy útil para, por ejemplo, organizar videoconferencias de trabajo, organizar eventos privados y superexclusivos en tiempo real, o simplemente ofrecer un servicio de atención al cliente más cercano, directo y personalizado.

▼ **Mejora la imagen de la marca**. G+ es más visual que Facebook, ya que permite usar imágenes con mayor tamaño y en alta definición, con calidad profesional. Esta característica mejora la identidad visual corporativa que tanto importa a las marcas de hoy.

PARA SABER MÁS
Marcas que trabajan con Google+

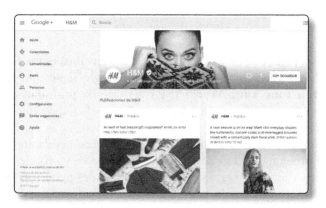

Página de G+ de H&M

---

243 *https://www.google.com/intx/es-419/work/apps/business/products/hangouts/*

La **página de G+ de H&M**[244], con seis millones de seguidores, es muy activa y un buen ejemplo de cómo mejorar tu negocio con esta red social.

Otras grandes marcas que lo están haciendo bien en G+ son **Red Bull**[245], **TripAdvisor**[246], **Starbucks**[247] y el **Manchester United Football Club**[248].

8.3.2 Cómo crear una página de G+

Para poder dar de alta una página en G+ y administrar la presencia *online* de un negocio, producto, marca u organización con Google, es imprescindible tener un perfil personal de G+ que actúe como el dueño de la página.

Necesitas tener un perfil personal para poder crear y gestionar una página de empresa.

Actualmente las páginas de G+ se crean y administran a través del panel de control de Google My Business[249] (Google My Business aglutina los diferentes servicios que Google tenía dispersos, como G+, Google Maps y Google Places). Allí tendrás un botón arriba a la derecha: **Inicia sesión**. Haces clic, lo siguiente que verás será una página para elegir el tipo de empresa. Las tres posibilidades de páginas que Google My Business ofrece son **Escaparate**, **Área de servicio** y **Marca**.

▼ **Escaparate**
   Esta es la página ideal para negocios locales con un establecimiento físico donde reciben clientes, como restaurantes, tiendas minoristas, hoteles, etc. En Google Maps aparecerán con su dirección concreta.

▼ **Área de servicio**
   Para esos negocios locales que atienden a sus clientes no en una dirección física fija sino en una zona de actuación, como fontaneros, pizzerías, taxis, etc. En Google Maps aparecerán con un círculo que señala las áreas donde ofrecen sus servicios.

---

244 *https://plus.google.com/+HM*

245 *https://plus.google.com/+RedBull*

246 *https://plus.google.com/+TripAdvisor*

247 *https://plus.google.com/+starbucks*

248 *https://plus.google.com/+manutd*

249 *http://business.google.com/*

▼ **Marca**

Para empresas, organizaciones o profesionales cuya actividad no se basa en una dirección física o en un área concreta, y que se dedican, por ejemplo, a un producto, equipo deportivo, grupo musical, causa, etc. Esta página a su vez se divide en varias opciones de negocio como Producto o marca, Ocio, Comunidad u Otros. Elegiremos la opción que mejor encaje con nuestro tipo de negocio.

Una vez creada la página de G+, es hora de completarla y personalizarla, rellenando los siguientes apartados básicos:

- ▼ Foto de perfil.
- ▼ Foto de portada.
- ▼ Nombre del negocio.
- ▼ Dirección (si la hubiera).
- ▼ Información de contacto (sitio web, *e-mail*, teléfono, etc.).
- ▼ Categoría del negocio.
- ▼ Horario de atención al público (si procede).
- ▼ Presentación de la empresa con eslogan atrayente.

Es importante revisar los controles de privacidad, y verificar la página. Google necesita verificar la página de G+ para evitar un uso inadecuado y asegurarse de que la información facilitada está en verdad asociada con la empresa a la que se dice representar. Además, con la verificación nos aseguramos de que la página quede debidamente indexada en Google, aparezca en los resultados de búsqueda y localizada en Google Maps (en caso de ser un negocio local), y de que podamos acceder a sus estadísticas.

A continuación, personaliza la URL de la página y enlázala con el sitio web (y viceversa). Eso ayudará a generar tráfico.

Si tienes una página de negocio local (por ejemplo un restaurante), no te olvides de administrar las reseñas de los usuarios, esto es, las valoraciones públicas que los usuarios escriben sobre tu negocio. Conseguir reseñas (recomendaciones y puntuaciones) es importante para la reputación de tu local, para generar confianza y atraer a más clientes.

Finalmente, como propietario de la página de G+ que has creado puedes, desde el apartado de **Configuración**, añadir varios administradores, hasta un máximo de 50. Los tres roles para gestionar una página de G+ son:

▼ **Propietario**: creador de la página con el máximo control sobre ella. Puede dar o quitar acceso a nuevos gestores.

▼ **Gestores**: pueden llevar a cabo todas las acciones propias de la página de G+, excepto eliminar la página y dar o quitar acceso de otros gestores.

▼ **Gestores de comunicaciones**: pueden realizar la mayoría de las acciones, excepto eliminar la página, añadir y eliminar gestores, editar el perfil y administrar vídeos de YouTube y Hangouts en directo.

Para cualquier duda sobre las páginas de G+, se puede acudir a la **Ayuda de Google My Business**[250].

8.4 INSIGHTS: ESTADÍSTICAS PARA TU PÁGINA DE GOOGLE+

Google+ Platform Insights[251] es la plataforma exclusiva de analítica para que los administradores puedan analizar sus páginas de G+.

Insights ofrece estadísticas y datos detallados sobre el estado de la integración del inicio de sesión con G+, como, por ejemplo, el número de vistas a la página (totales, por publicación...), la evolución del crecimiento o decrecimiento del número de seguidores, los +1 conseguidos, los comentarios o las veces que se comparten tus publicaciones en esta red social.

Google+ Platform Insights ofrece análisis con datos sobre el rendimiento de tu página de G+.

Para habilitar Google+ Platform Insights:

1. Abre Google My Business y selecciona la página que quieras administrar.

2. Haz clic en el menú de tres guiones situado en la esquina superior izquierda de la página y, a continuación, en **Configuración**.

3. Haz clic en **Servicios conectados**.

4. Sigue los pasos que se describen en este artículo[252].

---

250 *https://support.google.com/business/?hl=es#topic=4539639*

251 *https://developers.google.com/+/features/analytics*

252 *https://developers.google.com/+/features/analytics*

Con Insights se pueden extraer bastantes datos, pero, en confianza, es un poco espartana. Si se necesitan estadísticas más potentes, lo mejor es integrar Insights con Google Analitycs o recurrir a herramientas especializadas en G+, como algunas de las que vamos a ver a continuación.

8.5 KIT DE HERRAMIENTAS ESPECÍFICAS PARA GOOGLE+

▶ **Google My Business**[253]. Servicio gratuito de Google que ofrece a negocios, marcas, empresas, organizaciones y artistas una forma fácil y rápida de administrar su presencia *online* con Google. Así, a través de su panel de control puedes mantener actualizada la información de tu empresa en Google, interactuar con tus clientes utilizando la página de G+, realizar un seguimiento de la interacción con estadísticas de las publicaciones y las páginas de G+, consultar información en tu cuenta de Google Analytics y en tu canal de YouTube, y crear campañas de AdWords Express (gestión automática de los anuncios en AdWords). Además, si tienes un negocio local (con ubicación física o área de servicio), Google My Business favorece que pueda ser encontrado en Google, permite leer las reseñas de los clientes y responder a ellas, y obtener estadísticas sobre cómo han buscado tu empresa los clientes y de dónde proceden.

▶ **Google+ Platform Insights**[254]. Sistema propio de analítica de G+ para optimizar la integración de tu página en esta plataforma social. Ofrece información de rendimiento de tu página. Insights se puede integrar con Google Analytics. Gratuito.

▶ **Steady Demand**[255]. Herramienta que te permite analizar al detalle tu página de G+, así como optimizar tu trabajo en esta red social. También puedes analizar a la competencia. Con versión básica gratuita y avanzada de pago.

▶ **CircleCount**[256]. Utiliza esta herramienta para ver el número de seguidores que tiene una cuenta de G+ y los resultados de sus publicaciones. Permite identificar personas o círculos interesantes. También te ayuda a determinar el grado de influencia de tus publicaciones. Gratuita.

---

253 *https://www.google.es/business/go/*

254 *https://developers.google.com/+/features/analytics*

255 *http://www.steadydemand.com/*

256 *http://es.circlecount.com/*

- **Timing+**[257]. Analiza tus contenidos en G+ y te sugiere el mejor momento para publicar. Gratuita.

- **Postcron**[258]. Herramienta para programar contenido en G+ (y en otras redes sociales). De pago.

IDEAS CLAVE

- Google+ es especialmente útil para potenciar el alcance de tus publicaciones y para realizar contactos profesionales.

- La gran ventaja de G+ es que pertenece a Google y, por lo tanto, todo lo que en ella publiques gana presencia y visibilidad en el gran buscador de Internet.

- Google+ no ha cuajado entre el gran público.

- La interacción asimétrica y especializada de G+ –en comunidades y círculos de relaciones– la convierte en una red social segmentada muy favorable para conseguir contenido de valor procedente de usuarios avanzados.

- Hoy en G+ podemos distinguir dos tipos de identidades: los perfiles, que representan a personas; y las páginas, que representan a marcas, empresas, organizaciones y famosos.

- Una vez te logueas en Google, puedes acceder a todos los servicios de Google, incluido, por supuesto, G+.

- Las principales acciones que puedes llevar a cabo como propietario de un perfil de G+ son configurar tu perfil, agregar personas y compartir contenido, participar en "comunidades" de tu interés, crear tus "colecciones" y seguir las que resulten interesantes, participar en videollamadas (Hangouts).

- Consejos para movernos con soltura en G+: sigue a las personas y páginas que te interesan; comparte tus publicaciones; muestra tu opinión

257 *http://timing.minimali.se/*

258 *http://postcron.com/es/*

añadiendo un comentario o haciendo +1; comparte las publicaciones de otras personas; menciona a las personas pulsando el símbolo + o @; participa en las comunidades; crea colecciones de contenidos; añade *hashtags* a tus publicaciones…

▶ Los perfiles de G+ son para personas, si quieres utilizar esta red social para representar tu empresa o negocio, has de crear una página de G+.

▶ Son muchos los motivos por los que a tu empresa o negocio le conviene tener una página en G+: ayuda a tener presencia en Internet y a ponerte en contacto con tus clientes; refleja la ubicación de tu negocio local en Google; permite segmentar a tus seguidores por círculos y, en consecuencia, tener un contacto más relevante; las recomendaciones y valoraciones recibidas en G+ favorecen el posicionamiento y la reputación; es una plataforma social propicia para interactuar con profesionales y marcas; puedes realizar Hangouts con compañeros de trabajo, *partners* y clientes; mejora la imagen de la marca.

▶ Actualmente, las páginas de G+ se crean y administran a través del panel de control de Google My Business.

▶ Hay tres tipos de páginas de G+: Escaparate (para negocios locales con un establecimiento físico), Área de servicio (para negocios locales con zona de actuación) y Marcas (para empresas, organizaciones o profesionales cuya actividad no se basa en una dirección física o en un área concreta).

▶ Google+ Platform Insights ofrece análisis con datos sobre el rendimiento de tu página de G+.

▶ Hay varias herramientas específicas para G+ que permiten optimizar el rendimiento de tu perfil o página en esta red social.

9

9.1 LINKEDIN: MUCHO MÁS QUE UN CV ONLINE

LinkedIn[259] **es la red social para establecer contactos profesionales** más popular del mundo.

Lanzada en el 2003, no ha dejado de crecer a lo largo de todos estos años y actualmente tiene más fuerza que nunca, con más de 400 millones de usuarios registrados, de los que alrededor de 100 millones son estadounidenses y siete millones, españoles.

Como decíamos, LinkedIn es la red social profesional para establecer relaciones laborales y de negocio. Por eso, todo trabajador, profesional y empresa debe estar en LinkedIn.

Que LinkedIn sea la red social profesional por excelencia ya hace que sea imprescindible estar presente en ella.

Son muchas las personas que cometen el error de utilizar esta red social únicamente como un lugar donde exponer su experiencia laboral y conocimientos profesionales. LinkedIn es mucho más que un mero repositorio digital de tu tradicional currículum, y también mucho más que un espacio donde almacenar una base de datos de contactos profesionales.

---

259 *https://es.linkedin.com/*

Más allá de generar contactos profesionales, LinkedIn es un valioso recurso que permite obtener noticias de interés para nuestro trabajo o negocio, un espacio donde mantenernos actualizados y conversar sobre todas aquellas tendencias y cuestiones relacionadas con nuestra actividad profesional.

Para sacarle todo el partido, LinkedIn debe ser un lugar de información e interacción, que le sirva al usuario para construir una comunidad centrada en torno a su especialidad profesional.

Uno de los puntos fuertes de esta red social profesional es la posibilidad de crear grupos especializados de debate, o participar en otros ya existentes y afines a nuestro sector. Hay millones de grupos en LinkedIn de lo más variado y sobre temáticas muy concretas altamente especializadas, que producen contenidos y sugerencias de gran valor. Grupos que se constituyen de forma privada (solo visibles por los miembros de ese grupo), diferenciándose entre grupos "estándar" (puedes solicitar admisión) y "no publicados" (solo puedes llegar a ser miembro si te invita un administrador o propietario).

Pertenecer a los grupos adecuados de LinkedIn es una excelente manera de estar al día de lo que se cuece en tu industria.

En otro orden de cosas, estando en LinkedIn ganas posicionamiento en buscadores y visibilidad en la Red. Y es que esta red social indexa fantásticamente bien en Google. Así que, a poco que lo trabajes, tu perfil de LinkedIn aparecerá en la primera página de resultados cuando alguien teclee tu nombre.

Ese "alguien" que puede estar *googleando* tu nombre puede ser perfectamente un reclutador de una empresa en busca y captura de talento. Y es que LinkedIn es el canal preferido por los reclutadores para buscar y encontrar candidatos de cualquier lugar del mundo.

Así pues, LinkedIn es un excelente recurso para el desarrollo profesional. Es como un "Facebook profesional" donde podemos construir una historia propia vital, y no solo un catálogo de habilidades profesionales. Una plataforma dinámica para informarte y establecer conversaciones especializadas, generar contactos profesionales, usado por las empresas para captar talento. Un espacio social con un interés creciente que hay que dominar.

"LinkedIn es una red social dinámica; no sirve como escaparate
profesional estático".

Sarah Harmon, directora de LinkedIn España y Portugal

9.2 MANUAL DE USO DE LINKEDIN

A continuación, algunos consejos para sacar el mayor partido posible a tu presencia en LinkedIn:

▶ **Ten siempre tu perfil actualizado** y en movimiento, y no solo cuando estés buscando trabajo. Dedícale tiempo, completa tu perfil al 100 % y mantenlo vivo. Procura entrar a diario, aunque solo sean diez minutos. La clave está en estar activo y ser constante.

▶ **Tu fotografía de perfil es muy importante**. Un perfil sin foto da imagen de dejadez y falta de interés. Pon una foto en la que solo salgas tú y se vea bien tu cara de frente desde la cabeza hasta los hombros (tamaño recomendado: 400×400 píxeles), que sea reciente y apropiada, en la que transmitas confianza, seguridad y profesionalidad. También puedes poner una foto de fondo (1.400×425) que tenga relación con tu profesión.

▶ **Piensa muy bien tu titular profesional**. Tu titular aparece justo debajo de tu nombre y su objetivo es describir en menos de 120 caracteres a qué te dedicas profesionalmente. Este título es tu tarjeta de visita, así que busca uno que sea atractivo, que te diferencie, y con las palabras clave por las que quieres ser encontrado.

▶ **Preséntate a ti mismo en el extracto**. Redacta un breve discurso de autopromoción con tu bagaje profesional. Destaca en qué eres bueno, usando las *keywords* por las que quieres ser reconocido. Describe tus logros profesionales y los problemas que has resuelto o puedes resolver. Y si es posible, hazlo con hechos: añadiendo un documento, un vídeo, una presentación...

▶ **Incluye tus proyectos**. Asegúrate de mostrar en el cuerpo de tu perfil no solo lo que has hecho, sino también lo que estás haciendo y lo que tienes pensado hacer.

▼ **Refleja tu trayectoria profesional y académica**. Primero refleja tu historial profesional. Empieza por tu trabajo actual y retrocede cronológicamente. Lo mismo con tu historial académico. Di la verdad en todo. Sé honrado. E incluye al menos dos o tres recomendaciones de alguien importante (o no) que haya trabajado o colaborado contigo. Las recomendaciones dan credibilidad ante los reclutadores.

▼ **Personaliza la URL de tu perfil público de LinkedIn** para que las personas te puedan encontrar con facilidad. Que la URL de tu LinkedIn tenga tu nombre real, y no un alias. En la siguiente página del centro de ayuda de LinkedIn tienes las **instrucciones para personalizar la URL de tu perfil**[260].

▼ **Haz que crezca tu red de contactos, pero con sentido**, que tengan relación con lo que haces. No se trata de acumular contactos porque sí, sino de tejer una red de contactos profesionales con intereses comunes. En tu *network* deberían estar tus conocidos, tus compañeros de trabajo, tus *partners*, tus proveedores, tus clientes y todas aquellas personas que consideras que pueden llegar a tener contigo relaciones profesionales o de negocio. También es conveniente seguir a empresas de tu interés.

▼ **Comparte actualizaciones a diario**. Hazte ver (sin saturar) y hazte valer. LinkedIn es un espacio perfecto para presentar tu marca personal y compartir conocimientos. Comparte también contenidos de interés de otros. Ayuda a los demás a mantenerse informados de lo que pasa en tu industria. De esta manera estarás trabajando tu reputación.

▼ **Conversa, conversa y conversa**. De poco o nada sirve estar en LinkedIn sin interactuar. También es importante ser detallista: agradecer cuando te mencionan o responden a tus comentarios, felicitar a ese contacto que ha encontrado un nuevo trabajo, o desearle suerte a quien comenta estar ante un nuevo proyecto. En LinkedIn hay que ser educado. Debes utilizar un tono cercano pero profesional (lejos de la "frivolidad" propia de otras redes sociales).

▼ **No molestes**. No seas pesado. No hagas *spam*. No te dediques a enviar mensajes a todos tus contactos, a menos que tengas algo muy importante que decir. Por supuesto, no te enzarces en discusiones.

---

260 *https://ayuda.linkedin.com/app/answers/detail/a_id/594/~/personalizar-la-url-de-tu-perfil-p%C3%BAblico*

▼ **Únete a grupos especializados** que te interesen dentro de tu sector profesional y participa en ellos aportando valor. No te unas a grupos simplemente por acumular y aparentar, ni tampoco lo hagas con la intención de vender directamente. De acuerdo, pero ¿qué debo hacer para encontrar los grupos que me interesan? En LinkedIn tienes un buscador de grupos estándar, aunque lo más útil es "espiar" el perfil de personas referentes en tu temática y ver en qué grupos están participando. Y si nadie ha creado un grupo que se corresponda con tus intereses, puedes crear uno tú mismo.

▼ **Das más a la comunidad de lo que tomas**. No tengas reparo en pedir ayuda, pero aplica la regla del *reparto 80/20*, de tal manera que el 80 % de tu tiempo en esta red social sea para ayudar a los demás, y solo el 20 % para pedirla.

▼ **Recomienda a los demás**. En LinkedIn la mejor manera de conseguir recomendaciones y validación de aptitudes es dándolas. Pero hazlas de manera desinteresada, sin negociarlas (sin hacer el clásico "yo te hago una recomendación si tú me haces otra a mí"), pues estas son fáciles de detectar. Así que de vez en cuando, sin que nadie te lo pida, escribe una recomendación para un contacto de tu red que consideres se la merece. No todos serán recíprocos, por supuesto, pero un porcentaje importante lo será y responderán agradecidos recomendándote. También puedes pedir recomendaciones directamente, pero hazlo solo con las personas que consideras que te conocen y pueden evaluarte.

▼ **Revisa las preferencias de contacto y la privacidad**. Revisa a menudo cómo tienes configuradas tu información de contacto y de privacidad. Por ejemplo, si durante un tiempo determinado estás buscando trabajo y quieres que los reclutadores te encuentren, entonces te interesa configurar tu privacidad de manera que tu perfil entero sea público.

▼ **Pásate a la versión premium si necesitas exprimir LinkedIn**. Esta red social ofrece la posibilidad de tener cuentas *premium*, es decir, cuentas de pago. En concreto, **LinkedIn ofrece cuatro categorías de cuentas premium**[261]:

- **Job Seeker**: para buscar empleo.
- **Business Plus**: para hacer negocios.
- **Sales Navigator**: para aprovechar oportunidades de ventas.
- **Recruiter**: para reclutadores especialistas en recursos humanos.

---

261 *https://www.linkedin.com/premium/products*

9.3 LINKEDIN PARA EMPRESAS

A nivel individual, LinkedIn se utiliza esencialmente para establecer relaciones profesionales, como complemento de la marca personal o como herramienta de promoción en la búsqueda de empleo.

Recíprocamente, para las empresas, LinkedIn es una excelente plataforma para captar talento. Hoy no hay empresa que no recurra a esta red social de profesionales a la hora de buscar, encontrar y contratar candidatos. Y son muchas las compañías habituadas a la tarea del *headhunting* que utilizan el servicio *premium* de selección y contratación de personal **LinkedIn Recruiter**[262], que permite encontrar y contactar de forma directa únicamente con los candidatos que encajen con lo que andan buscando.

Es bien sabido que **LinkedIn es un lugar propicio para los negocios B2B** (*business to business*), para los acuerdos entre empresas. Sin embargo, no debemos asociar esta red social únicamente con empresas que operan bajo modelos B2B, porque lo cierto es que es perfectamente válida para casi todas (de cualquier tamaño y sector).

Una alternativa muy interesante que muchas personas desconocen es que LinkedIn permite crear **páginas de empresa** al estilo de Facebook, de tal manera que se puede utilizar para mejorar la imagen de marca de la empresa. El perfil de usuario de LinkedIn es especialmente proclive a las comunicaciones de empresa, lo que convierte a la página en un canal de marketing efectivo para contar la historia de la marca, dar a conocer sus productos y servicios (se pueden crear páginas de producto secundarias), compartir contenido útil del sector, interactuar con los usuarios, conseguir seguidores, poner ofertas de trabajo, dirigir tráfico a su sitio web, potenciar la marca personal de sus empleados, etc.

 PARA SABER MÁS

Cómo crear tu página de empresa en LinkedIn

Para crear una página de empresa en LinkedIn, debes cumplir los siguientes requisitos:
- Antes de nada tienes que haber creado tu propio perfil personal de LinkedIn, con tu nombre y apellidos reales.
- Tienes que ser empleado de la empresa a la que dices representar.
- Sin una dirección de correo electrónico de la empresa no puedes tener una página en LinkedIn.

---

262 *https://business.linkedin.com/content/talent-solutions/regional/es_es/index/c/15/7/es-linkedin-recruiter*

Para añadir una página de empresa:

1. Entra en tu perfil de LinkedIn, y en el menú central de la barra superior pasa el cursor por **Intereses** y selecciona **Empresas**.

2. En el recuadro de la derecha (**Crear una página de empresa**), haz clic en **Crear**.

3. Ingresa el nombre de tu empresa y tu dirección de correo electrónico corporativo. Verifica que eres el representante oficial de la empresa y que tienes el derecho de actuar en representación de la misma. Selecciona **Continuar**.

4. Introduce los datos de tu empresa, y, al finalizar el registro, haz clic en **Publicar**. Incluye una descripción de la empresa y la URL del sitio web de tu empresa.

5. A continuación puedes elegir los contactos de LinkedIn que quieres que administren la página.

6. Adecenta la página. Sube una imagen de portada (tamaño mínimo 646×220 píxeles), una imagen de perfil rectangular con el logotipo de la empresa (tamaño 100×60) y otro logo cuadrado (tamaño 50×50).

Como decíamos, una página de empresa ayuda a los usuarios de LinkedIn a obtener más información sobre tu negocio, tu marca, tus productos y servicios; y sobre las oportunidades laborales que ofreces. Pero tenemos más razones por las que una empresa debe tener presencia en LinkedIn, a saber:

▼ Tiene mucha autoridad en Google y es una buena manera de ganar posicionamiento y SEO.

▼ Al ser una plataforma donde los profesionales están muy definidos, permite a las empresas encontrar fácilmente no solo los candidatos ideales sino también colaboradores, proveedores y clientes.

▼ Los grupos de LinkedIn son muy apropiados para hacer una segmentación afín a los objetivos de empresa y saber qué opina y quiere la audiencia, para así dirigir sus próximas acciones en función de las necesidades de su público.

▼ **Está diseñada para el networking**, por lo que es muy útil para la gestión de equipos comerciales o para localizar nuevas oportunidades de negocio en función del talento profesional.

▼ Por medio de su servicio **LinkedIn Ads**[263], puedes poner en marcha campañas de publicidad segmentadas y dirigidas a los clientes más propensos a necesitar lo que vendes.

----

263 *https://www.linkedin.com/ad/start*

▼ LinkedIn ofrece, además, la posibilidad de llegar a clientes potenciales de manera gratuita a través de los **announcements**, que son *e-mails* que particulares y empresas pueden enviar desde los grupos de LinkedIn a cada uno de sus seguidores. Es un servicio que se debe usar con moderación, para no caer en prácticas de *spam*.

PARA SABER MÁS
Crea tu anuncio en LinkedIn Ads

1. Puedes acceder a LinkedIn Ads directamente desde tu propio perfil (pasa el cursor por **Servicios comerciales** en la parte superior de tu página de inicio y haz clic en **Publicitar**) o desde *https://www.linkedin.com/ad/start*.

2. Escoge el tipo de campaña que quieres crear y diseña tu anuncio (titular, descripción, tu nombre, imagen y URL). Recuerda que es clave haber definido bien tus objetivos publicitarios antes de lanzar tu campaña, lo que te permitirá diseñar el anuncio propicio, dirigirte al público adecuado y escoger la mejor página de destino de la plataforma (tus anuncios se pueden mostrar a los miembros de LinkedIn en diversas páginas: perfil, inicio, buzón, resultados y grupos).

3. Selecciona el público objetivo. Esta es la principal ventaja de LinkedIn Ads, poder segmentar el público mediante perfiles profesionales. Puedes indicar qué miembros de esta red social quieres que vean tus anuncios, eligiendo a los destinatarios en función de su cargo, función, sector, ubicación, edad, sexo, nombre y tamaño de empresa o incluso grupos en LinkedIn a los que pertenecen.

4. Establece un presupuesto diario y una puja sobre cuánto estás dispuesto a pagar por clics o impresiones.

5. Finalmente, haz un seguimiento de tu anuncio para comprobar su funcionamiento y mejorar el rendimiento. Evalúa cuántos clics en el anuncio se tradujeron en clientes reales. Prueba distintas variaciones del anuncio.

9.4 LA ANALÍTICA EN LINKEDIN

LinkedIn ha desarrollado sus propias herramientas de analítica para que los miembros puedan evaluar el rendimiento e impacto de sus acciones en esta red social.

Los miembros de perfiles básicos pueden acceder a datos muy limitados, como **Quién ha visto tu perfil**, quiénes entre sus contactos son los más vistos, o quién ha interactuado con sus actualizaciones (Me gusta, recomendar, compartir y comentar).

Puedes obtener información más amplia si tienes una cuenta premium. Información como el número de visitas que recibes a la semana, el número de apariciones de tu perfil en búsquedas, por qué palabras clave te han encontrado, el sector profesional y origen demográfico de los miembros que han accedido a tu perfil, etc.

Las cuentas premium también te permiten analizar la composición de cualquier grupo de LinkedIn (incluso de aquellos de los que no formes parte). Puedes conseguir una radiografía segmentada de los miembros de los grupos (ubicación geográfica, cargo, antigüedad, sector...), indicadores de volumen, de actividad, etc. Esta información te permite, por ejemplo, identificar a qué grupos podrías dirigir tus campañas publicitarias.

Por supuesto, las páginas de empresa (y de producto) de LinkedIn cuentan con la posibilidad de acceder a su propio recurso de analítica. Si eres un administrador de la página, puedes obtener información relevante sobre su rendimiento, como por ejemplo:

▼ Ver cómo los usuarios interaccionan con las distintas publicaciones.

▼ Identificar tendencias en diferentes parámetros de medición importantes.

▼ Comprender mejor la demografía y las fuentes de tus seguidores.

▼ Comprender mejor el tráfico y la actividad de tu página.

Para acceder a las estadísticas de tu página de LinkedIn, ve a la página de empresa y selecciona la pestaña **Análisis** en la parte superior de la página. Podrás ver datos multimedia de tu página divididos en:

▼ **Actualizaciones**: gráficos con información variada sobre las publicaciones más recientes (impresiones, interacciones...), el alcance (número de veces que han sido vistas) y la participación (número de veces que los miembros han hecho clic, recomendado, comentado y compartido tus contenidos).

▼ **Seguidores**: con información sobre de dónde provienen tus seguidores, su demografía, tendencias y comparaciones competitivas.

▶ **Visitantes**: contiene información sobre los visitantes o las personas que visitan tu página (visualizaciones, clics, visitantes únicos y demografía de los visitantes).

Para acceder a las estadísticas de alguna de tus páginas de productos, ve a tu página, desplázate a la sección **Más páginas de...** a la derecha de la página, y selecciona la página de productos que te gustaría revisar.

9.5 KIT DE HERRAMIENTAS ESPECÍFICAS PARA LINKEDIN

▶ **LinkedIn App**[264]. Versión móvil oficial de LinkedIn para tener toda la información de esta red social en la palma de tu mano, estés donde estés. Con versiones para Android, iOS (iPhone y iPad), Windows Phone y Blackberry. Gratuita.

▶ **LinkedIn Job Search**[265]. Aplicación que, como su propio nombre indica, proporciona las herramientas necesarias para encontrar trabajo, o para que te encuentre él a ti. Puedes recibir automáticamente recomendaciones y notificaciones según tus búsquedas. Todo ello con la máxima discreción. Disponible para iOS y Android. Gratuita.

▶ **Pulse**[266]. App comprada por LinkedIn que sirve para muchas cosas, por ejemplo: como plataforma de *blogging*, para debatir, para agregar noticias, para descubrir contenido relevante e *influencers* relacionados con tu profesión, sector o negocio... Puedes conversar con otros profesionales y recibir alertas y noticias en tu móvil. Disponible para iPhone y Android. Gratuita.

▶ **Simply Measured LinkedIn Analytics**[267]. Completa herramienta que permite analizar la actividad en diferentes redes sociales, y, para el caso que nos ocupa, las páginas de LinkedIn. Elabora excelentes informes de nuestra página de LinkedIn, que podemos recibir por *e-mail*. Si se quiere acceder a las analíticas más avanzadas de Simply Measured, hay que pasarse a la modalidad de pago.

---

264 *https://play.google.com/store/apps/details?id=com.linkedin.android&hl=es*

265 *https://play.google.com/store/apps/details?id=com.linkedin.android.jobs.jobseeker&hl=es*

266 *https://www.pulse.me/*

267 *http://simplymeasured.com/linkedin-analytics/#sm.15r7gj51byleq4wxvtgcdqj2zi*

▶ **Five Hundred Plus**[268]. Herramienta gratuita de CRM pensada para ordenar y gestionar tus contactos profesionales en LinkedIn. Permite organizarte en equipos de trabajo. Sencilla y completa.

▶ **Rapportive**[269]. *Plugin* gratuito para Chrome y Firefox adquirido por LinkedIn, que se integra en tu correo de Gmail (en la columna de la derecha de tu buzón) para proporcionarte información extra de tus contactos (foto, localización, biografía, perfil en LinkedIn…) cuando te envían un correo electrónico. Puedes enviar a tus contactos una invitación a conectar en LinkedIn sin necesidad de salir de Gmail.

▶ **SlideShare**[270]. Aplicación web adquirida por LinkedIn donde se pueden almacenar y compartir presentaciones de diapositivas. Muy extendida entre profesionales y empresas de todos los sectores, es un excelente recurso para enriquecer tu currículum de LinkedIn y promocionar tu marca personal. Gratuita.

▶ **Blink Chat**[271]. Aplicación móvil para chatear en tiempo real con tus contactos de LinkedIn, así como para enviar mensajes para que los puedan recibir cuando se conecten. Puedes compartir fotos, vídeos, texto y mensajes de voz que se autodestruirán a los pocos segundos, al estilo de Snapchat. De este modo, el contenido no queda almacenado en el teléfono y no ocupa memoria.

IDEAS CLAVE

▶ LinkedIn es la red social profesional para establecer relaciones laborales y de negocio. Por eso, todo trabajador o profesional (sea del sector que sea) y empresa (de cualquier tamaño y sector) debe estar en LinkedIn.

▶ Para sacarle todo el partido, LinkedIn debe ser un lugar de información e interacción, que le sirva al usuario para construir una comunidad centrada en torno a su especialidad profesional.

---

268 *http://www.fivehundredplus.com/*

269 *http://rapportive.com/*

270 *http://www.slideshare.net/?ss*

271 *https://play.google.com/store/apps/details?id=com.devicebee.linkedinChat*

▼ Pertenecer a los grupos adecuados de LinkedIn es una excelente manera de estar al día de lo que se cuece en tu industria.

▼ LinkedIn tiene mucha autoridad en Google y es una buena manera de ganar posicionamiento y SEO.

▼ LinkedIn es el canal preferido por los reclutadores para buscar y encontrar candidatos de cualquier lugar del mundo.

▼ Consejos para sacar el mayor partido posible a tu presencia en LinkedIn: ten siempre tu perfil actualizado (fotografía de perfil, titular profesional, extracto, proyectos, trayectoria profesional y académica, URL personalizada…); haz crecer tu red de contactos, pero con sentido; comparte actualizaciones a diario; conversa y conversa; no molestes; únete a grupos especializados; da más de lo que tomas; recomienda; revisa tu configuración de privacidad; pásate a la versión *premium* si necesitas exprimir esta red social.

▼ LinkedIn es una excelente plataforma para captar talento.

▼ Aunque LinkedIn es un lugar propicio para los negocios B2B, no debemos asociar esta red social únicamente con empresas que operan bajo modelos *business to business*, porque lo cierto es que es perfectamente válida para casi todas.

▼ Una alternativa muy interesante que muchas personas desconocen es que LinkedIn permite crear páginas de empresa al estilo de Facebook.

▼ Una página de empresa ayuda a los usuarios de LinkedIn a obtener más información sobre tu negocio, tu marca, tus productos y servicios y sobre las oportunidades laborales que ofreces.

▼ Por medio de su servicio LinkedIn Ads puedes poner en marcha campañas de publicidad segmentadas y dirigidas a los clientes más propensos a necesitar lo que vendes.

▼ LinkedIn ha desarrollado sus propias herramientas de analítica para que los miembros puedan evaluar el rendimiento e impacto de sus acciones en esta red social.

▼ Muchas son las herramientas existentes en el mercado que nos ayudan a aprovechar todo el potencial de LinkedIn.

10

10.1 YOUTUBE: EL REY DEL VÍDEO EN INTERNET

El consumo de vídeo *online* se está disparando en los últimos años, hasta el punto de que hoy más del 25 % de tiempo que dedicamos a Internet es para ver vídeos.

Un boom de consumo de vídeo que también ha llegado al mundo móvil para quedarse. El ordenador de escritorio sigue siendo el dispositivo favorito de los usuarios para ver vídeos en Internet, pero cada vez se consume más vídeo con los móviles (los *smartphones* son los preferidos para vídeos cortos, y las tabletas para los más largos). Entre una cosa y otra, **el vídeo ya es el contenido más demandado en Internet**.

Así pues, en tu estrategia de contenidos no pueden faltar los vídeos *online*. Practica el videomarketing, crea contenido audiovisual de valor para acercarte a tu público, atraerlo y generar un vínculo emocional con él.

El vídeo es un excelente formato para difundir tu mensaje corporativo. Un buen vídeo condensa, resume y ahorra tiempo al usuario, llama más la atención que el texto (entra por los ojos), crea *engagement*, es más fácil de viralizar y, en definitiva, ayuda a vender.

El vídeo vende.

Nada mejor para multiplicar la difusión de tus contenidos audiovisuales que **YouTube**[272], la plataforma de vídeos número 1 del mundo y el destino favorito de los usuarios de Internet para ver y compartir vídeos.

Fundada en febrero del 2005, YouTube es, sin duda, el rey del vídeo en Internet, con más de 1.000 millones de usuarios activos y con más de 300 horas de vídeo subidas a su plataforma cada minuto.

YouTube es el sitio por excelencia para ver, subir o compartir vídeos.

YouTube es la tercera página más visitada del mundo, solo por detrás de Google y Facebook. Presente en prácticamente todo el planeta (el 80 % de sus reproducciones tienen lugar fuera de EE. UU.), YouTube encandila a la gente joven (cada vez son más los jóvenes que deciden ver YouTube antes que la televisión).

Si quieres seducir a los jóvenes, apuesta por YouTube

PARA SABER MÁS
Los youtubers

Realmente, todo propietario de un canal de YouTube es un *youtuber*, dado que publica vídeos de creación propia a través de YouTube.

Pero para ser más precisos en la definición, un *youtuber* es aquella persona que comparte vídeos de elaboración propia en su canal de YouTube, en los que diserta de algo que resulta interesante para un público concreto, como jugar a un videojuego o enseñar a maquillarse.

Algunos *youtubers* –El Rubius, Hola Soy Germán o Rebeca Terán– se han convertido en verdaderos ídolos de adolescentes con millones de espectadores en España y Latinoamérica. Y cada vez se hace más larga la lista de *youtubers* que se ganan la vida con la publicidad que generan sus vídeos.

YouTube triunfa. No en vano es el segundo buscador más utilizado en Internet, tan solo por detrás del buscador de la gran G. Además, pertenece al mismísimo Google, por lo que es una **herramienta excelente para posicionamiento SEO**. YouTube hace que tus contenidos en vídeo sean más fáciles de encontrar por los usuarios que otros formatos.

---

272 *https://www.youtube.com/*

Con todo, YouTube es mucho más que un sitio de alojamiento de vídeos, **es una red social** en la que los usuarios pueden interactuar de diversas maneras:

▸ Pueden crear sus canales y subir sus propias videoproducciones.
▸ Cualquiera puede ver, comentar y compartir un vídeo público de YouTube
▸ Cualquiera puede valorar los vídeos votando a favor o en contra.
▸ Cualquiera puede suscribirse a un canal de otro usuario.
▸ …

PARA SABER MÁS

Así se genera una comunidad social: el caso de los dos centímetros

Eduardo Manchón, exempleado de Google y cofundador de Panoramio, nos explica por qué motivo YouTube triunfó sobre Google Videos cuando la calidad técnica de este segundo era muy superior. ¿La clave? Dos centímetros.

Resulta que la pantalla del vídeo de YouTube era dos centímetros más pequeña que la de Google Videos. Este pequeño detalle provocaba que se pudiesen ver los comentarios y, por lo tanto, aumentar el efecto comunidad.

Con este peculiar ejemplo de los dos centímetros, Manchón argumenta, no sin razón, que en ocasiones el deseo de participar de la gente supera a la mejor tecnología.

YouTube también es una plataforma de publicidad. De uso sencillo (se puede crear una campaña en pocos minutos y medir los resultados), los anuncios en YouTube ayudan a las marcas a llegar a su audiencia de una forma única y fácil de recordar.

En conclusión, YouTube es, sin ningún género de dudas, una excelente herramienta de marketing. Las empresas y negocios pueden emplear YouTube para:

▸ Posicionar mejor la marca en Internet.
▸ Mejorar la presentación de sus productos o servicios.
▸ Dar una imagen más cercana al público.
▸ Anunciarse.
▸ Aumentar el tráfico a su sitio web.
▸ Vender.

10.2 CANAL DE YOUTUBE

Cualquier persona o empresa puede tener su propio canal de YouTube donde subir sus vídeos y, además, completamente gratis.

Para tener tu canal, lo primero que necesitas es tener una cuenta de Google[273], con ella ya puedes iniciar tu sesión de YouTube, ver vídeos, hacer clic en Me gusta y suscribirte a canales, pero no tienes todavía tu propio canal con presencia pública en YouTube.

Necesitas crear un canal de YouTube para poder subir tus propios vídeos en prácticamente cualquier formato moderno, comentar los vídeos de los demás y crear listas de reproducción.

Si no creas un canal, no tendrás presencia pública en YouTube.

PARA SABER MÁS
Pasos para crear tu canal de YouTube

1. Una vez logueado con tu cuenta de Google, haz clic sobre los puntos en forma de cuadrado (arriba a la derecha de la página), y a continuación sobre el icono de YouTube.

2. Ya estás dentro de tu cuenta de YouTube. Ahora dirígete al botón **Mi canal** (arriba a la izquierda) para iniciar la configuración de tu canal y completar tu perfil.

3. Asigna el nombre del canal. Puedes crear un canal personal con el nombre de tu cuenta de Google o crear un canal con el nombre de tu empresa.

4. A continuación **selecciona la categoría** que mejor se ajuste a tus necesidades, acepta las condiciones de uso, guarda los cambios, y voilà, ya tienes tu canal de YouTube.

5. Ahora **debes configurar los aspectos visuales del canal**. Por defecto la foto/avatar que aparece en el parte superior izquierda de tu canal se corresponde con la de tu cuenta de Google. Si lo prefieres, puedes cambiarla y añadir una nueva foto (tamaño 250×250 píxeles). Sube también una foto para la cabecera de portada que esté relacionada con tu marca personal o corporativa (tamaño 2.560×1.440).

6. Ya estás en disposición de subir tu primer vídeo a tu canal de YouTube, algo muy sencillo de hacer y que solo te llevará unos pocos clics.

---

273 *https://accounts.google.com/signup?hl=es*

Cuando subes un vídeo a YouTube su estado predeterminado es **Público**, lo que significa que todo el mundo puede verlo. Si lo deseas, puedes cambiar la configuración de privacidad de tu vídeo para gestionar quién puede verlo. Si seleccionas el estado de **Privado**, ese vídeo solo podrás verlo tú y los usuarios que elijas. Con la opción de **Oculto**, podrás compartir un enlace del vídeo para que solo puedan reproducirlo las personas que lo reciban.

Mientras vas subiendo el vídeo puedes ir cumplimentando la información básica. Piensa cuidadosamente en el título del vídeo. Este ha de describir de la mejor manera posible de qué trata el vídeo, y, lo más importante, contener las palabras clave con las que quieres posicionarlo para que tu público pueda encontrarlo más fácilmente (el título tiene un componente de posicionamiento SEO importante). Por ejemplo, si tu *keyword* es "camping" y en el vídeo muestras cómo usar un cuchillo de caza, entonces puedes titular el vídeo de la siguiente manera: "Camping: cómo limpiar un pescado con un cuchillo de caza".

Utiliza también palabras clave en la **descripción del vídeo**, pero sin saturar; en este apartado es más importante proporcionar información relevante de lo que se muestra en el vídeo. Puedes incluir un enlace clicable (con el "http://" al comienzo) para que los usuarios puedan visitar ese espacio web. Por ejemplo, un enlace a tu tienda *online* si lo que muestras en el vídeo es un producto tuyo a la venta.

El siguiente paso son las **etiquetas**. Aquí sí, pon muchas palabras clave. Tampoco debes repetir otra vez las que ya has utilizado en el titular o la descripción, mejor añade otras que se te ocurran que consideres relevantes para posicionar el vídeo. De este modo, estarás optimizando el vídeo en los resultados de búsqueda de Google y de YouTube.

Trabaja el SEO on-page de tus vídeos (títulos, descripciones y etiquetas) para que tus clientes puedan localizarlos más fácilmente.

Ve a la configuración avanzada del vídeo y rellena las casillas según tus intereses. Aquí puedes restringir o filtrar los comentarios, permitir o prohibir la inserción, dejar que los usuarios puedan o no ver las valoraciones, activar o no restricciones de edad, etc. Y categoriza el vídeo por la temática que mejor lo defina, eso te ayudará a segmentarlo apropiadamente entre tu público objetivo.

Con YouTube también tienes la posibilidad de emitir en directo un evento o cualquier contenido que quieras difundir. Para ello dirígete a la opción **Emisión en directo** y haz clic en **Empezar**. Para poder activar esta función tienes que verificar tu identidad por teléfono; no te preocupes, es realmente sencillo y se concede al instante mediante la recepción de un código (bien mediante SMS o a través de una llamada de voz) que deberás introducir en el cajetín de confirmación. Automáticamente tu canal quedará verificado como **cuenta partner**, de tal manera que ya puedes no solo publicar en *streaming*, sino también subir vídeos de duración superior a 15 minutos, obtener ingresos mostrando anuncios en tus vídeos y personalizar las miniaturas de tus vídeos (que es la imagen congelada que se muestra en los resultados de búsqueda).

PARA SABER MÁS

YouTube en directo: el caso de Red Bull con el salto de Felix Baumgartner

Posiblemente la emisión de evento en directo a través de YouTube más conocida sea la de Red Bull con el salto de Felix Baumgartner desde el espacio, que se convirtió en la emisión con más espectadores simultáneos de la historia en YouTube.

Red Bull Stratos
Fuente: *http://www.redbullstratos.com/gallery/images*

Esta acción fue el mayor éxito de comunicación de Red Bull y una de las campañas de marketing más eficaces de todos los tiempos.

10.2.1 Consejos para sacar el máximo rendimiento a tu canal de YouTube

▶ El material audiovisual que subas a tu canal ha de estar relacionado con la imagen o actividad de tu marca.

▶ Publica vídeos con frecuencia, pero que siempre prime la calidad antes que la cantidad. Y por calidad no nos referimos a que hagas superproducciones (en YouTube funciona mejor el vídeo amateur o casero), sino a la relevancia y originalidad de los contenidos. El contenido del vídeo debe ser útil para tu audiencia.

▶ Sé versátil y varía en la orientación de tus vídeos: corporativos, informativos, tutoriales, de entretenimiento (*storytelling*), eventos en directo, *spots* publicitarios…

▶ Los vídeos, mejor cortos (de no más de tres minutos): tienen más posibilidades de éxito, pues cada vez se consumen más a través del móvil.

▶ Mejora el aspecto de tu canal. Coloca de vídeo de presentación (tráiler) uno que quieras que aparezca de primero de forma destacada.

▶ Crea listas de reproducción claras, es importante que tu canal resulte atractivo y tenga apariencia ordenada.

▶ Añade una llamada a la acción en los títulos de tus vídeos, del estilo "Cómo crear…" o "Tres maneras de usar mejor el producto X".

▶ Interactúa, responde a los comentarios y participa también en los canales de otros *youtubers*.

▶ Conecta tu canal con todos tus espacios virtuales (*website*, blog, redes sociales, tienda *online*…). Con la función **Anotaciones** de YouTube puedes incrustar en tu vídeo un enlace a tu sitio web (por ejemplo, cuando el vídeo en cuestión sea de un producto que vendes en tu *website*).

▶ Personaliza la URL para que los usuarios puedan acceder de forma más sencilla a tu canal (para poder obtener una URL personalizada necesitas tener 100 suscriptores o más).

▶ Sigue el rendimiento de tus vídeos a través de la pestaña de **Analytics** de tu canal de YouTube.

PARA SABER MÁS
Canales de YouTube de éxito

Son muchos los artistas famosos que tienen sus propios canales de YouTube, algunos de ellos con decenas de millones de suscriptores, como Justin Bieber, Rihanna o Katy Perry.

En YouTube también destacan canales de algunos medios de comunicación y agencias informativas como Reuters y la BBC; y por supuesto los canales de marcas de gran consumo como Red Bull, Nike o Hugo Boss.

10.3 PUBLICIDAD EN YOUTUBE

YouTube funciona, además, como **plataforma publicitaria**. Puedes comenzar a lanzar anuncios en vídeos de YouTube si tienes una cuenta en **Google AdWords**[274].

Disponemos de varios tipos de anuncios de YouTube que podremos elegir en función de nuestros objetivos.

▸ **Anuncio in-stream**. Son esos anuncios que se insertan antes (*pre-roll*), durante (*mid-roll*) o después (*post-roll*) del vídeo principal y que se deben ver hasta el final. Pueden tener una duración máxima de 30 segundos. Procura no abusar de este formato de anuncio, pues es claramente intrusivo (obliga al usuario a ver el anuncio entero).

▸ **TrueView in-stream**. Anuncios que también se insertan antes, durante o después del vídeo principal, pero que los usuarios se pueden saltar después de cinco segundos (haciendo clic en el botón **Skip Ad**). Es un formato de anuncio menos intrusivo, dado que es saltable. Para el anunciante tiene la ventaja de que solo pagará si al usuario le interesa el anuncio, con lo que, independientemente de la opción que elija, contará con cinco segundos para presentar su marca o producto de forma gratuita.

▸ **Anuncio in-video**. Anuncios de superposición (*overlay*) semitransparentes que se muestran en la parte del 20 % inferior del vídeo.

---

274 *https://www.google.es/adwords/*

▼ **Anuncio de display.** Anuncios de *banners* (tamaños de 300×250 y 300×60 píxeles) que se muestran al lado del vídeo que se está reproduciendo, en concreto a la derecha y sobre la lista de sugerencias de vídeo.

▼ Por otro lado están los **anuncios promocionales** que aparecen en la parte superior de los resultados de búsqueda de YouTube según los términos de búsqueda del usuario (*in-search*) y en la Web (en los sitios web de *partners*).

PARA SABER MÁS

Shopping Ads: anuncios de YouTube con botón de compra directa

¿Comprar a través de un vídeo de YouTube? En eso consiste **Shopping Ads**, el nuevo formato publicitario de YouTube que permite a los usuarios comprar los productos que están viendo.

Pongamos un simple ejemplo para entender cómo funciona. Supongamos que elaboro un vídeo tutorial sobre uno de los productos que tengo a la venta, y he decidido que este vídeo incluya el formato publicitario de Shopping Ads, de tal manera que dentro del mismo se muestra un botón de llamada a la acción para que el usuario pueda comprar el producto simplemente clicando sobre el botón.

Fuente: *http://adwords.blogspot.com.es/2015/05/introducing-trueview-for-shopping-new.html*

¿Cuánto cuestan los anuncios de YouTube? Tienes control completo de tu presupuesto diario, así que gastarás únicamente lo que quieras (estableces la puja máxima que no quieras superar). Además, con todos los formatos de anuncio que pertenecen a la familia TrueView, solo pagarás cuando los usuarios decidan ver tu anuncio (por visualización o clic), no cuando se publique una impresión.

¿Para quién puedo segmentar mi anuncio? YouTube tiene varias opciones de segmentación que te ayudarán a llegar al cliente adecuado para tu negocio. Puedes segmentar el anuncio por edad, sexo, ubicación, intereses, palabras clave, *remarketing*, etc.

¿Cómo puedo medir los resultados de mis campañas? YouTube tiene Analytics integrado para que sea más que sencillo ver el rendimiento de tu anuncio (a Analytics se accede logueado como usuario del canal). También puedes ajustar el anuncio en cualquier momento y publicar varios anuncios a la vez para, de este modo, ver cuál de ellos es el que mejor funciona con tu audiencia.

En **esta página oficial de Google Vídeo Ads**[275] se explica paso a paso cómo crear y configurar tu campaña de anuncios en YouTube.

PARA SABER MÁS

YouTube Red, servicio de pago para librarse de los anuncios de YouTube

....

YouTube Red[276] es el nuevo servicio de pago de la plataforma de vídeos de Google que permite a los usuarios suscribirse por una cuota mensual (diez dólares al mes) y disfrutar de todos los contenidos de YouTube sin anuncios ni interrupciones. Los usuarios de pago, además de librarse de la publicidad, pueden acceder a contenidos exclusivos e incluso ver vídeos sin tener conexión a Internet.

....

10.4 LA ANALÍTICA EN YOUTUBE
....

YouTube te ofrece un potente conjunto de herramientas de analítica integrado en el sitio: **YouTube Analytics**[277].

---

275 *https://www.google.es/ads/video/advertisers/guide.html*

276 *https://www.youtube.com/red*

277 *https://www.youtube.com/analytics*

Fácil de usar, YouTube Analytics te permite, como propietario de un canal de YouTube, estudiar al detalle el impacto de tus vídeos, descubrir los que funcionan y fallan, y por qué motivo. Se trata de una información muy útil cuando lo que buscas es convertir a los espectadores de tus vídeos en clientes.

YouTube Analytics es la herramienta de estadísticas perfecta para saber si tus vídeos están generando impacto.

Puedes conocer el número de visitas, las visualizaciones y el tiempo de visualización de tus vídeos. El tiempo de visualización, es decir, el tiempo que permanece la gente viendo tus vídeos, es una métrica más útil que simplemente limitarse a contar las reproducciones, pues te ayuda a conocer la calidad de tus vídeos y a descubrir de qué manera puedes mejorarlos para transmitir el mensaje adecuado a tu audiencia.

YouTube Analytics también te permite saber desde qué dispositivo ha visto la gente tu vídeo. Esta es una información muy valiosa, puede que descubras que la mayor parte del público que ve tus vídeos lo haga desde un dispositivo móvil, con lo que deberías enfocar la creación y edición de tus vídeos para la experiencia móvil (con una duración menor y el texto en mayor tamaño).

También puedes analizar cómo llegan los usuarios a tus vídeos (fuentes de tráfico), si vienen desde una búsqueda de YouTube, si proceden de páginas que te enlazan, si provienen de las redes sociales o de poner directamente el nombre de tu vídeo en Google.

Además, puedes **estudiar el perfil de tu espectador**; por ejemplo, su edad. Puede que te lleves una sorpresa y que tus espectadores sean mayores o menores de lo que esperabas. Esta información te permitirá ajustar mejor tus anuncios.

Como es de suponer, con YouTube Analytics puedes analizar el rendimiento de tus anuncios.

Y por supuesto, puedes estudiar cómo interacciona la audiencia con tus vídeos: suscriptores conseguidos y perdidos, **Me gusta** y **No me gusta**, favoritos, comentarios, comparticiones, etc.

Si lo deseas, puedes visualizar las analíticas de YouTube usando Google Analytics, y centralizar ahí la información que necesitas.

10.5 KIT DE HERRAMIENTAS ESPECÍFICAS PARA YOUTUBE

▼ **YouTube Analytics**[278]. Recurso gratuito de analítica que ofrece YouTube para conocer mejor el impacto que generan tus vídeos en este canal. Mide el rendimiento en general: visitas, visualizaciones, tiempo de visualización, ubicaciones de visualización, desde qué dispositivo se han visualizado, fuentes de tráfico, el perfil de tu espectador… También mide el rendimiento de tus anuncios.

▼ **Strike Social**[279]. Herramienta gratuita que analiza el rendimiento de tu canal de YouTube. Permite saber el número total de vistas, el número de suscriptores, los vídeos que se comparten semanalmente en las redes sociales, los comentarios que realizan los usuarios en los vídeos, y las veces que un vídeo es compartido o insertado en otro sitio web.

▼ **YouTube Capture**[280]. Es una aplicación gratuita de YouTube para crear vídeos en un abrir y cerrar de ojos, estés donde estés. Con esta herramienta, muy fácil de usar, puedes grabar videoclips con tu móvil, editarlos (recortar, reagrupar, agregar banda sonora…), subirlos a tu canal de YouTube y compartirlos en tus redes sociales.

▼ **YouTube Trends**[281]. Otro servicio gratuito de YouTube que permite saber cuáles son los vídeos más vistos y compartidos del momento. Puedes hacer filtros para encontrar los vídeos más vistos por país (o localidad en EE. UU.), y según sexo o edad de los usuarios, y realizar comparaciones demográficas. También puedes saber qué vídeos son lo más vistos y compartidos en Facebook y Twitter en las últimas 24 horas.

▼ **YouTube Tab**[282]. Aplicación para mostrar el canal de marca de YouTube en tu página de Facebook.

---

278 *https://www.youtube.com/analytics*

279 *https://www.strikesocial.com/*

280 *https://www.youtube.com/capture*

281 *https://www.youtube.com/trendsdashboard#loc0=esp*

282 *https://apps.facebook.com/youtube-app/*

IDEAS CLAVE

▼ El vídeo ya es el contenido más demandado en Internet y un excelente formato para difundir el mensaje corporativo.

▼ YouTube es el sitio por excelencia para ver, subir o compartir vídeos.

▼ YouTube es una herramienta excelente para posicionamiento SEO. Hace que tus contenidos en vídeo sean más fáciles de encontrar por los usuarios que otros formatos.

▼ YouTube es una red social, los usuarios pueden interactuar de diversas maneras.

▼ YouTube también es una plataforma de publicidad.

▼ Necesitas crear un canal de YouTube para poder subir tus propios vídeos y tener presencia pública en esta plataforma social.

▼ A la hora de configurar tu canal: asigna un nombre, selecciona una categoría y configura los aspectos visuales.

▼ Cuando subas un vídeo, configura la privacidad para gestionar quién puede verlo (público, privado u oculto).

▼ Trabaja el SEO *on-page* de tus vídeos (títulos, descripciones y etiquetas) para que tus clientes puedan localizarlos más fácilmente. Categorízalos por la temática que mejor los defina, a fin de segmentarlos apropiadamente entre tu público objetivo.

▼ Emite en directo un evento o cualquier contenido que quieras difundir. Para poder activar esta función tienes que verificar tu cuenta.

▼ Consejos para sacar el máximo rendimiento a tu canal de YouTube: tus vídeos han de estar relacionados con la imagen o actividad de tu marca; publica con frecuencia; el contenido del vídeo debe ser útil para tu audiencia; sé versátil en la producción; preferiblemente vídeos cortos; coloca un tráiler representativo; crea listas de reproducción claras; interactúa; conecta tu canal con todos tus espacios virtuales; personaliza la URL; sigue el rendimiento de tus vídeos.

▼ Hay varios tipos de anuncios de YouTube que puedes elegir en función de tus objetivos: anuncio *in-stream* (no saltable), *TrueView in-stream* (saltable), anuncio *in-video* (superposición), anuncio de *display* (*banner*), y anuncios promocionales (*in-search* y en la Web).

▼ YouTube Analytics es la herramienta de estadísticas perfecta para saber si tus vídeos están generando impacto.

▼ Puedes sacarle más partido a YouTube con herramientas especializadas.

11

TEMA 7. INSTAGRAM

11.1 INSTAGRAM: JOVEN, MÓVIL Y A LA MODA

Tras el boom inicial de redes sociales como Facebook y Twitter, comienzan a surgir nuevas plataformas sociales más especializadas, que no buscan tener al usuario cautivo todo el día sino que pretenden cubrir pequeños momentos.

Así es como en el año 2010 surgió **Instagram**[283]**, una red social y aplicación móvil para compartir fotos**. No pretendía hacer mucho más que eso: captar y compartir el momento desde el móvil. Una "banalidad" que le ha servido para ser adquirida por Facebook en 2012 por 1.000 millones de dólares y convertirse en la red social con mayor crecimiento de la historia, con más de 400 millones de usuarios registrados en apenas cinco años (de los cuales 200 lo son de manera activa).

> *"Le llamamos Instagram porque sentimos que captaba lo mejor que hacía: un telegrama instantáneo".*

Kevin Systrom, cofundador de Instagram

Considerada inicialmente como un "Twitter de fotos", Instagram engancha a los usuarios, sobre todo a los jóvenes, porque **permite compartir imágenes de su vida cotidiana** (fotografías y vídeos de hasta 15 segundos) desde cualquier lugar con solo pulsar un botón, y, por supuesto, gratis.

_____

283 *https://instagram.com/*

Ágil y fácil de usar, Instagram incluye, además, sencillas **prestaciones de filtrado y retoque de imagen** retro al estilo Polaroid que hacen que cualquier usuario se sienta un buen fotógrafo. Además, permite geolocalizar las fotos y decir exactamente dónde han sido tomadas.

Cabe destacar que Instagram es una **excelente plataforma si tu objetivo es generar engagement**. Los estudios demuestran que se trata de la red social que más comentarios y *likes* genera. Algo que ya están aprovechando las marcas, empresas y *celebrities* para interactuar con su público.

En Instagram las personas se animan a participar e interactuar más que en otras redes sociales.

La foto con más likes en la historia de Instagram. La modelo Kendall Jenner, mostrando su peinado de corazones: 3,3 millones de **Me gusta**, y más de 150.000 comentarios.

PARA SABER MÁS
Cómo crear tu cuenta de Instagram

Lo primero que debes hacer es descargarte la app de Instagram en tu dispositivo móvil. Instagram es, principalmente, una aplicación para *smartphones*: solo después de haberla descargado en tu móvil y de haber creado una cuenta podrás usarla también en la versión de escritorio.

Una vez instalada la aplicación, toca el logo de la cámara de fotos de Instagram para abrirla.

Toca **Iniciar sesión** y, a continuación, introduce tu dirección de correo. Toca **Siguiente** o toca **Iniciar sesión con Facebook** para iniciar sesión con tu cuenta de Facebook.

Si te registras con tu dirección de correo electrónico, crea un nombre de usuario y una contraseña, rellena la información de tu perfil y toca **Cerrar**. Si te registras con Facebook, se te pedirá que inicies sesión en tu cuenta, si no lo has hecho ya.

Enhorabuena, ya tienes tu cuenta de Instagram y ya puedes compartir fotos y vídeos cortos. Pero antes de nada, empieza a añadir contactos a tu red. Puedes seguir a cualquier usuario que tú quieras, desde tus mejores amigos hasta tus celebridades favoritas, pasando por las marcas que más te gustan.

Del mismo modo, cualquiera puede seguirte a ti. Por defecto tu cuenta de Instagram es pública, pero si lo deseas puedes fácilmente cambiar la configuración de privacidad para que solo las personas que tú apruebes puedan ver tus fotos y vídeos en Instagram. Si quieres que te pidan autorización, toca la pestaña **Perfil**, toca el ícono del engranaje y luego desplázate hacia abajo y activa el interruptor de **Cuenta privada**.

11.1.1 Cómo usar Instagram

▸ **Optimiza tu perfil**. En Instagram se cumple al 100 % el dicho de "una imagen vale más que mil palabras", así que da ejemplo con una buena foto de perfil sencilla y representativa (tamaño 110×110 píxeles). Por otro lado, tu nombre de usuario debería ser el tuyo para que la gente pueda localizarte y referenciarte fácilmente. En la bio describe a los demás qué se van a encontrar en tu perfil y quién hay detrás de él.

▸ **Cuenta historias**. Las fotos pueden contar una historia y muchas veces más rápido y mejor que las palabras, e Instagram es el lugar perfecto para la narración visual. Ilustra con imágenes experiencias emocionales que puedan llegar a los usuarios y que después quieran compartir.

- **¡Creatividad!** Busca la originalidad en tus publicaciones. Es clave conectar con la comunidad creando contenido visual nativo. Comparte momentos únicos, diferentes y llamativos (utiliza los filtros), que puedan llegar a conseguir el "flechazo".

Instagram triunfa porque transmite emociones a través de imágenes artísticas.

- **Muestra un lado humano**. Deja tu sello, aporta tu toque personal. Comparte fotos cotidianas y cercanas. Transmite simpatía.
- **Publica con regularidad**. Que se note que tu cuenta está activa. Actualiza periódicamente. Pero no abuses (publica las fotos justas) ni te repitas.
- **Describe tus imágenes**. Pon un nombre y redacta una descripción para cada imagen que compartas en Instagram, a fin de que sea más fácilmente localizable e identificada. Los motores de búsqueda no pueden "ver" las fotografías. Con buenos títulos y descripciones de las imágenes, se estará dando a estos motores los términos que requieren para indexar las fotografías. Incluye, además, la ubicación de tu foto o vídeo si consideras que ayuda a interpretar la imagen.
- **Interactúa**. Además de compartir imágenes, interactúa con otros usuarios. Comenta las imágenes de los demás, pulsa **Me gusta**, menciona a otros, etiqueta a gente en tus fotos (sin abusar), responde a los comentarios y @ menciones, sigue a usuarios con tus intereses y comparte sus imágenes... Y como en Facebook, no pidas **Me gusta** para tus publicaciones, queda muy mal.
- **Utiliza hashtags**. Las etiquetas son un instrumento muy útil para que los usuarios puedan encontrar tus fotos. Además, ayudan en el posicionamiento y a que te descubra la gente. Puedes poner varios *hashtags* por foto, pero hazlo de forma apropiada, que los que pongas tengan sentido con el mensaje que quieres transmitir en la imagen que compartes. Con dos o tres *hashtags* por publicación es más que suficiente.
- **Publica vídeos también**. No te limites a las fotos, sube también vídeos cortos de vez en cuando. El vídeo genera más *engagement* social que las fotos. Aprovecha la ocasión y, cuando lo consideres oportuno, comparte también estos vídeos de Instagram en tu sitio web y en tus redes sociales para aumentar su difusión.

- **Establece Instagram como tu aplicación por defecto para compartir fotos**. Realmente no tienes que preocuparte por Facebook o Twitter, es muy fácil compartir tus fotos de Instagram a través de estos gigantes de las redes sociales. Vincula tu cuenta de Instagram a Facebook y a otros sitios de terceros. Y aprovecha para promocionarte: anuncia a los contactos de tus redes sociales que estás en Instagram.

- **Busca y explora**. Toca la pestaña de la lupa para descubrir personas, ubicaciones y publicaciones que puedan ser relevantes para ti. También puedes explorar los *hashtags* populares y las cuentas destacadas.

11.2 INSTAGRAM FOR BUSINESS

Cada vez más utilizada por los jóvenes, Instagram es tendencia casi obligatoria si se venden productos dirigidos a este tipo de público.

PARA SABER MÁS

Perfil de usuario de Instagram

Esta red social engancha sobre todo a usuarios menores de 40 años que viven en zonas urbanas y a los que les gusta la moda. Además, el 65 % de sus seguidores son mujeres. Así pues, para una marca de moda, por ejemplo, es esencial tener presencia en Instagram, ya que es donde está su *target*.

A diferencia de otras redes sociales, Instagram no permite crear cuentas separadas para uso profesional y personal. **No hay páginas específicas para marcas o empresas**. Así pues, si vas a usar Instagram para tu negocio, ten en cuenta que su aspecto y funciones serán las mismas que las de cualquier cuenta personal. Por lo tanto, asegúrate de dar de alta tu cuenta de negocio en Instagram con el nombre de tu marca.

Además de los consejos generales de uso de Instagram mencionados anteriormente, a continuación vamos a indicar lo que una empresa o negocio debe hacer para sacar el máximo partido a esta plataforma visual.

- **Define tus objetivos**. Instagram puede ser una gran herramienta de marketing, pero sin metas ni estrategia definida se convertirá en una pérdida de tiempo y recursos. Piensa bien cómo encajar esta red social en tu estrategia de marketing de la marca. ¿Para qué quieres estar en Instagram? ¿Con qué objetivos?

▶ **Promociona la marca** compartiendo imágenes originales asociadas al negocio. Busca un equilibrio entre imágenes divertidas e imágenes promocionales, pero, eso sí, cerciórate de que, de una u otra manera, digan algo significativo acerca de lo que haces y vendes. Por ejemplo, puedes compartir fotografías y vídeos de tus productos, sobre cómo usarlos, cómo se hacen (si eres el fabricante), sobre la cultura de empresa y el ambiente de trabajo, los eventos que organices, curiosidades, etc. En definitiva, trabaja el *brand personality*.

Gracias al poder que tiene la imagen visual, Instagram es una excelente plataforma para comunicar los valores y creencias de tu marca, y reforzar el sentimiento de pertenencia.

▶ **Cuida tu perfil**. Tu nombre de usuario y descripción de la bio deben representar claramente a tu marca. Para la foto del perfil se recomienda usar el logotipo de tu marca o un símbolo gráfico. Y no te olvides de añadir un enlace a tu sitio web.

▶ **Explota el visual engagement**. Instagram es la red social que más usa la gente para seguir a sus marcas favoritas y dejar comentarios. Se trata, por lo tanto, de una plataforma visual propicia para promocionar tus productos y fomentar el vínculo emocional con tu público. Aprovecha y haz preguntas en los pies de tus fotos para que la gente participe.

Instagram tiene un enorme potencial de customer engagement.

▶ **Organiza concursos, sorteos y promociones** entre tu comunidad de seguidores. Esto te ayudará a conquistar a tu público objetivo y aumentar tus ventas. Por ejemplo, si tienes una tienda de gafas, puedes organizar un concurso donde tus seguidores compartan un *selfie* con un par de gafas de tu marca; el premio para el ganador podría ser tu último modelo de gafas.

▶ **Utiliza los anuncios de Instagram**. Con más de 400 millones de usuarios y con un índice de participación muy alto, Instagram es una comunidad muy atractiva para anunciarse con imágenes llamativas.

▶ **Trabaja el Instagram Commerce**. Si tienes una tienda *online*, puedes incluir en todas tus fotografías de producto un botón de compra o enlace con el fin de vender de forma directa o redirigir al usuario al punto de venta *online*. No te olvides de incluir el precio en estas fotografías de producto.

▶ **Trabaja el "marketing con influencers"**. Un *influencer* pertinente puede ser el mejor embajador de tu marca, un altavoz muy poderoso para llegar a muchos más seguidores de los que podrías conseguir de forma orgánica. Colabora con *influencers* afines a tu marca y cercanos a tus seguidores. Digamos que tienes una firma de moda y consigues que un conocido *instagramer* con una buena legión de seguidores (como un futbolista de élite o una actriz de éxito) suba un *selfie* a su Instagram vestido con una prenda de tu colección y mencionando tu marca en el pie de foto (me gustaría saber cuánto cobran o ganan los famosos y las modelos por recomendar una marca en Instagram, debe ser un pastizal…).

▶ **Haz un seguimiento de tu actividad en Instagram**. Con herramientas externas como IconoSquare, PicStats o Hootsuite puedes medir el alcance de tus publicaciones en Instagram.

PARA SABER MÁS
Sectores y marcas que utilizan Instagram con éxito

Está claro que sectores como la moda y la belleza no pueden faltar en Instagram. Marcas como H&M, Victoria's Secret, L'Oréal Paris o Dolce&Gabbana ya tienen millones de seguidores en esta red social.

También los sectores de los viajes (Vueling), la gastronomía (Starbucks) y el deporte (Converse) son muy propicios para esta plataforma visual.

Y, por supuesto, los famosos, quienes la usan para mostrarse públicamente en diferentes ámbitos de su vida. *Celebrities* como Kim Kardashian, Beyoncé, Jessica Alba o Pau Gasol, cuyas cuentas consiguen millones de seguidores y una participación muy elevada.

Todos estos ejemplos pueden llevar a pensar que esta red social y aplicación móvil sirve solo para ciertos sectores y grandes marcas con elevados presupuestos. Nada más lejos de la realidad. Instagram es un excelente escaparate de promoción para los pequeños negocios. En el **blog oficial de Instagram for Business**[284] puedes ver muchos ejemplos de casos de éxito de pequeñas empresas que han sabido sacar el máximo partido a esta red social.

---

284 *http://blog.business.instagram.com/*

11.3 ANUNCIOS DE INSTAGRAM

Desde el 2015 los anuncios de Instagram[285] están disponibles a nivel mundial para todas las empresas, grandes y pequeñas.

Sin duda, una oportunidad publicitaria muy interesante para los negocios. Máxime si tenemos en cuenta que es muy posible que el alcance orgánico en Instagram sea cada vez menor, por lo que, al igual que en Facebook, las marcas necesitarán hacer publicidad para que su presencia en esta red social tenga sentido.

Cualquier persona puede crear anuncios para Instagram a través de la API de anuncios de Facebook[286] o por medio de **Power Editor**[287]. Lo único que necesitas es tener una cuenta publicitaria en Facebook. Asegúrate de vincular tu cuenta de Instagram con tu página de Facebook (entra en tu página, ve a configuración, selecciona **Anuncios de Instagram**, y conecta la cuenta de Instagram).

Tu anuncio de Instagram aparecerá en la sección de noticias de los usuarios, junto con el resto de imágenes, y se diferenciará de las publicaciones orgánicas porque se mostrará etiquetada con la palabra "Publicidad" en la esquina superior derecha.

Como es de suponer, la segmentación del público será la misma que para los anuncios de Facebook: por lugares, edad, sexo, idioma, estado civil, intereses…

Tu anuncio de Instagram puede aparecer en diversos formatos. Para las fotos puedes elegir entre una imagen cuadrada u horizontal. Además, puedes publicitar vídeos de hasta 30 segundos y 30 MB. Estos anuncios se componen de cuatro secciones:

▼ Tu imagen del perfil.

▼ Imagen o vídeo que has elegido para tu anuncio.

▼ Botón de llamada a la acción, con diversas opciones posibles en función del objetivo del anuncio (comprar, descargar, contactar…).

▼ El texto del pie de tu anuncio (máximo 300 caracteres), que debe ser lo más explícito e incentivador posible.

---

285 *https://business.instagram.com/advertising/*

286 *https://developers.facebook.com/docs/ads-api*

287 *https://www.facebook.com/ads/manage/powereditor*

Ejemplo de anuncio en Instagram

Asimismo, en un mismo anuncio tienes la posibilidad de mostrar un carrusel de imágenes. De este modo, una tienda *online*, por ejemplo, puede exponer en una sola publicación varias instantáneas de su catálogo de productos o varias imágenes con las diferentes propiedades o perspectivas de un mismo producto.

El sistema de pago que se aplica a los anuncios de Instagram es el mismo que el de Facebook. Eso sí, de momento, quizá por la novedad, es mucho más barato anunciarse en Instagram y, además, está consiguiendo tasas de conversión muy altas. Como siempre en publicidad *online*, lo mejor es crear diferentes anuncios para una misma campaña, así podrás determinar qué estilo prefiere tu público y cuál te sale más económico.

11.4 LA ANALÍTICA EN INSTAGRAM

En el momento de escribir estas líneas, Instagram no ha facilitado todavía un recurso propio para analizar nuestra presencia en esta red social.

No obstante, esta plataforma visual tiene liberada (no mucho) su API, así que tenemos algunas herramientas disponibles dedicadas a obtener estadísticas e informes sobre la actividad de cualquier cuenta de Instagram. Veremos algunas de ellas en el siguiente apartado.

Sea cual sea la herramienta de analítica que finalmente utilices, **los indicadores principales que deberás vigilar en Instagram son**:

- Evolución (crecimiento/decrecimiento) de tus seguidores.
- *Engagement* por publicación (**Me gusta** y comentarios por cada publicación).
- Tasa de *engagement* (promedio de **Me gusta** y comentarios dividido entre el número total de seguidores que tienes).
- Ratio de cliqueo (CTR) en los enlaces y botones de llamada a la acción (visitas hacia tu *website* o tienda *online*).
- Número de comparticiones fuera de Instagram.
- Impacto de tus *hashtags* y de la competencia.

11.5 KIT DE HERRAMIENTAS ESPECÍFICAS PARA INSTAGRAM

- **IconoSquare**[288]. Antes llamada Statigram, es la herramienta por excelencia de medición de Instagram. Proporciona estadísticas de tus fotos, los *likes* recibidos, el número de comentarios, los usuarios que más interactúan contigo, curva de evolución de tu comunidad, que *hashtags* de los que has utilizado han tenido mejor respuesta… Puedes administrar tu cuenta de Instagram desde la web. Y también puedes promocionar tu perfil en otras plataformas (por ejemplo, te permite crear una pestaña de Instagram en tu página de Facebook). Con versiones gratuita y de pago.

- **SumAll**[289]. Aplicación web gratuita para seguir tu actividad en Instagram. Te ayuda a conocer a tus seguidores y a saber qué tipo de fotos o vídeos de los que publicas funcionan mejor. Hace comparativas con períodos anteriores y calcula cuál será la tendencia para los próximos días.

---

288 *http://iconosquare.com/*
289 *https://sumall.com/*

▼ **PicStats**[290]. Herramienta gratuita para conocer las estadísticas de cualquier cuenta de Instagram, y no solo la tuya, por lo que es útil para analizar a la competencia. Proporciona un informe visual con datos sobre quiénes son los usuarios que con mayor frecuencia interactúan con las publicaciones, que *hashtags* son los que consiguen más respuestas, las horas y días con más público, entre otras cosas.

▼ **Simply Measured para Instagram**[291]. Informe gratuito para Instagram proporcionado por la plataforma de analítica para *social media* de Simply Measured. El informe analiza el *engagement* de nuestra marca en Instagram, identificando las fotografías que mejor están funcionando.

▼ **Postris**[292]. Herramienta gratuita para crear nuestro *dashboard* personalizado de Instagram. Visual, intuitiva y fácil de usar, permite monitorizar usuarios y *hashtags*, así como conocer tendencias en Instagram que además puedes segmentar por localización de las imágenes.

▼ **Instagram Sweepstakes**[293]. Aplicación que sirve para crear sorteos entre tus seguidores de Instagram o entre aquellos usuarios a los que les gusten unas determinadas fotografías o vídeos de tu perfil. Permite seleccionar a un ganador aleatorio y descargarte un informe con los datos de tus participantes. De pago.

▼ **Hyperlapse**[294], **Layout**[295] y **Boomerang**[296]. Tres aplicaciones para iOS (Boomerang también está disponible para Android) destinadas a editar tus imágenes y vídeos con filtros especiales de Instagram y otros efectos creativos. Gratuitas.

▼ **Latergram**[297]. Herramienta para programar y gestionar tus publicaciones de Instagram. Con versiones gratuita y de pago.

▼ **Facebook Instagram Feed Tab for Pages**[298]. Aplicación para instalar el *feed* de Instagram en tu página de Facebook. Gratuita y de pago.

---

290 *http://picstats.com/*

291 *http://simplymeasured.com/freebies/instagram-analytics*

292 *http://postris.com/*

293 *https://www.cool-tabs.com/aplicaciones/instagram-sweepstakes*

294 *http://blog.instagram.com/post/95829278497/hyperlapse-from-instagram*

295 *http://blog.instagram.com/post/114416360957/layout-from-instagram*

296 *http://blog.instagram.com/post/131684343987/boomerang-from-instagram*

297 *https://www.latergram.me/*

298 *https://www.facebook.com/games/instagram_feed/*

IDEAS CLAVE

▶ Instagram es una red social y aplicación móvil para compartir fotos y vídeos de hasta 15 segundos.

▶ Instagram es una excelente plataforma si tu objetivo es generar *engagement*. Los estudios demuestran que se trata de la red social que más comentarios y *likes* genera.

▶ Consejos para usar Instagram: optimiza tu perfil; cuenta historias; sé creativo; muestra un lado humano; publica con regularidad; describe tus imágenes; interactúa; utiliza *hashtags*; publica vídeos también; establece Instagram como tu aplicación por defecto para compartir fotos; busca y explora…

▶ Cada vez más utilizada por los jóvenes, esta aplicación móvil es tendencia casi obligatoria si se venden productos enfocados a este tipo de público.

▶ Instagram no permite crear cuentas separadas para uso profesional y personal. No hay páginas específicas para marcas o empresas.

▶ Consejos para usar Instagram como marca, además de los consejos generales de uso ya mencionados: cuida tu perfil; explota el *visual engagement*; organiza concursos, sorteos y promociones; utiliza los anuncios de Instagram; trabaja el Instagram Commerce; colabora con *influencers*; haz un seguimiento de tu actividad en Instagram.

▶ Desde el 2015 los anuncios de Instagram están disponibles a nivel mundial para todas las empresas, grandes y pequeñas.

▶ El funcionamiento de los anuncios de Instagram (sistema, segmentación, modalidades de pago…) es el mismo que el de Facebook.

▶ Tu anuncio de Instagram puede aparecer en diversos formatos. Para las fotos puedes elegir entre una imagen cuadrada u horizontal. Además, en un mismo anuncio tienes la posibilidad de mostrar un carrusel de imágenes. Por otro lado, también puedes publicitar vídeos de hasta 30 segundos.

▶ Instagram no ha facilitado todavía un recurso propio para analizar nuestra presencia en esta red social, pero ha liberado algo su API, así que tenemos algunas herramientas disponibles dedicadas a obtener estadísticas e informes sobre la actividad de cualquier cuenta de Instagram.

TEMA 8. PINTEREST

12.1 PINTEREST: ELEGANTE PUESTA EN ESCENA

Pinterest[299] **es una red social para coleccionar y compartir imágenes** (fotografías, infografías, vídeos…) denominadas "pines", que se pueden organizar y clasificar en diferentes tableros temáticos.

Se trata de una **plataforma totalmente visual**, donde la gente entra para descubrir y guardar ideas creativas, como pueden ser imágenes de interés, sitios que visitar, recetas, artículos para leer después…, además de poder compartirlo con nuestros seguidores y seguir a usuarios o tableros con intereses comunes.

Pinterest te permite conectar con personas a través de intereses en común, además de ser un lugar donde inspirarte para tus proyectos.

12.1.1 Algunos datos y cifras de Pinterest

▼ Creada en 2010, es una de las redes sociales con mayor crecimiento y penetración de los últimos años.

▼ Tiene más de 100 millones de usuarios activos.

▼ Alrededor del 70 % son mujeres.

---

299 *https://es.pinterest.com/*

▼ La edad del usuario medio va desde los 18 a los 45 años.

▼ El número de usuarios internacionales (de fuera de EE. UU.) no deja de crecer y ya casi representa un 50 % del total.

▼ El 20 % entra al menos una vez al día, y el tiempo medio de visita es de 14 minutos.

▼ El 70 % del total de sus usuarios procede desde dispositivos móviles.

▼ Un 30 % la usa de forma pasiva, para ver pines, pero no publica regularmente.

12.1.2 Pines

Los pines son marcadores visuales, que pueden ser casi cualquier cosa (una foto, una receta, un producto…), y que pueden incluir descripciones y enlaces a sitios web.

El concepto de pin parte de la clásica forma que tenemos las personas de recordar algo importante (pinchando un papel con el texto recordatorio en un tablero de corcho).

Puedes guardar ("pinear") todo lo que encuentres en la web (podrás hacerlo con un solo clic si has añadido antes el **botón de Pinterest para el navegador**[300]). También puedes acceder a Pinterest y echar un vistazo para ver lo que otras personas han encontrado. Si descubres un pin que te parece interesante, guárdalo para ti.

12.1.3 Tableros

Los pines se guardan en tableros. Puedes crear tableros para todo lo que quieras: añadir mapas de lugares a tu tablero **Mapas**, añadir citas a tu tablero **Quotes**, o añadir infografías relacionadas con tu profesión a tu tablero **Infografías**. La gente puede seguir los tableros cuyos pines les gusten, como alguno de los tuyos.

Los tableros permiten recopilar y organizar pines.

También puedes crear tableros secretos o grupales. Si, por ejemplo, rediseñas tu ático, puedes invitar a familiares o incluso al diseñador de interiores al tablero correspondiente. Si el proyecto es para un asunto particular, crea un tablero secreto al que solo tendrás acceso tú o las personas a las que quieras invitar.

_____

300 *https://help.pinterest.com/articles/add-pin-it-button-your-browser*

12.1.4 Feed de inicio

Cuando inicies sesión en Pinterest verás tu *feed* de inicio, que contiene la colección de pines de los usuarios, tableros y temáticas que sigues, además de algunos pines promocionados (publicidad) y pines que Pinterest ha elegido para ti.

Conseguirás un *feed* de inicio relevante si sigues a personas y tableros interesantes.

También puedes encontrar inspiración sobre algo específico que andes buscando en los *feeds* de categorías (regalos, bodas, viajes, humor, diseño, moda, tecnología…).

PARA SABER MÁS
Cómo crear una cuenta en Pinterest

....

Registrarse en Pinterest es muy sencillo. Solo tienes que acceder a la web de Pinterest *(www. pinterest.com)* y darte de alta, cosa que puedes hacer introduciendo tu correo electrónico y tu contraseña o logueándote con tu cuenta de Facebook.

Cumplimenta el formulario que aparece con tu nombre, edad y sexo. A continuación Pinterest te ofrece una serie de temáticas que puedes seguir. Selecciona al menos cinco para poder continuar con el proceso de registro.

A continuación, si lo deseas, puedes conectar tus cuentas de Facebook y Twitter (para que Pinterest pueda encontrar los primeros contactos a los que seguir) e instalar la extensión de Pinterest en tu navegador favorito (para poder "pinear" todo lo que consideres interesante sin necesidad de estar dentro de Pinterest).

Ya estás en tu *timeline*. Pero antes de ponerte a crear tus tableros y seguir a personas o tableros que te gusten, configura tu cuenta de Pinterest. En tu perfil, haz clic en el botón en forma de engranaje (arriba a la derecha de la pantalla) y luego en **Configuración**.

A continuación, configura los aspectos básicos de tu cuenta: correo electrónico, contraseña, país, privacidad en las búsquedas, personalización…

Continúa hacia abajo y rellena los datos de tu perfil: pon tu nombre, añade foto de perfil de calidad (tamaño 165×165), nombre de usuario, descripción acerca de ti, ubicación y sitio web.

Completa por último los apartados de **Notificaciones**, conexión a otras **Redes sociales y Aplicaciones**. Guarda la configuración.

Ya estás en disposición de crear tus primeros tableros y agregar pines, algo que, como comprobarás, es muy sencillo.

....

12.1.5 Consejos para empezar en Pinterest

▼ **Trabaja tus tableros**. De entrada ten claros los temas de tus tableros principales. Estos boards han de estar relacionados con lo que haces y con lo que le puede interesar a tu público. Luego piensa bien el nombre, la descripción, la categoría y la imagen de portada de cada tablero (tamaño 222×150). El nombre, que sea llamativo y descriptivo, que refleje fielmente el contenido que se encontrará dentro. En la descripción utiliza palabras clave.

▼ **Cuida la estética de tus imágenes**. Procura utilizar imágenes de calidad y bien optimizadas. Pinea, preferiblemente, imágenes en disposición vertical (tamaño 600 × infinito píxeles): son más atractivas y obtienen mejor respuesta que las horizontales.

▼ **Acompaña tus pines de descripciones**. La descripción ha de ser sencilla, fácil de leer y con las palabras clave que mejor definan el pin. Añade hashtags, pero no abuses de ellos.

▼ **Pinea con regularidad**. Pero, eso sí, como siempre, no satures ni pinees solo contenido propio.

▼ **Interactúa**. Pinterest es una red social, así que haz comentarios, *likes* y *repin* a imágenes de otros usuarios. Asimismo, mira cómo interactúan los demás con tus cosas y contesta a las preguntas y peticiones.

▼ **Enlaza tus pines a tu sitio web**. Aprovecha la ocasión para derivar tráfico a tu página web o a la dirección URL que tú prefieras.

▼ **Promociona tu Pinterest**. Añade a tus sitios web los **widgets y botones de Pinterest**[301], como el botón **Seguir**, para facilitar que te sigan, y el botón **Pin It**, para que se puedan guardar o compartir tus pines.

El botón Pin It está pensado para que los contenidos se puedan difundir con el menor esfuerzo posible.

---

301 *https://developers.pinterest.com/tools/widget-builder/*

12.2 PINTEREST PARA EMPRESAS

Pinterest es una opción muy interesante para empresas de todos los tamaños y sectores. Pero por su alto contenido visual, Pinterest es una plataforma especialmente atractiva para el e-commerce, en concreto en sectores como la moda, la belleza o la decoración, donde la imagen interpreta un papel esencial en la intención de compra.

El caso es que cualquier marca, organización o profesional puede unirse a Pinterest con características de empresa. De hecho, si usas tu cuenta de Pinterest para hacer negocios o para actividades con fines de lucro, debes registrarte para una cuenta profesional, algo que puedes hacer a través de la página de **Pinterest para empresas**[302].

Puedes transformar en profesional la cuenta personal que ya tienes, lo que te permitirá disfrutar de las prestaciones avanzadas que una cuenta de empresa te ofrece, como, por ejemplo, analítica y estadísticas, pines enriquecidos (pines que contienen información extra) o pines promocionados (pines de pago para llegar a un público específico).

PARA SABER MÁS
Configura tu cuenta de empresa de Pinterest

Tan solo necesitas tres pasos para empezar en Pinterest como empresa:

1. **Crea una cuenta de empresa**[303] para ayudar a otros a encontrar tu empresa en Pinterest.

2. **Verifica tu sitio web**[304] para mostrarle a los pineadores que eres una fuente fiable.

3. **Añade el botón pin it**[305] para ponérselo muy fácil a tus clientes a la hora de añadir pines desde tu sitio web o tu blog.

Pinterest es una plataforma social con muchas posibilidades para la promoción de las empresas y con un potencial enorme para el comercio electrónico, por varios motivos:

---

302 *https://business.pinterest.com/es*

303 *https://www.pinterest.com/business/create/*

304 *https://business.pinterest.com/es/confirm-your-website*

305 *https://business.pinterest.com/es/pin-it-button*

▼ El producto entra por los ojos. Pinterest, al ser una plataforma puramente visual, es el **escaparate ideal para resaltar los productos** y derivar tráfico de calidad hacia el sitio web o tienda *online*. Puedes organizar los productos en catálogos de imágenes (tableros) segmentados por colecciones. Por eso conviene usar fotografías de alta calidad, para que tus productos sean atractivos visualmente.

▼ **Permite ganar visibilidad en los buscadores.** Pinterest y SEO casan muy bien. Por eso es muy importante usar palabras clave y *hashtags* para posicionar mejor el negocio.

▼ **Con los pines enriquecidos**[306] **se puede añadir información extra a los pines con el fin de que sean más útiles para los clientes.** Actualmente, hay hasta seis tipos de pines enriquecidos:

- **De productos**: se informa de los precios, la disponibilidad y dónde adquirirlos.
- **De artículos**: vista previa con el titular, el autor y la descripción.
- **De recetas**: ingredientes, tiempos de cocción…
- **De películas**: título, fecha de estreno, repartos y valoraciones.
- **De lugar**: mapa, dirección y teléfono.
- **De apps**: con botón para que los pineadores puedan descargarse la aplicación sin tener que salir de Pinterest.

En la siguiente página de ayuda de Pinterest se explica lo que debes hacer para habilitar pines enriquecidos para tu sitio web[307] (puede que aquí necesites la ayuda de un desarrollador, si la informática no es tu fuerte).

PARA SABER MÁS
Pines de lugar para el sector turístico

Los pines de lugar (*place pins*) se geoposicionan en un mapa, además de ofrecer la dirección y el teléfono, por lo que resultan especialmente atractivos para las empresas del sector turístico (agencias de viaje, hoteles, casas rurales…), pues, por ejemplo, es posible mostrar a los usuarios lugares que visitar, como si de una guía turística se tratara.

---

306 *https://business.pinterest.com/es/rich-pins*
307 *https://help.pinterest.com/es/articles/enable-rich-pins-your-site*

▶ **La publicidad ha llegado a Pinterest con los pines promocionados**[308], que permiten a las marcas dirigirse a segmentos de usuarios específicos (con la máxima de que esta publicidad no resulte intrusiva).

▶ **Pinterest facilita la conexión hacia la tienda online.** Con la URL que se desee, es posible enlazar la fotografía de producto al *e-commerce*, de manera que, al hacer clic sobre el pin, lleve al usuario a la ficha de producto o directamente al carrito de compra. La idea es facilitar la compra y realizar la venta. Así que aquí es muy importante hacer un buen *call to action* que invite a clicar.

▶ **Los pines para comprar**[309] **ya están aquí.** Pinterest ya está incorporando su propio botón de compra para que los usuarios puedan comprar directamente sobre un pin, sin tener que salir de la plataforma (en el momento de escribir estas líneas, los "pines comprables" solo están disponibles en EE. UU. y para versiones móviles). Está por ver el resultado que han de dar estos nuevos pines para comprar, pero las perspectivas son positivas, entre otras cosas porque, según los estudios, los usuarios de Pinterest están mucho más dispuestos a comprar que en otras redes sociales.

Pinterest es la red social más propicia para el botón de compra.

▶ Las marcas pueden aprovechar la creatividad visual que brinda esta red social para promocionarse y de paso generar confianza y cercanía. Así, se puede crear un *board* con pines que aporten ideas sobre cómo sacar un mejor partido a los productos de la empresa; u otro tablero dedicado a mostrar las fotos más "personales" de la compañía. Como ejemplo tenemos el Pinterest de la empresa panadera Bimbo España[310], que contiene tableros no solo con el catálogo de sus productos sino también con recetas, curiosidades o con la propia historia de la marca.

---

308 *https://ads.pinterest.com/*

309 *https://business.pinterest.com/en/buyable-pins*

310 *https://es.pinterest.com/panbimbo/boards/*

Tableros de Bimbo España en Pinterest

▶ **Para aumentar el engagement de la marca es buena idea organizar concursos a través de Pinterest**. Por ejemplo, un concurso de fotografía donde tus clientes puedan publicar sus fotos en las que aparezcan disfrutando de tus productos; el más votado recibiría un premio, que podría ser un producto, un descuento o un servicio.

▶ **Con Pinterest de empresa es posible disfrutar de Pinterest Analytics**[311] y averiguar qué pines y tableros funcionan y cuáles no, y qué es lo que de verdad quieren los clientes.

En la página oficial de Pinterest para empresas puedes ver cómo diferentes marcas y negocios utilizan esta red social de manera óptima, con **historias de éxito**[312].

---

311 *https://business.pinterest.com/es/pinterest-analytics*

312 *https://business.pinterest.com/en/success-stories*

12.3 PINTEREST ANALYTICS

Como ya se ha señalado anteriormente, Pinterest ofrece su propia herramienta de analítica para cuentas de empresa: Pinterest Analytics[313].

Puedes acceder a Pinterest Analytics desde tu perfil de empresa, haciendo clic en el menú con forma de engranaje y luego en **Analytics**.

Aquí vas a encontrar información muy útil relacionada con el impacto de tus pines y con la actividad de tu propia página web (qué elementos de tu sitio web guardan), así como el volumen de tráfico e interacción que generan tus pines. También te proporciona información relevante acerca de tu audiencia.

> *Con Pinterest Analytics podrás comprobar lo que le gusta a la gente de tu cuenta en esta red social y de tu sitio web, así como conseguir información útil sobre tu público.*

El panel principal de Pinterest Analytics está separado en tres categorías de análisis diferentes, con métricas acerca de tu perfil, tu público y tu sitio web.

▼ **Análisis de tu perfil de Pinterest**

Aquí te ofrece información sobre el impacto de tus pines y tableros, en concreto:

- **Impresiones**: número de veces que un pin de tu perfil ha aparecido en los *feeds* de inicio, *feeds* de categoría y búsqueda de Pinterest.

- **Repines**: número de veces que alguien ha guardado alguno de tus pines en uno de sus tableros.

- **Clics**: número de clics en los pines de tu perfil.

- **Todo el período**: pines añadidos más veces, que destacan en los resultados de búsqueda y con los que más interactúan (*likes*, repines, comentarios…).

---

313 *https://analytics.pinterest.com/*

▼ **Análisis de tu público**

Este apartado te informa acerca de los usuarios que siguen tus tableros, ven tus pines o han interactuado con tu contenido de alguna manera. Los datos analíticos de tu público se organizan en dos secciones:

- **Demografía**: usuarios que ven e interactúan con tus pines (incluye su país de residencia, el idioma que habla y el sexo).

- **Intereses**: lo que le gusta e importa a tu público, incluidos los tableros que recogen tus pines y las empresas a las que siguen.

▼ **Actividad de tu sitio web**

Aquí descubrirás qué tipo de contenido gusta más a la gente de tu sitio web: impresiones, nuevos pines y clics a pines que enlazan a tu sitio. Si has instalado el botón **Pin It** en tu sitio web, podrás contar con estadísticas sobre él.

En cada uno de estos tres apartados del *dashboard* de Pinterest Analytics –perfil, público y web– puedes elegir el período de fechas del que quieres obtener los datos.

Por supuesto, esta herramienta de analítica te informa también sobre el tipo de dispositivos y sistema operativo que tu público utiliza al interactuar con tu contenido de Pinterest.

12.4 KIT DE HERRAMIENTAS ESPECÍFICAS PARA PINTEREST

▼ **Pinterest Analytics**[314]. Herramienta propia de Pinterest para medir los resultados de tu actividad y tu presencia en esta plataforma visual. Te ayuda a determinar con precisión cuáles de tus *pines* y tableros funcionan y cuáles no. También te permite obtener información valiosa de tu público (ubicación, intereses, sexo…) para saber lo que tus clientes de verdad quieren. Necesitas tener cuenta de empresa para tener acceso a la herramienta. Gratuita.

---

314 *https://analytics.pinterest.com/*

▼ **Tailwind**[315]. Otra herramienta de analítica para Pinterest. Más precisa que la anterior, pues, además de medir el *engagement* de tu cuenta, te ayuda a descubrir quiénes son tus seguidores más influyentes, puedes monitorizar a la competencia, puedes programar publicaciones, generar varios informes e integrar Tailwind con Google Analytics. Con versión gratuita y versiones de pago.

▼ **Pinstamatic**[316]. Herramienta que permite generar contenidos para darle un toque único a tus pines. De forma rápida y sencilla puedes crear pines a partir de un texto, una cita, un sitio web, un lugar, o lo que sea. Gratuita.

▼ **Quozio**[317]. Aplicación para crear imágenes con frases o citas que quieras pinear. Ofrece una variedad de fuentes donde elegir y también distintas plantillas para seleccionar un fondo. Muy sencilla de usar. Gratuita.

▼ **PinAlerts**[318]. Alerta que recibes por *e-mail* cuando alguien interactúa con tu contenido de Pinterest o con el de tu sitio web (pineos, *likes*, comentarios…). Puedes elegir la frecuencia con la que quieres recibir estos avisos. Identifica quién ha sido. Gratuita.

▼ **Wishpond**[319]. Herramienta para crear, diseñar y promocionar tu propio concurso de Pinterest. Crea *landing pages*, formularios, anuncios… Puedes descargar los datos de los participantes y exportarlos a tu CRM. Con versión gratuita y varias de pago.

▼ **WooBox**[320]. *Tab* para vincular Pinterest a tu página de empresa de Facebook. En unos segundos instala en tu página de Facebook una ventana para que tus fans puedan ver directamente tus tableros de Pinterest. Gratuita.

---

315 *http://www.tailwindapp.com/pinreach*

316 *http://pinstamatic.com/*

317 *http://www.quozio.com/*

318 *http://pinalerts.com/*

319 *https://es.wishpond.com/concurso-de-pinterest/*

320 *http://www.woobox.com/pinterest*

IDEAS CLAVE

▼ Pinterest es una red social para coleccionar y compartir imágenes. Se trata, por lo tanto, de una plataforma totalmente visual.

▼ Pinterest te permite conectar con personas a través de intereses en común, además de ser un lugar donde inspirarte para tus proyectos.

▼ Los pines son marcadores visuales. Pueden ser casi cualquier cosa (una foto, una receta, un producto…).

▼ Los tableros permiten recopilar y organizar pines.

▼ Tu *feed* de inicio contiene la colección de pines de los usuarios, tableros y temáticas que sigues, además de algunos pines promocionados (publicidad) y pines que Pinterest ha elegido para ti.

▼ Consejos para empezar en Pinterest: trabaja tus tableros; cuida la estética de tus imágenes; acompaña tus pines de descripciones; pinea con regularidad; interactúa; enlaza tus pines a tu sitio web; promociona tu Pinterest.

▼ Pinterest es una plataforma especialmente atractiva para el e-commerce, en concreto en sectores como la moda, la belleza o la decoración.

▼ Cualquier marca, organización o profesional puede unirse a Pinterest con características de empresa.

▼ Pinterest es una plataforma social con muchas posibilidades para la promoción de las empresas y con un potencial enorme para el comercio electrónico, por varios motivos: es el escaparate ideal para resaltar los productos; aporta visibilidad en los buscadores; los pines enriquecidos dan la posibilidad de añadir información extra a los pines para que sean más útiles para los clientes; se puede hacer publicidad a través de los pines promocionados; facilita la conexión hacia la tienda online; es la red social más propicia para el botón de compra; su aspecto visual facilita generar confianza y cercanía; puedes organizar concursos para aumentar el *engagement*; cuenta con su propia herramienta de analítica Pinterest Analytics.

▼ En el mercado tienes herramientas específicas –de analítica, de creación y edición, de servicios varios…– que te ayudarán a sacar el mayor partido de tu Pinterest.

MI LISTA RECOMENDADA DE BLOGS DE SOCIAL MEDIA Y MARKETING ONLINE EN ESPAÑOL

- **40 de Fiebre**
  http://www.40defiebre.com/

- **Apasionada de las Redes Sociales**
  https://apasionadadelasredessociales.wordpress.com/

- **Blog de AulaCM**
  http://aulacm.com/blog/

- **Blog de Enrique Dans**
  http://www.enriquedans.com/

- **Blog de José Facchin**
  http://josefacchin.com/

- **Blog de Juan Carlos Mejía Llano**
  http://www.juancmejia.com/

- **Blog de Juan Merodio**
  http://www.juanmerodio.com/

- **Blog de Paco Viudes**
  http://www.pacoviudes.com/

▬ **Blog de Tristán Elósegui**
http://tristanelosegui.com/

▬ **Blog de Vilma Núñez**
http://vilmanunez.com/

▬ **Hablando en corto**
http://www.hablandoencorto.com/

▬ **Marketing Directo**
http://www.marketingdirecto.com/

▬ **Mis Apis por tus Cookies**
http://www.misapisportuscookies.com/

▬ **PuroMarketing**
http://www.puromarketing.com/

▬ **Social Bla Bla**
http://www.socialblabla.com/

▬ **Social Media Strategies**
http://www.socialmediacm.com/

▬ **Territorio Creativo**
https://www.territoriocreativo.es/blog

▬ **Trecebits**
http://www.trecebits.com/

ÍNDICE ALFABÉTICO

Made in the USA
Monee, IL
19 January 2022

89333648R00203